자, 게임을 시작합니다

추천사

♥♥♥♥♥

이 책은 게임에 관해 말하지 않는다. 게임이란 단어를 무수히 늘어놓고 있으나, 저자는 그저 사람의 마음과 행동에 대해 말하고 있다. 누군가의 마음에 물결을 일으키는 방법, 그 물결을 행동으로 전이하는 방법을 이야기한다. 그저 이런 방법을 게임이라 표현할 뿐이다. 사람의 마음과 행동을 움직이고 싶은 독자라면 이 책을 꼭 끝까지 읽어보기 바란다. 인생이란 게임에서 내가 무엇에 의해 움직이는지, 세상이란 체스판에서 사람들을 움직이게 만드는 힘은 무엇인지 심리학, 뇌과학, 경영학 등을 넘나드는 통섭적 혜안과 마주하기를 바란다.

• 김상균, 인지과학자, 경희대학교 교수, 『메타버스』, 『게임인류』 저자

대단히 흥미롭다. 마케팅에 게이미피케이션을 적용하는 데 관심이 있는 사람이라면 누구나 읽어봐야 할 책이다. 오랫동안 이런 책을 기다렸는데 드디어 나왔다.

• 조나 버거, 펜실베이니아대학교 와튼스쿨 마케팅학 교수, 『컨테이저스 전략적 입소문』 저자

게임의 힘을 과소평가하기 쉽다. 하지만 도전과 보상은 소비자의 충성과 참여를 끌어내는 효과적인 도구다. 이 책은 이런 과정을 흥미진진하게 통찰하게 해줄 뿐만 아니라 쉽고 매력적인 성공의 지침서 역할을 한다.

• 니르 이얄, 『훅』, 『초집중』 등 베스트셀러 저자

제대로 된 마케터를 위한 책! 마케팅 전략에 게이미피케이션을 통합하고 싶은 사람이라면 번지수를 제대로 찾은 셈이다. 이 책은 바이블이다. 드디어 사람들로부터 자주 오해받는 기법에 전략적으로 접근한 책이 나타났다.

• 조 풀리지, 『콘텐츠 바이블』, 『킬링 마케팅』, 『에픽 콘텐츠 마케팅』 저자

이 책은 게임의 세계에서 얻은 교훈으로 어떻게 고객의 충성을 지속해서 끌어내는지에 초점을 맞춰, 고객 참여 심리에 대한 깊은 통찰을 제공한다. 게이미피케이션의 기회를 이해하고 싶지만 나쁜 게임 디자인의 함정도 알아야 하는 마케터를 위해 잘 쓰인 재미있는 청사진이다. 특히 고객과 지속해서 장기적인 관계를 구축하려고 하는 마케터에게 적절한 책이다.

• 카이 피터스 교수, 코번트리대학교 경영 및 법과대학 부총장

마케팅 게이미피케이션은 우리 시대의 가장 기막힌 비밀이다. 이 책은 게임을 통해 현실적인 고객 문제를 해결하고 이로써 상업적 보상을 얻으려는 모든 마케터가 필요로 하는 통찰로 가득 찬 로드맵이다.

• 토니 우드, 소셜미디어 컨설팅 회사 엑스 팩터 커뮤니케이션스X Factor Communications 대표, 금융서비스 브랜드 버진 머니Virgin Money 공동 창업자

♥♥♥♥♥

인류가 시작된 이래 놀이는 강력한 공동체를 만들어왔다. 이 획기적인 책은, 철학자 하위징아가 제시한 놀이는 그 자체가 목적이라는 개념에서 신경생물학적 연구 결과, 동기 이론, 소비자 행동까지 매끄럽게 논의를 이어간다. 충분한 조사와 숙고가 보이는 책이다. 이곳에 저자들은 접근하기 쉬운 이론과 상세한 마케팅 게임 전략을 개발하는 데 도움이 될 실용적인 조언을 잘 버무렸다.

• 알베르트 잔드보르트, HEC 파리경영대학원 교수, 심리치료사 겸 창업가

경험 많은 마케터든 이제 막 경력을 시작한 사람이든, 이 책을 읽으면 매슬로의 욕구 위계 이론과 중요한 동기유발 레버부터 인간 행동의 복잡성과 인간 욕구의 새로운 계층에 이르기까지 마케팅의 기본 원리를 개괄적으로 훑어볼 수 있다. 또 시행착오를 거친 여러 사례 연구를 통해 목표와 측정 지표를 설정하는 방법, 사업 타당성을 검토하는 방법, 마케팅 게이미피케이션 전략을 수립하는 방법 등도 배울 수 있다.

• 세라 셔윈, 방송 매체 제작 및 배포 회사 브로드 스트릿 커뮤니케이션스Broad Street Communications Ltd. 대표

마케팅 게이미피케이션을 알고 적용하고 실행하고 싶은 사람이라면 이 책을 읽어야 한다. 대니얼과 앨버트는 갖가지 수단을 동원해 동기 이론

및 심리학 이론을 분석하고 실제 사례 연구와 이야기 및 원리를 제공한다. 뿐만 아니라 현재 고객 및 잠재고객과 더 깊은 관계를 맺을 수 있도록 당신만의 게이미피케이션 솔루션을 설계할 툴키트도 제공한다.

• 사이먼 헤이스, 디지털 마케팅 회사 노블Novel 창업자

이 책은 게임 메카닉스에 관심이 있는 사람이라면 누구나 쉽게 읽을 수 있는 통찰로 가득하다. 저자들은 업계 전문가들이 쓰는 은어를 다수의 비즈니스 도전 과제에 즉시 적용할 수 있는 실용적이고 유용한 프레임워크로 바꿔놓았다.

• 토머스 클레버, 데이터 설계 및 기술 컨설팅 회사 클레버 프랑커Clever Franke 대표 및 공동 창업자

이 책은 마케팅의 통념을 뒤집어엎었다. 게다가 한 걸음 더 나아가 인간의 동기 및 심리적 요소를 직접 해킹해 고객과 연결되는 혁신적인 길을 제시한다. 게이미피케이션은 조만간 마케팅 회사의 성공을 결정하는 요소가 될 메가트렌드다. 이 책은 게이미피케이션 전략의 시동을 걸게 해줄 원전이다.

• 데이비드 메이어, IT 분야 리서치 기업 가트너Gartner 연구위원회 부사장 겸 프로그램 이사

MAX   LIFE ♥♥♥

**메타버스 시대
마케팅 성공 전략,
게이미피케이션**

자, 게임을
시작합니다

대니얼 그리핀
앨버트 판데르 메이르 지음
장용원 옮김

PRESS START

흐름출판

'게이미피케이션'

    우리 두 사람은 수많은 워크숍과 회의에 참석해 다양한 청중들 앞에서 이 단어를 입에 올렸다. 그래서 우리는 사람들의 첫 반응을 대략 짐작할 수 있다.

    가끔 운이 좋으면 첫 반응이 진심 어린 관심과 열정일 때도 있다. 하지만 대개는 눈알을 굴리거나 심지어 "또 저 소리."라는 말을 하거나 때때로 히죽대는 사람도 있다. 이런 반응은 우리가 이용할 수 있는 강력한 동기유발 도구 중 하나를 시도했다가 실패한 사람이 보이는 솔직한 신호다. 아니, 시도라도 해봤으면 다행이지만 개중에는 게이미피케이션을 둘러싼 온갖 부정적인 말 때문에 시도조차 하지 않고 포기한 사람도 있을 것이다.

    우리도 이해한다. 우리도 그래봤고 같은 생각을 해봤다. 우리 두 사람은 게이미피케이션이 처음으로 주류적 인기를 얻은 2012년경부터 게이미피케이션에 관심이 있었다. 당시 둘 다 경영대학원에서 일하고 있었고 둘 다 열렬한 게이머였기에 직업에 취미를 융합할 수 있다는 가능성을 보고 흥분했다.

    우리는 시류에 편승해 수년간 마케팅, HR, L&D 등의 게이미피케이션을 시도했지만 실패했다. 당시는 다른 사람들이 하던 방식을 그대로 따라 했다. 온라인으로 몇 가지 지침서와 사례 연구를 읽어본 뒤 아무런 체계나 전략도 없이 맹목적으로, 할 수 있는 모든 것에 게이미피케이션을 적용했다.

- '우리 웹사이트에 배지와 포인트를 도입하면 분명히 참여도가 높아질 거야…'
- '이 교육 포털에 토론방을 도입하면 학생들이 서로 대화하기 시작하겠지…'
- '혹시 리더보드를 추가하면 이게 제대로 작동하지 않을까…'

게이미피케이션은 우리 모두가 가지고 놀고 싶어 하던 반짝이는 새 장난감이었다. 그리고 반짝이는 새 장난감이 그렇듯 우리는 쉽게 지루해졌고 다음 장난감을 찾기 시작했다.

그렇게 게이미피케이션은 죽었다. 아니 죽지는 않았다고 해도, 일자리를 잃지 않으려는 일군의 컨설턴트와 전문가 또는 이들이 자신을 위해 개척해놓은 틈새 산업으로 간신히 명맥을 유지하는 정도였다.

대부분의 사람은 최소한 그렇게 생각한다. 하지만 게이미피케이션은 절대 죽지 않았다. 단지 잠복했을 뿐이다. 특히 우리의 전문 분야인 마케팅 게이미피케이션에서는 확실히 그러하다.

왜 이 책을 읽어야 하나?

포인트, 배지, 리더보드라는 말은 누군가가 마케팅 게이미피케이션 이야기를 시작하면 일반적으로 듣게 되는 말이다. 이 말이 들리기 시작하면 그때부터 사람들은 이야기를 듣지 않으려 한다. 그전에도 들어본 적이 있는데 효과를 보지 못했으므로 앞으로도 효과가 없을 것으로 생각하기 때문이다.

하지만 이베이, 핏빗, 링크트인, 듀오링고, 부킹닷컴에 관한 이야기와 이들 기업이 성공적인 성장을 위해 사용한 도구와 기법에 관한 이야기를 하면 사람들은 다시 이야기를 듣기 시작한다.

사실 게이미피케이션은 마케팅에 활발하게 적용되고 있다. 다만 게이미피케이션의 성공 스토리가 크게 알려지지 않았거나 UX(사용자 경험) 또는 CX(고객 경험)로 바꿔 불릴 뿐이다. 이유는 마케팅 담당자들은 사람들이 속임수나 조작이라고 생각하는 도구와 기법에 거리를 두려고 하기 때문이다.

마케팅 담당자는 고객 중심적인 사람들이다. 이들은 고객이 필요로 하는 것이 무엇인지 파악한 뒤, 그것을 충족하기 위한 최선의 도구를 찾다가 (우연히든 계획적으로든) '게이미피케이션'을 발견했다.

차이가 있다면 이들은 아무런 전략 없이 맹목적으로 도구를 적용하지 않고, 먼저 전략을 세운 뒤 다양한 도구를 테스트해 어떤 도구가 효과가 있고 어떤 도구가 효과가 없는지 확인해보았다는 것이다. 속임수도 쓰지 않았고 장난질도 하지 않았고 구태의연한 방법도 쓰지 않았다. 이들은 우리처럼 지침서도 없이 이 일을 하는 방법을 터득했다.

하지만 여러분에게는 지침서가 있다. 바로 이 책이다. 우리는 이 책을 3부로 나누어 마케팅에 게이미피케이션을 성공적으로 적용하는 방법에 관한 실제 사례 연구와 예를 보여줄 것이다.

- **1부:** 게이미피케이션이 무엇이고 그것이 왜 중요한지에 관한 이론을 설명한 뒤, 마케팅 게이미피케이션과 관련된 다양한 동기 이론과 심리 이론을 소개한다.
- **2부:** 어떤 게임 메카닉스(포인트, 배지 등)가 어떤 동기유발 레버와 연결되는지 가르쳐주고 기업이 메카닉스를 마케팅에 적용한 실제 사례를 제시한다.
- **3부:** 고객 세분화부터 목표 설정, 솔루션 구축, 각종 지표 보고에 이르기까지 게이미피케이션 솔루션을 설계하는 실제적인 프레임워크를 설명한다.

왜 우리인가?

여러분이 아직 게이미피케이션에 관한 답을 찾지 못했다면 이 책을 쓴 우리 두 사람이 있다.

앨버트 판데르 메이르 Albert van der Meer는 네덜란드에 기반을 둔 회사의 창의력 컨설턴트이다. 판데르 메이르의 전문 분야는 이야기, 영상 오락, 스토리텔링 같은 것을 가르치는 교육이다. 판데르 메이르는 프리랜서 영화 제작자, 미디어 제작자, 게임 기반 솔루션의 전문 블로거, 팀 빌딩 강사 등의 경험을 했다. 그리고 헐트국제경영대학원, 잉글랜드 웨일스 크리켓 연맹ECB, 영국 체육협회UK Sport를 포함한 많은 국제적 조직에서 컨설턴트로 일했는데 이 경험들로 게이미피케이션 지식을 습득했다.

판데르 메이르는 이런 기량과 지식을 이용해 기업, 교육기관 및 여러 단체의 협동력을 개선하게 한다. 또한 이야기 기법과 게임적 디자인 기법을 사용해 심도 있고 의미 있는 학습 방법을 개발할 수 있도록 돕는다. 그의 활동은 주로 모험과 픽션을 통해 대인 관계와 리더십 기술을 배우는 환경과 경험을 만드는 데 초점을 맞춘다.

대니얼 그리핀 Daniel Griffin은 온라인 소매 대기업 아마존과 국제경영대학원 같은 국제 조직에서 10년 이상 일했을 뿐만 아니라 수많은 자선단체와 중소기업에서 일한 경력이 있는 전문 마케터이다. 그리핀은 B2B*와 B2C** 마케팅의 실무적 경험과 CIM*** 마케팅 자격을 통해 얻은 이론적 지식을 겸비하고 있다. 아마존과 LPI(학습및성과협회)로부터 받은 많은 개인 포상 및 팀 포상이 이런 사실을 뒷받침한다.

그리핀은 마케팅의 여러 분야를 섭렵했지만, 그중에서도 특히 디지털 마케팅 분야에서 폭넓은 경험을 쌓았고 소비자 심리를 연

---

*   Business to Business로 기업과 기업 사이에 이루어지는 전자상거래를 일컫는다.

**   Business to Consumer로 기업과 소비자 사이에 이루어지는 전자상거래를 일컫는다.

***Computer Integrated Manufacturing의 약자로 제조, 개발, 판매로 연결되는 과정을 일련의 정보 시스템으로 통합한 생산관리 시스템을 뜻한다.

구하던 중 게이미피케이션에 관심을 갖게 되었다. 이후 게이미피케이션이라는 주제에 깊이 빠져들어, 다양한 산업에 걸쳐 여러 프레임워크와 아이디어를 시험하면서 어떤 것이 효과가 있고 어떤 것이 효과가 없는지 일선에서 폭넓은 지식을 쌓았다.

누가 이 책을 읽어야 하나?

우리가 이 책을 쓴 이유는 마케팅 게이미피케이션 솔루션 구축 방법을 안내하기 위해서이다. 우리는 고객과 의미 있게 상호작용할 새로운 방법을 찾는 마케팅 담당자나 기업 오너에게 말한다고 생각하며 이 책을 썼다. 일반적인 마케팅 접근방법을 시도해봤지만 무언가 부족한 듯하고 업계가 공유하는 온라인 지침서에는 무언가가 빠졌다고 느끼는 그런 사람 말이다.

이 책을 읽은 후 당신은 당신 회사와 거래하는 사람들과 관계를 맺고 싶다는 참된 열망을 갖게 될 것이고 고객과 장기적 관계 및 신뢰 구축이 회사를 위한 최고의 장기 전략이라는 사실을 이해하게 될 것이다. 하지만 바로 효과를 보는 해결책을 원한다면 우리는 주지 못한다. 빠른 해결책 제시를 위해 쓰인 책이 아니기 때문이다.

이 책이 당신이 찾는 책이라면… 잘되었다! 환영한다. 그렇지 않은 사람이라도 이 책이 도움이 되리라. 당신이 이미 아는 정보를 다룬 부분이나 당신에게 맞지 않는 부분은 건너뛰면 된다.

세 가지 주의할 점

|||||||||||||||||||||||||||||||||||||||||||||||||||||

1) 우리는 이 책에서 게이미피케이션 이론, 동기부여 심리학, 뇌 화학, 마케팅 이론, 마케팅 전략 등 폭넓은 주제를 다룬다. 주제가 워낙 광범위하다 보니 게이미피케이션과 가장 관련이 있으며 반드시 알아야 할 내용만 다루고 다음으로 넘어가겠다. 우리는 전체 주제를 포괄적으로 분석하지 않으므로 더 깊이 알고 싶은 주제가 있으면 해당 주제를 다룬 전문 서적을 구입해 읽어볼 것을 권한다.

2) 우리는 특정 기술이나 우리가 책에서 논의하는 도구를 제공하는 회사에 대한 정보를 유심히 살펴보지는 않겠다. 산업이 워낙 빠르게 움직이고 있어, 책 출간 후 몇 주 만에 현실에 맞지 않게 될 조언을 하고 싶지 않기 때문이다. 우리는 여러분 스스로 원리를 이해해 적용할 수 있는 지식과 여러분이 진정으로 도움이 되는 도구를 시장에서 찾을 수 있도록 하는 지식을 제공한다.

3) 끝으로 게이미피케이션은 모든 상황에 적합한 도구가 아니라는 사실을 알아야 한다. 게이미피케이션은 특정 유형의 산업과 특정 유형의 고객에게 매우 적합한데, 모든 내용은 이 책에서 설명하겠다. 책을 다 읽고 나서 게이미피케이션이 당신에게 맞지 않는다는 판단이 들더라도 소비자 심리를 더 잘 이

해하고 고객을 공략하는 더 나은 마케팅 기법을 알게 되리라고 확신한다.

주의할 점은 이 정도로 끝내고 이제 본론으로 들어가자!

- 차 례 -

제1부 왜 게이미피케이션인가

제2부 인간의 동기를 유발하는
6가지 욕구

제3부 게이미피케이션 실천 가이드

왜 게이미피케이션인가

Theory

□△○✕

아직도 게이미피케이션을 둘러싼 회의론이 상당히 퍼져 있다. 가장 큰 이유는 여러 차례의 게이미피케이션 실패가 공공연히 알려진, 2012년경에 터진 거품 때문이다. 시간이 흐르며 이런 현상은 수많은 '구루'가 게이미피케이션이 모든 상황에 두루 적용된다는 솔루션을 들고나오면서 악화했다. 이로 인해 게이미피케이션은 한때 유행했던 단어로 굳어져버렸다.

이런 상황에서 우리는 왜 게이미피케이션을 다시 들고나왔을까? 게이미피케이션이, 특히 마케팅 분야에서는 믿을 수 없을 만큼 효과적인 도구가 될 수 있기 때문이다. 게이미피케이션은 산업의 종류를 불문하고 여러 성공한 기업이 활용하고 있는 도구이다. 그래서 우리는 게이미피케이션의 활용 방법을 보여주려고 한다.

하지만 먼저 게이미피케이션이 정확히 무엇인가에 대한 생각을 일치시킬 필요가 있다. 게이미피케이션에 대한 명확한 정의의 부재는 게이미피케이션이 가치를 제대로 인정받지 못하는 또 다른 이유다. 많은 사람이 게이미피케이션을 제대로 이해하지 못하거나 지나치게 단순화해 생각한다. 그래서 우리는 게이미피케이션이 무엇인지 살펴보는 것부터 시작하려고 한다. 우리는 먼저 여러 전문가가 내린 정의를 분석한 다음 이 책에서 사용할, 우리의 목적에 맞는 정의를 설명하겠다.

그런 다음 게임 및 게이미피케이션 산업을 살펴보고 그것이 왜 지금 적절하고 중요한 요인인지 이야기하겠다. 게이미피케이션이 도약한 데에는 그럴 만한 이유가 있고 게이미피케이션의 성장이 멈추지 않는 데에도 그럴 만한 이유가 있다. 이것을 이해해야 마케팅 게이미피케이션을 도입하자고 조직 구성원들을 설득할 수 있다. 마케팅 게이미피케이션은 굉장히 중요하다. 지금 마케팅 게이미피케이션을 실행하는 조직은 앞으로 경쟁사보다 한참 앞서갈 수 있다.

끝으로는 지금 우리가 하는 모든 행동을 이끄는 '엔진'이자 게이미피케이션이 표적으로 삼는 동기부여 심리학에 대해 간략히 살펴보겠다. 우리는 모두 이런 추동력으로 움직이지만 이 추동력이 우리의 행동을 이끄는 구체적인 방식은 사람에 따라 또 각자가 처한 상황에 따라 다르다. 이것을 잘 이해해야 한다. 당신의 게이미피케이션 솔루션은 이런 수단을 기반으로 하기 때문이다. 이 수단이 올바르지 않으면 고객이 참여하지 않거나 관심을 기울이지 않는 솔루션을 구축하게 된다.

지금까지 설명한 것처럼 제1부는 이론적인 부분이다. 여기서 다루는 개념에 익숙하다 해도 책을 덮지 않으면 좋겠다. 게이미피케이션이 무엇인지 이해하고 게이미피케이션과 연계된 심리적 수단을 알면 대부분의 게이미피케이션 솔루션이 실패한, 진정으로 고객을 참여시킬 솔루션을 구축할 수 있기 때문이다.

1장

게이미피케이션이란 무엇인가?

제일 처음부터 시작해보자. 게이미피케이션이 무엇일까?

　게이미피케이션을 정의하기란 쉬운 일이 아니다. 여러 산업이나 업종에서 수년째 쓰고 있는 말이기는 하지만 아직 모든 사람이 동의하는 단일된 정의가 없기 때문이다. 교수나 전문직 종사자, 컨설턴트, '구루' 등이 게이미피케이션에 대한 다양한 생각이나 의견을 제시했다. 이들은 서로의 생각에 동의하기도 하지만, 일부 핵심적인 부분에서는 의견이 일치하지 않기도 한다.

　그래서 우리는 게이미피케이션을 설명하기 위해 우리와 생각이 거의 같은 전문가 몇 사람을 선정했다. 지금부터 이들의 이론을 소개할 테니 게이미피케이션에 대한 요즘의 생각이 어떤지 들어보기 바란다.

우리가 선정한 사람들 외에도 많은 전문가가 있지만, 이들이 선택된 이유는 가장 일반적이고 가장 적절한 정의의 단면을 대표하는 사람들이기 때문이다. 이들이 내린 정의에 대한 설명이 끝나면 이 책에서 사용할 게이미피케이션에 대한 우리의 기본 정의를 설명할 것이다.

더 복잡한 개념으로 넘어가기 전에 여기 나오는 기본 용어와 생각을 이해하고 거기에 동의하는 것이 중요하다. 그러지 않으면 책을 읽다 길을 잃거나 논점을 이해하지 못하기 십상이다. 어느 정도 경험이 있는 독자라면 이 부분은 건너뛰고 실무적인 내용을 다루는 부분으로 넘어가도 좋다.

전문가가 정의한 게이미피케이션

컨설턴트

위카이 초우Yu-Kai Chou는 게이미피케이션과 그 원리의 폭넓은 응용(그는 이것을 '행동 디자인behavioural design'이라 부른다.)에 관한 글을 쓰는 작가이자 활동적인 컨설턴트이다. 그는 옥탈리시스 프레임워크Octalysis Framework(다양한 심리적 동기부여 요소에 미치는 게이미피케이션의 영향을 계량화하는 방법)를[1] 고안해냈고 『게이미피케이션 실전전략』[2] 이라는 책을 썼다. 위카이 초우는 일반적인 게이미피케이션에 대한 우리 생각에 큰 영향을 미쳤다. 그의 책과 온라인 게시글을 읽어보기를 적극 추천한다.

위카이 초우는 이렇게 말했다.

> "게이미피케이션은 게임에서 볼 수 있는 재미와 중독적 요소를
> 모두 끄집어내 현실 세계나 생산적 활동에 적용하는 기법이다.
> 나는 이것을 '기능 중심의 디자인'과 대조되는 개념으로 '인간
> 중심의 디자인'이라 부른다. 이것은 시스템의 효율성 최적화가
> 아니라 시스템 내의 인간에게 최적화된 디자인 프로세스다."[3]

즉 위카이 초우는 최종 소비자가 사용할 시스템을 디자인할 때는
게임의 재미와 중독적 요소를 이용해야 한다고 말한다. 이런 식의
사고방식은 당신 조직에서도 틀림없이 구사하려고 할 고객 중심의
마케팅 전략과 완벽하게 맞아떨어질 것이다.

우리와 마찬가지로 위카이 초우도 게이미피케이션을 디자인할
때 주로 인간의 심리와 플레이어의 특정 동기유발 요소 자극에 초
점을 맞춘다. 동기부여 심리학은 뒷장에서 '자세히' 다루겠다. 게이
미피케이션이 왜 매우 효과적인 방법이고 어떻게 하면 게이미피케
이션을 당신의 고객이나 산업 또는 조직에 가장 적절하게 적용할
수 있을지 이해할 수 있는 열쇠이기 때문이다.

애널리스트

브라이언 버크Brian Burke는 가트너의 리서치 부사장으로 『게임화하
라Gamify: How Gamification Motivates People to Do Extraordinary Things』[4]는 책의

저자다. 버크는 자신의 책에서 게이미피케이션이라는 용어의 유래와 어떻게 그런 '볼품없는 단어'가 그 용어를 바꾸려는 수많은 시도에도(앞에서 언급한 초우의 '행동 디자인'도 그중 하나다.) 계속해서 산업을 사로잡아 왔는지 설명한다.

이력으로 보아 짐작하겠지만, 버크는 가트너가 사용한 게이미피케이션 정의를 이용한다.

"자신의 목표를 달성할 수 있도록 디지털 방식으로 사람들을 참여시키고 동기를 유발하기 위해 게임 메카닉스와 경험 디자인을 이용하는 것."[5]

버크는 동기유발의 방식으로 게임 메카닉스와 경험 디자인을 강조한다. 다만 그는 디지털을 활용한 것에만 한정하는 듯이 말하는데 이 대목에서는 우리와 생각이 다르다. 디지털 방식이 아니어도 효과적일 수 있기 때문이다(때에 따라 소기업에서는 더 효과적일 수도 있다). 버크의 말에서 주목해야 할 것은 게이미피케이션은 자신의 목표를 달성할 수 있도록 사람들의 동기를 유발한다는 점이다. 여기서 '자신의 목표'가 중요한데 많은 마케터가 실패하는 이유는 이 기본적인 원칙을 망각하기 때문이다. 만약 당신이 무언가를 게임화한다면 당신 자신이 아니라 '플레이어'에게 초점을 맞추어야 한다는 사실을 잊으면 안 된다.

이 책의 목표는 여러 게임 메카닉스 사례를 보여주고 그 사례를 어떻게 온라인 및 오프라인 마케팅에 적절히 적용할지 그리고 어떻게 플레이어가 스스로 목표를 달성하도록 도울지 알려주는 것이다. 우리는 당신이 마케팅 예산이 하나도 없는 스타트업 운영자이든 무한한 자원을 보유한 거대 기업의 일원이든 상관없이 이 기법을 쓸 수 있기를 바란다.

교수

케빈 워바흐Kevin Werbach는 펜실베이니아대학교 와튼스쿨 법학 및 기업윤리학 부교수다. 그는 Coursera 사이트에서 게이미피케이션 MOOC[Massive Open Online Course: 온라인 공개강좌]를 만든 사람이자 강사이며 『게임하듯 승리하라』[6]의 공저자이다.

워바흐가 자주 언급하는 게이미피케이션의 정의는 널리 알려진 학술적 정의로, 게임과 게임 디자인 및 게이미피케이션 자체의 여러 다양한 요소를 포괄한다.

> "게이미피케이션은 게임이 아닌 분야에 게임 요소와 게임 디자인 기법을 활용하는 것이다."[7]

이 정의는 듣는 사람의 사전 지식에 따라 답보다 질문을 더 많이 유발할 수도 있다. 게임이 아닌 분야란 무엇을 말하는가? 게임 요소란 무엇일까? 게임 디자인은 정확히 무엇일까?

이들 질문에 대한 답은 게이미피케이션을 이해하려면 반드시 알아야 할 게이미피케이션의 구성 요소이기 때문에 우리는 케빈 워바흐의 정의를 따로 떼어내 한 구절 한 구절 자세히 설명하겠다. 그런 다음 이 답을 하나로 묶어 이 책에서 사용할 우리만의 게이미피케이션 정의를 보여주겠다. 우리의 정의는 특히 마케팅 게이미피케이션에 관련한다.

시작하기에 앞서, 게임이란 무엇인가?

아마도 많은 사람이 이런 질문 따위는 일축하고 자신의 인구통계학적 특성이나 취미 또는 기술 지식의 수준에 따라 게임 하면 컴퓨터 게임, 카드 게임, 스포츠 게임 등을 떠올린다. 그래도 정답과 얼추 비슷하다. 그런데 정확히 무엇 때문에 이런 것들을 게임이라고 할까?

워바흐의 정의 분석에 본격적으로 뛰어들기 전, 게임이 무엇인지 합의해야 한다. 그러면 당신이 만든 것이 게임인지 아니면 뭔가 '재미있는' 것을 만들려는 기업의 얄팍한 상술에 불과했는지 알 수 있다.

『베짱이: 게임, 삶 그리고 유토피아The Grasshopper: Games, Life and Utopia』[8]의 저자 버나드 슈츠Bernard Suits는 게임이 무엇인지 그리고 게임이 우리와 우리 사회 전반에 어떤 영향을 끼치는지에 천착했다. 슈츠는 게임에 대한 정의를 내리려고 노력한 끝에 무언가가 게임인지 아닌지 알아보는 방법으로 다음 같은 규칙을 생각해냈다.

규칙 1: 모든 게임은 사전에 정해놓은, 플레이어의 최종 목표가 있어야 한다

숨바꼭질에서 술래가 아닌 사람의 목표는 가능한 한 오래 숨기이고 술래의 목표는 가능한 한 빨리 숨은 사람을 찾는 것이다. 게임에서 목표가 얼마나 중요한지 알 수 있는 대목이다. 목표가 없으면 아무도 무엇을 해야 할지 몰라 혼란스러워할 것이고 어떤 동기도 생기지 않을 것이다. 목표가 있으면 모든 플레이어가 자신이 무엇을 달성해야 할지 알게 된다. 이것이 게임 플레이어가 게임을 하게 하는 동기유발 요소다.

규칙 2: 모든 게임은 플레이어의 게임 방식을 일정 부분 제한해야 한다

숨바꼭질 예를 계속 들자면 숨는 사람은 보통 정해진 범위 내의 장소에 숨겠다고 동의하고(이를테면 운동장 등) 술래는 다른 사람들이 숨을 수 있게 정해진 시간 동안 눈을 감고 있기로, 그래서 훔쳐보지 않겠다고 동의한다.

이런 제한, 즉 규칙은 게임이 성공하기 위한 필수 요소이다. 통상적인 작업이나 활동도 이런 규칙으로 체계화하면 도전 의식을 불러일으킬 수 있고 심지어 재미까지 느끼게 할 수 있다.

다른 사람이 어디 숨는지 술래가 다 보고 있다면 숨바꼭질이 얼마나 재미없을지 상상해보라. 게임의 이런 측면을 무시하고 아무런 제한도 두지 않아 프로세스 게이미피케이션을 가능한 한 쉽게 하려는 기업이 많다. 이렇게 되면 게임의 본질적인 요소가 사라져, 플레이어는 게임을 하거나 창의력을 발휘하려는 의욕을 잃게 된다.

규칙 3: 모든 플레이어는 '유희적 태도lusory attitude'를 취해야 한다

유희적 태도는 게임할 때의 마음가짐으로 게임의 규칙을 자발적으로 따르겠다는 태도이다. 플레이어는 게임에 신경 쓰고 몰입해야 한다. 또 다른 플레이어나 게임 자체를 대할 때 페어플레이 정신이나 스포츠맨십 같은 것을 발휘해야 한다.

숨바꼭질 예를 보면 실제 물리적 경계선은 없다. 하지만 모든 플레이어는 처음부터 게임 공간이 어디까지인지와 그 공간을 벗어나면 게임이 진행되지 않는다는 것을 받아들인다(그래서 교실에 숨거나 학교 운동장을 벗어나지 않는다).

게이미피케이션을 실생활에 적용할 때 유희적 태도는 매우 중요하다. 유희적 태도가 없다면 플레이어는 게임을 게임으로 대하지 않고 시스템의 빈틈을 노릴 것이다. 혹은 어디부터 어디까지가 게임인지 인식하지 못하고 다른 영역에서 생각지도 않은 행동을 할 수도 있다.

규칙 4: 모든 플레이어는 자발적으로 게임을 해야 한다

슈츠가 자신의 세 가지 규칙에 포함시키지는 않았지만 게임에 대한 정의에서 언급한 내용으로, 모든 플레이어는 자신의 자유의지로 게임에 참여해야 한다는 것이다. 엄밀히 말하면 이것은 유희적 태도의 한 부분이지만 워낙 중요한 내용이라 우리는 이것을 별도의 규칙으로 정했다.

플레이어가 억지로 게임을 해야 한다면 그것은 게임이 아니다. 많은 기업이 고객이나 직원을 억지로 게임에 참여시킨 뒤 참여도가 낮다고 곤혹스러워하는 데서 알 수 있듯이 이것은 여러 게이미피케이션 시스템에서 흔히 보이는 실패 유형이다. 법에 정해진 보건 및 안전 교육을 '재미있게' 만들려는 인사관리팀의 시도가 여기에 해당한다. 일반적으로 많은 사람이 이런 교육을 통해 게이미피케이션을 처음으로 접한다.

게임이 게임이 아닐 때는 언제일까?

게임이 되기 위해서는 위의 조건이 모두 필요할까?

아마 당신은 어렸을 때 의식적으로 '유희적 태도'를 취하고자 한 적도 없고 지금까지 어떤 게임이든, 할 때마다 목표와 규칙을 떠올리지도 않았을 것이다. 당신은 정신적 노력을 거의 기울이지 않고 자동적·무의식적으로 유희적 태도를 유지한 채 목표와 규칙을 생각하며 게임을 했으리라. 하지만 당신이 게임을 한 번도 해보지 않았을 가능성도 있다. 그냥 놀기만 했을 수도 있다.

'놀이play'는 사전에 정해놓은 최종 목표나 목적이 없는, 체계화되지 않은 재미의 추구다. '놀이'의 예로는 어린이가 무언가를 흉내내며 놀거나 상상한 바를 자유롭게 그리는 것을 들 수 있다. '놀이'는 노는 사람에게 재미를 선사하고 노는 사람을 몰입시키지만 특정 목표를 추구하도록 플레이어의 동기를 유발하는 데는 거의 쓸모가 없다. 따라서 놀이는 프로세스를 게임화해 최종 사용자의 동기를 유발하는 방식으로 효과적이지 않다.

게임과 '놀이'를 가르는 차이가 바로 이 체계(혹은 체계의 결여)다. 체계라는 기준점에서 멀어질수록 전통적인 게임 및 목표 지향성에서 멀어진다. 반면 체계라는 기준점에 가까워질수록 게임에 제한이 생기고 결국에는 '놀이'의 성질이 없어진다.

프로세스를 게임화할 때는 플레이어가 게임에 효율적으로 참여할 수 있게, 즉 플레이어에게 목표와 동기유발 요소를 제공하면서도 놀이의 재미를 빼앗지 않도록 체계의 최적점을 찾으려고 노력해야 한다. 이렇게 하려면 개념을 광범위하게 시험해보는 수밖에 없다.

그렇다면 이것이 다일까? 목표, 체계를 만드는 규칙, 플레이어의 올바른 마음가짐이 게임에 필요한 전부일까?

전설적인 게임 디자이너 시드 마이어Sid Meier는 "좋은 게임은 흥미로운 선택의 연속이다."라고 말했다.[9] 마이어는 게임에는 좋은 게임도 있고 나쁜 게임도 있는데, 그 둘의 차이는 자신이 말한 '흥미로운 선택'에 달려 있을 때가 많다고 한다. 이런 '흥미로운 선택'은 기본적으로 게임의 체계와 관련이 있지만, 게임을 디자인하는 방법과 게임을 구성하는 게임 요소에 의해 향상된다.

이제 다시 원래의 질문으로 돌아왔다. 게임 요소는 무엇이고 게임 디자인은 무엇일까? 지금부터 게이미피케이션에 대한 워바흐의 정의로 다시 돌아가, 그 안에 나오는 용어 하나하나를 자세히 살펴보자.

게임 요소란?

"게이미피케이션은 게임이 아닌 분야에 게임 요소와 게임 디자인 기법을 활용하는 것이다."

이제 게임이 뭔지는 알았을 것이다. 그런데 어떻게 게임을 만들 수 있나? 규칙도 정했고 플레이어의 목표도 정했다면 그다음 할 일은 무엇일까?

축구를 예로 들어보자. 게임에 대한 정의에 따라 자발적으로 참여한 선수 22명을 두 팀으로 나눴다. 이들은 축구의 규칙을 이해했고 그 규칙에 따르기로 동의했다. 게임을 하기로 한, 정해진 공간도 있다. 상대 팀보다 더 많은 골을 넣어 게임에서 이기겠다는 전체적인 목표도 있다. 이 정도면 멋지지 않은가? 그런데 빠진 것이 있다. 공 없이 어떻게 게임을 할 수 있겠는가?

게임을 만들 때는, 더 구체적으로 말해 우리가 다루려고 하는 게임화된 프로세스나 게임화된 제품을 만들 때는 '사물'이 있어야 한다. 플레이어가 상호작용하거나 플레이어가 게임을 하며 참고할 무언가 말이다. 이 '사물'이 우리가 말하는 '게임 요소'이자 모든 게임의 구성단위다.

축구의 예를 들자면 게임 요소는 다음과 같은 것들이다.

- 축구공
- 골대

- 골을 넣었을 때 부여하는 점수(한 골이 1점이다.)
- 게임 시간을 재는 타이머
- 리더보드(여러 팀과 경기를 치러 상대 전적을 표시할 필요가 있을 때)

여기서 게임 요소를 전부 나열할 필요는 없다. 이 대목에서는 게임 요소는 게임을 구성하는 일부분임을 이해하는 것이 중요하다. 즉 게임 요소는 게임을 할 수 있게 해주는 구성 요소다. 게임 요소는 게임 디자인과 결합해 게임이 된다. 하지만 그 자체만으로는 아무것도 할 수 없다.

많은 기업이 게임 디자인이나 플레이어 경험은 전혀 고려하지 않은 채, 성취나 리더보드 같은 그럴싸한 개별 게임 요소만 뽑아내 프로세스 게이미피케이션에 결합하려 한다. 그 결과 플레이어의 혼란과 동기유발 실패를 초래해, 부작용이나 의도하지 않은 행동으로 이어지는 경우가 많다.

의도하지 않은 부작용의 좋은 예로 디즈니의 하우스키핑 시스템 게이미피케이션을 들 수 있다.[10] 디즈니는 점수와 리더보드를 이용해 룸서비스 숫자와 세탁 횟수를 기준으로 직원들의 순위를 매겼다. 그렇게 해서 점수가 가장 낮은 직원은 문책(때에 따라 해고)했다. 그 결과 짧은 기간이지만 초기에는 생산성이 크게 상승했다.(장점) 하지만 시간이 지나자 방 청소를 하다 말았다는 둥, 시트가 손상되었다는 둥, 직원들의 사기가 떨어졌다는 둥 여러 불만이 제기되었다.(단점) 플레이어 경험을 고려하지 않았던 탓이다.

그뿐만 아니라 어떤 상황에 적용할 게임 요소의 개수만 생각해서도 안 된다. 게임 요소가 다른 게임 요소나 게임 그 자체 또는 플레이어와 어떻게 상호작용할지도 생각해야 한다.

여러 게임 요소를 어떻게 융합하고 게임 요소를 게임 체계와 어떻게 결합할지에 대한 전략을 게임 디자인이라 부른다. 물론 만든 사람이 원하는 행동을 하도록 플레이어의 동기를 유발할 수 있어야 성공적인 게임 디자인이라 할 수 있다.

게임 디자인이란?

"게이미피케이션은 게임이 아닌 분야에 게임 요소와 게임 디자인 기법을 활용하는 것이다."

게임은 게임 요소를 쌓아놓은 더미가 아니다. 아무런 생각 없이 어떤 체계에 게임 요소를 쏟아붓기만 한다면 결국은 실패로 끝나고 만다. 이 대목에서 필요한 것이 게임 디자인이다.

게임 디자인은 해당 게임과 관련 있는 특정한 게임 요소들을 정해진 게임 규칙과 체계 안에서 하나로 묶는 방법이다. 단, 플레이어가 최종 목표를 추구하도록 동기를 유발할 수 있어야 한다. 이렇게 하려면 만들려는 게임이 무엇인지 각각의 상황에서 플레이어가 어떤 행동을 했으면 좋겠는지 가용한 게임 요소는 무엇인지 알아야 한다.

아직 모른다고 해도 뒤에서 자세히 설명할 테니 걱정할 필요 없다. 하지만 그 전에 알아야 할 것이 있다.

이 게임을 만드는 이유는 무엇이고 해야 하는 이유는 무엇인가?

게임은 대체로 재미와 플레이어의 도전 의식 자극을 최종 목적으로 두고 설계된다. 하지만 마케팅 게이미피케이션의 최종 목적은 고객 참여, 구매 전환율 향상, 고객 유지 등 비즈니스 지향적인 것이어야 한다. 게이미피케이션을 효과적으로 실행하려면 두 가지 관점에서 게임의 목적에 접근해야 하고 그 두 관점을 일치시켜야 한다. 하나 는 기업의 목표이고 다른 하나는 고객의 목표이다. 적절한 목표 설 정은 15장에서 자세히 다루겠다.

누구를 위한 게임인가?

게임이 성공하려면 초점을 게임 디자이너나 게임을 만드는 회사가 아니라 플레이어에게 맞춰야 한다. 게임 디자이너는, 플레이어가 게 임의 중심이 되어야 하고 게임은 플레이어를 위한 것이라는 사실을 알고 있다. 플레이어에게 초점을 맞추는 이런 자세는 고객 중심 마 케팅에 큰 도움이 된다. 고객을 세분화하는 방법과 고객의 동기 및 게이머 행태를 이해하는 방법은 14장에서 자세히 다루겠다.

시간이 흐르면 위의 내용은 어떻게 바뀔까?

게임이 진행되면서 게임과 플레이어는 변화한다. 모든 플레이어 는 사전 지식 없이 게임을 시작하기 때문에 사용 지침이나 설명서 를 통한 적응 과정이 필요하다. 시간이 흐르며 설명의 필요성은 점점 사라지겠지만, 플레이어는 같은 메카닉스를 반복하는 데 싫증을 느낄 테고 더 어려운 도전 과제나 새로운 경험을 찾기 시작할 것이다. 경험 많은 플레이어라면 이미 게임이 제공하는 모든 것을 다 해 보았을 텐데 이들을 게임에 묶어놓고 새로 진입하는 초보자들을 돕게 하는 방법은 무엇인가? 모든 게임은 변화하는 플레이어의 욕구를 고려해야 한다. 16장에서 플레이어의 여정을 짜는 방법과 매 순간 플레이어를 몰입시키는 방법을 살펴보겠다.

우리 게임은 어떻게 보일까?

끝으로 '플레이어가 게임을 어떻게 경험할까'까지 고려하면 금상첨화다. 이 말은 게임을 하고 난 뒤에, 플레이어에게 남을 게임에 대한 전체적인 인상과 느낌을 뜻한다. 플레이어가 자신이 상호작용하는 게임화된 제품/프로세스와 당신 회사를 결부시켜 생각하기를 원한다면 이런 전체적인 인상과 느낌이 회사 브랜드와 연결되어야 한다.

게임의 미적 가치는 대부분의 사람이 게임 디자인을 보고 무엇을 연상하느냐에 달렸다. 플레이어를 게임에 끌어들이려면 최종 품질과 브랜드 일관성의 수준이 높아야 하기 때문에 이것을 제대로 구현하는 것이 중요하다. 게임과 브랜드 정체성이나 플레이어의 기대치 사이에 단절이 생기면 플레이어는 금방 게임을 포기한다. 그러니 당신의 목표는 AAA급 블록버스터 컴퓨터 게임 제작이 아니라 브랜드 약속에 들어맞는 시각적으로 일관된 경험을 창출하는 것임을 기억하라.

게임이 아닌 분야란?

"게임미피케이션은 게임이 아닌 분야에 게임 요소와 게임 디자인 기법을 활용하는 것이다."

이 부분이 게임미피케이션이 무엇인가라는 문제의 핵심이다. 만약 당신이 당신의 사업과 무관한 게임을 개발했다면 비즈니스 개선을 위해 게임미피케이션을 한 것이 아니라 그냥 게임을 하나 만든 것이다. 게임미피케이션이란 '게임'을 비즈니스(즉, 게임이 아닌 분야)에 통합하여 비즈니스 목표와 일치시키는 일이다.

이 책은 마케팅 게임미피케이션에 초점을 맞추었으므로, 이 책에서 게임이 아닌 분야를 게임화한다고 하면 다음 같은 사례가 있다.

- 고객이 자신의 프로필 작성을 완전히 끝마치도록 부추기기 위해 회사 웹사이트를 게임화하는 것. 예컨대 링크트인은 고객이 프로필을 100% 완성할 수 있도록 진행 표시줄과 사용 지침을 이용해 프로필 우수 사례를 안내한다.[11]
- 전체 제품을 사도록 구매 전환율을 향상시키기 위해 시험용 제품을 게임화하는 것. 예컨대 오토데스크는 시험용 제품에 문제 시리즈를 만들어 넣어, 플레이어가 자사 소프트웨어 세트를 이용해 점점 더 어려운 문제에 도전하도록 부추긴다.[12]
- 고객 만족도를 높이거나 응대 시간을 줄이기 위해 고객서비

스센터를 게임화하는 것. 프레시데스크는 고객서비스 직원들이 고객 상담 요청에 빠르고 정확하게 응대하게 하기 위해 점수, 수준, 보상 등의 방법을 결합해 활용했다.[13]

게임이 아닌 분야의 초점은 외부가 될 수도 있고 내부가 될 수도 있다.

- 외부에 초점을 맞춘 솔루션은 고객에게 직접 영향을 미친다. 고객의 참여도를 높이기 위해서는 회사의 목표와 고객의 목표를 일치시키려고 노력해야 한다.
- 내부에 초점을 맞춘 솔루션은 회사와 직원에게 영향을 미치고 같은 목표를 공유한 여러 팀에 적용된다.

전통적으로 외부 게이미피케이션은 고객 참여도 향상에 초점을 맞추므로 마케팅과 관련이 있고 내부 게이미피케이션은 보통 인적자원관리, 재무, IT, 운영의 영역이다(일반적으로 학습, 업무 지원, 규정 준수 등의 향상과 관련이 있다). 하지만 마케팅의 범위가 점점 넓어짐에 따라 내부 게이미피케이션이 고객서비스, 내부 마케팅, 판매, 팀 관리의 영역까지 커버하는 경우도 있다.

이런 난관에 부딪혔을 때 다음 같은 질문을 해보면 실패하지 않는다. 우리는 비즈니스에 적합한, 측정할 수 있는 목표가 있는가? 우리가 디자인한 프로세스 게이미피케이션은 그 목표 달성에 기여하는가? 욕심을 조금 더 부린다면 다음 질문을 추가할 수도 있다.

우리 회사의 목표는 플레이어의 최종 목표와 어떤 식으로든 일치하는가? 이와 관련해 더 자세한 내용은 3부에서 다루겠다.

게이미피케이션이 아닌 것은 무엇인가?

이제 동전의 뒷면을 보기로 하자.

게이미피케이션이 실패했다는 사실을 어떻게 알 수 있을까? 무엇이 게이미피케이션이 아닌지 알면 성공적인 게이미피케이션 솔루션을 만드는 데 도움이 된다. 까다로운 질문이지만, 많은 기업이 게이미피케이션을 시도하다 빠지는 함정에 관해 이야기하기에는 지금이 적기인 것 같다.

게임 디자인 없이 게임 요소만 활용하기

버튼을 클릭하면 10점을 얻는다든가 첫 번째 댓글을 달면 무언가를 획득한다든가 하는 것은 게임 요소를 적용한 예다. 하지만 이런 요소를 심사숙고를 거친 게임 디자인과 결합하지 않았다면 이것은 성공적인 게이미피케이션이 아니라 공허한 경험일 뿐이다.

이런 함정의 예로 뉴스리더newsreader에 배지 시스템을 도입한 구글을 들 수 있다.[14] 당신이 이 시스템을 이용해 뉴스 기사를 읽으면 구글은 그때마다 당신이 읽은 것을 기록했다가 주기적으로 당신의 관심 분야를 기반으로 배지를 수여한다.

예컨대 스포츠 관련 기사를 다섯 번 읽으면 '스포츠광'이라는 타이틀을 받는 식이다. 문제는 다른 사람은 아무도 이 배지를 볼 수 없을 뿐만 아니라 배지를 받은 사람도 대부분 그 사실을 모른다는 점이다. 그 결과 배지를 받은 사람이 그런 성취는 자신에게 아무런 의미가 없다거나 중요하지 않다고 불평하게 된다.

비즈니스(게임이 아닌 분야)라는 조건에 맞지 않는 게임

기업의 비즈니스 목표와 연계되지 않은 게임을 만들었다면 앞에서 말한 대로 그냥 게임을 만든 것이지 게이미피케이션을 했다고 볼 수 없다(긍정적으로 생각하자면 당신 회사는 이제 게임이 하나 생겼고 당신은 엄밀한 의미에서 게임 개발자가 되었다). 이런 함정을 피하려면 영향을 끼치고 싶은 측정 지표가 무엇인지 찾아낸 뒤, 그 지표에 영향을 끼칠 게임을 적극적으로 개발해야 한다.

아무도 하고 싶어 하지 않는 게임

게임화된 제품이나 서비스를 개발한다면 그것을 이용할 이유가 있어야 한다. 이유는 재미가 될 수도 있고 도전 의식 자극이 될 수도 있고 보상이 될 수도 있다. 어떤 이유가 되었든 사람들이 하고 싶어 하는 게임을 만들어야 한다.

이것을 어떻게 알 수 있을까? 데이터를 이용하면 된다. 당신이 원하는 것을 사람들이 이미 하고 있는가, 그런데 당신이 만든 게이미피케이션을 이용하면 더 쉽게 할 수 있는가? 사람들이 당신 게임을 어떻게 찾을 수 있는가? 사람들이 당신 게임을 포기하고 떠나는가, 아니면 계속해서 다시 찾는가?

매리엇이 〈MyMarriottHotel〉[15]이라는 채용 게임을 개발할 때 이런 테스트를 했더라면 큰돈을 절감했으리라. 〈MyMarriottHotel〉은 플레이어에게 매리엇 호텔의 근무 조건이나 환경에 대해 알려주려고 만든 게임으로 〈Farmville〉의 복제품이다. 문제는 이 게임이 흥미를 유발하지 못했다는 점이다. '클릭 후 망각click-and-forget'형* 탐색 방식으로 만든 이 게임은 플레이어에게 매리엇 호텔 근무가 어떻다는 것을 보여주겠다는 게임의 목표와 실질적인 관계가 없었고 면접을 보거나 자신의 기량을 증명할 기회와도 연결되지 않아 플레이어가 게임을 할 실질적인 이유가 없었다. 그러다 보니 사실을 깨달은 플레이어는 빠르게 게임을 포기했다.

그렇다면 우리가 정의한 게이미피케이션이란?

지금까지 게이미피케이션에 대한 전문가들의 정의를 간단히 살펴보았고 그중에서 특히 케빈 워바흐의 정의를 한 구절 한 구절 나눠 게임, 게임 요소, 게임 디자인, 게임이 아닌 분야가 각각 무엇을 의미하는지 알아보았다.

큰 틀에서 보았을 때 게이미피케이션 정의에 많은 전문가의 의견이 일치한다. 우리는 무엇이 게임 요소이고 무엇이 게임 요소가 아닌가와 같은 것이 핵심 쟁점인 학술적인 논쟁에는 관심이 없다.

---

* 한 번만 클릭하면 그다음에는 시스템이 자동으로 알아서 모든 것을 한다는 뜻이다.

이 책에서는 실용적인 문제를 다룬다.

하지만 정의는 중요하다. 당신이 만든 것이 게이미피케이션인지 아닌지 확실하게 알 수 있는 방법이기 때문이다. 또 어쩌다 보니 진짜 게임을 만들었거나 더 심각한 경우에는 아예 엉망진창을 만드는 등의, 앞에서 논의했던 함정에 빠지지 않았다는 사실을 알고 싶을 때 이용할 수 있는 기준이 되기 때문이다.

우리는 컨설턴트, 애널리스트, 교수 등 해당 분야에서 유명한 전문가의 정의를 살펴보았다. 그럼에도 무언가 부족하지 않은가? 당신이 우리와 같은 생각을 하는 사람이라면 지금쯤 아마 '기업 오너나 마케팅 전문가의 의견은 무엇일까?' 하고 머리를 긁적이고 있을 것이다.

사실 게이미피케이션 분야의 대부분 잡음은 일부 전문가들이 정확한 의미가 무엇인가를 두고 논쟁을 벌이거나 일부 컨설턴트가 게이미피케이션의 장점을 '부풀려' 일을 따내려고 하는 데서 나왔다. 공론의 장에서 게이미피케이션에 관해 이야기하는 내부 전문가는 아직 드물다. 이들은 보통 자기 일을 하느라 너무 바쁘다.

이것이 우리가 이 책을 쓰기로 마음먹은 가장 큰 이유다. 우리는 둘 다 실제로 회사에서 게이미피케이션 분야의 일을 해보았다. 그래서 게이미피케이션이 강력한 고객 경험을 창출하는 데 정말로 도움이 된다고 생각한다. 제대로 된 마케팅 게이미피케이션 모델을 적용하기만 하면 된다.

그렇다면 우리의 정의는 무엇일까? 우리는 마케팅 게이미피케이션을 다음과 같이 정의한다.

"마케팅 게이미피케이션은 당신의 비즈니스 목표와 관련 있는, 고객의 현실적인 문제를 해결하기 위해 적합한 게임 요소를 세심하게 적용하는 것이다."

우리가 내린 정의의 키워드를 살펴보자.

- **비즈니스 목표와 관련 있는:** 고객의 구강 위생 문제를 해결해주는 게이미피케이션 솔루션을 만들었는가? 축하한다. 그런데 당신 회사는 차 판매 회사가 아니었던가? 고객의 문제를 해결하기 위한 게이미피케이션 솔루션 구축이 중요하지만, 반드시 회사의 목표와 관련 있어야 한다!
- **고객의 현실적인 문제:** 게이미피케이션 솔루션은 실생활에 영향을 미쳐야 하며 고객의 실제 문제나 욕구를 감지할 수 있고 측정 가능한 방식으로 해결할 수 있어야 한다. 측정할 수 없다면 없는 것이나 마찬가지다.
- **적합한 게임 요소:** 적을수록 좋을 수도 있다. 투입되는 게임 요소는 모두 이유가 있어야 하고 어떤 식으로든 플레이어 경험을 향상시켜야 한다. 할 수 있다고 상사가 지시했다고 경쟁사가 한다고 게임 요소를 투입해서는 안 된다.
- **세심한 적용:** 게임 디자인의 중요성을 인정한다는 뜻이다. 시스템이나 프로세스에 게임 요소를 쏟아부어 놓고 끝났다고 생각해서는 안 된다. 어떤 결정이든 결정을 내릴 때는 이유가 있어야 한다. 언제나 '왜'라는 질문을 하라.

위의 정의를 종이에 적어놓고 게이미피케이션 프로젝트와 관련된 모든 서류 상단에도 적어두라. 그리고 가능하다면 마케팅 임원의 팔에 문신으로도 새겨라. 이 정의를 주문처럼 외워야 한다. 앞으로 게이미피케이션 솔루션을 보면 이 정의를 기준으로 판단하라. 우리도 당신의 게이미피케이션을 이 정의로 판단할 것이다.

Summary

게이미피케이션은 여러 산업이나 업종에서 널리 쓰이는 용어다. 정의는 다양하지만 여러 정의가 다음 같은 유사한 특징을 공유한다. 게이미피케이션은 게임을 기반으로 하고 사람들의 동기를 유발하기 위해 게임 요소를 이용한다. 이들 요소는 게임 디자인(주어진 게임에 플레이어가 어떻게 반응할지에 관한 생각 방식)과 결합되어 있다. 게이미피케이션은 모두 어떤 비즈니스나 프로세스에 도움이 되는 구체적인 행동을 하도록 사람의 동기를 유발함으로써, 어떤 식으로든 실제 상황에 영향을 미치게 설계되어 있다.

모든 게임은 다음과 같은 네 가지 규칙으로 이루어져 있다.

- **규칙 1:** 모든 게임은 사전에 정해놓은, 플레이어의 최종 목표가 있어야 한다.
- **규칙 2:** 모든 게임은 플레이어의 게임 방식을 일정 부분 제한해야 한다.
- **규칙 3:** 모든 플레이어는 '유희적 태도'를 취해야 한다.

- **규칙 4:** 모든 플레이어는 자발적으로 게임을 해야 한다.

끝으로 우리가 내린 다음 정의를 기억하기 바란다. 마케팅 게이미피케이션은 당신의 비즈니스 목표와 관련 있는, 고객의 현실적인 문제를 해결하기 위해 적합한 게임 요소를 세심하게 적용하는 것이다.

Next steps

— 우리가 내린 정의를 종이에 적어 항상 보이는 곳에 두라. 마케팅 게이미피케이션은 당신의 비즈니스 목표와 관련 있는, 고객의 현실적인 문제를 해결하기 위해 적합한 게임 요소를 세심하게 적용하는 것이다.

— 당신이 가장 좋아하는 게임을 떠올려보라. 컴퓨터 게임이든 보드 게임이든 스포츠든 상관없다. 그 게임의 게임 요소를 모두 기록한 후 그 게임이 어떻게 설계되어 플레이어가 목표를 달성하게 하는지 생각해보라. 일부 게임 요소는 다른 게임 요소보다 더 효과적인가? 그 이유는 무엇인가?

— 이제 게이미피케이션이 무엇인지 조금 더 알게 되었으니 지금까지 당신이 강한 인상을 받았거나 경험해본 게이미피케이션이 있으면 세 개만 떠올려보라. 그 게이미피케이션들은 성공적이었는가? 바로 눈에 들어왔는가?

2장
· · ·
게임이 일상이 된 오늘날

당신은 아마 비즈니스를 성장시킬 새로운 방법을 찾다가 이 책을 집어 들었을 것이다. 하지만 게이미피케이션에, 또 게임이 어떻게 마케팅에 도움을 줄 수 있겠는가, 하고 회의적일지도 모른다. 당신이 느끼는 회의감을 이해한다. 한때는 우리도 회의적이었으니까. 그래서 이 장과 다음 장을 할애해 게이미피케이션과 게임이 왜 중요한지 어디에서 시작되었는지 마케팅 전략에 어떤 영향을 미칠 수 있는지 보여주려고 한다.

회의감을 가질 필요는 없다. 일단 겉으로 드러난 것만 보았을 때, 비즈니스를 게임화하는 가장 중요한 이유는 게이미피케이션이 마케팅과 사람들에게 매우 실질적인 영향을 미칠 수 있기 때문이다. 게이미피케이션은 다음과 같은 일을 하는 도구와 방법이 된다.

1) 고객이 특정 방식으로 행동하도록 동기를 유발한다(예컨대 소셜미디어에 올린 블로그를 공유한다든가 특정한 시간에 특정한 점포를 방문한다든가 당신 회사 웹사이트에 상품을 등록한다든가 서식을 작성한다든가 하는 것).
2) 브랜드 인지도 및 브랜드 충성도를 높인다.
3) 신규 고객과 기존 고객이 당신 회사의 제품이나 서비스를 사용하거나 구매 혹은 소문을 내도록 장려한다.

게이미피케이션이 마케팅에 영향을 미친 예로는 인기 있는 초콜릿 브랜드 M&M's을 들 수 있다. M&M's은 미국 시장에 프레첼 맛이 나는 초콜릿을 출시하려고 'Eye-Spy Pretzel' 캠페인을 벌여 위에서 말한 세 가지 모두를 달성할 수 있었다.[1]

M&M's이 자사 페이스북을 통해 '아이 스파이eye-spy' 게임과 '월리를 찾아라'라는 유형의 게임을 이용한 것은 기발하면서도 비용이 많이 들지 않는 전략이었다. 다양한 색상과 그래픽으로 치장된 캔디 사이에서 작은 프레첼맨을 찾는 '물건 모으기 게임scavenger-hunt'* 식의 메카닉스는 페이스북 팔로워와 고객의 도전 의식을 자극했다. 이 게임은 미국에서 큰 성공을 거두었다. 많은 사람이 게임을 좋아했고 다른 사람과 공유했다. 게임은 입소문을 타고 퍼져 게임을 즐

---

* 지정된 몇 종류의 물건을 사지 않고 빨리 모으면 이기는 게임을 말한다.

기는 사람이 늘었다. 그 결과 전체 브랜드에 대한 인지도가 높아졌고 (특히 게임을 통해) 가장 최근에 출시된 프레첼 맛 초콜릿의 브랜드 인지도가 치솟았다.

M&M's의 게이미피케이션은 만들고 운용하는 데 비용이 많이 들지 않았고 내용이 간단해 고객이 이해하거나 즐기기 쉬웠다. 또한 재미가 있어 고객을 몰입시켰으며 상업적인 어떤 것과도 직접적으로 결부되지 않았기 때문에(물론 장기적으로는 매출 신장에 기여했다.) 회사에 도움이 되었다.

위의 사례는 게임을, 소셜미디어를 통한 제품 출시 마케팅에 결합한 작은 예일 뿐이다. 우리는 당신에게 앞으로 게이미피케이션을 다양한 마케팅 전략에 결합할 수 있는 아이디어나 도구, 기법을 많이 보여주겠다.

게이미피케이션은 제대로만 적용하면 강력한 힘을 발휘할 수 있다. 그런데 이 힘은 어디에서 오는 것일까? 그것을 알기 위해서는 무엇이 게임이 그렇게 효과적으로 만드는지 먼저 알아야 한다.

게임의 탄생

게이미피케이션을 더 자세히 이해하려면 게임은 어디에서 시작되었고 어디로 가는지 알아야 한다. 게임은 언제나 인간 사회의 일부분이었다. 가장 오래된 게임은 5000년 전으로 거슬러 올라가 중동과 지중해 근처에서 발견된다. 당시의 게임은 지금 기준으로 보면 복잡하지 않았지만, 그래도 규칙과 목표가 있었고 사람들을 끌어들이는 힘이 있었다.

요한 하위징아Johan Huizinga에 따르면 게임과 놀이는 인간의 문화 사회와 그 문화 사회의 복잡성을 만드는 데 크게 기여했다.

> "(놀이는) 문화보다 오래되었다. 아무리 부적절한 문화의 정의를 따르더라도, 문화는 언제나 인간 사회를 전제로 한 것이기 때문이다. 게다가 동물들은 인간이 놀이를 가르치기를 기다리지도 않았다.*"2

이런 의미에서 본다면 놀이는 예술, 철학, 전쟁, 언어 등 모든 것의 출발점이다. 이 연장선상에서 놀이와 게임은 이런 개념들을 탐구하는 수단으로 자연스럽게 생겨났다.

우리는 초기에 탄생한, 삶을 모방한 게임에서 이런 관계를 볼 수 있다. 오늘날 우리가 알고 있는 체스, 바둑, 체커 등의 게임은 본질적으로 전쟁을 묘사한 경쟁적인 제로섬 게임이다. 한편 주사위를 이용해 우연성을 가미한, 그리하여 뜻밖의 사건이 일어날 가능성과 불명확성을 더한 게임은 현대 도박 게임의 뿌리가 되었다.3

그런데 이들 게임의 공통점은 무엇일까? 앞에서 살펴보았듯 게임에는 플레이어, 규칙, 제한, 목표가 필요하다. 이런 요소들이 플레이어를 빨아들이게 하고 목표 달성을 어렵게, 하지만 불가능하지는

---

* 동물도 자연스럽게 놀이를 즐긴다는 뜻이다.

않게 만드는 게임의 구조다.

15세기경부터 게임의 구조와 규칙이 틀을 갖추기 시작하고 어떻게 플레이할 것인가가 명확히 정해지기 시작하면서 게임에 전문성의 분위기가 더해졌다. 수 세기 동안 체스나 체커, 카드 게임 같은 것을 '전문적'인 수준으로 하는 것은 게임 기법을 익히는 데 시간을 할애할 수 있던 엘리트의 영역이었다.

이런 전문성 추구의 결과로 게임은 인기를 얻었고 시민들의 여가가 늘어남에 따라 널리 확산되었다. 사람들이 게임하는 시간이 늘었고 다른 사람의 게임을 보는 시간도 늘었다. 프로 게임이 널리 받아들여지고 대중화된 예로는 20세기 들어 처음으로 스포츠와 체스 시합이 텔레비전으로 중계된 것을 들 수 있다. 스포츠 중계는 곧 게임 프로 중계로 이어졌고 지금은 인터넷을 통한 비디오 게임 방송으로까지 확대되었다.

미니어처 게임*이나 롤플레잉 게임**을 하는 것은 물론 게임의 텔레비전 실황 중계는, 게임이 결국은 컴퓨터 게임으로 넘어간다는 강력한 논거가 될 수 있다. 현재 컴퓨터 게임은 세계에서 가장 큰 산업의 하나가 되었다. 하지만 더 중요한 것은 전자기기와 디지털 세계가 발전하면서 즐거움의 향유가 도전 의식 및 학습과 결합해 훨씬 더 대중화되었다는 사실이다. 거기다 모바일 게임이 가능해지

---

* 병사 및 병기의 작은 모형을 놓고 벌이는 전쟁 시뮬레이션 게임을 말한다.

** 이야기의 진행에 따라 레벨을 올리며 캐릭터를 성장시키고 게임 속 다른 캐릭터들과 대화하거나 임무를 맡아 해결해나가는 게임을 말한다.

면서 게임이 엘리트의 영역이라는 믿음은 완전히 사라져버렸다.

나이나 성별, 문화와 관계없이 모든 사람은 게임을 즐길 수 있고 그 혜택을 누릴 수 있다. 우리는 지금까지 그렇게 해왔고 앞으로도 오랫동안 그럴 것이다.

게임과 게이머의 변화 양상

밀레니엄 세대와 그 이후 세대는 아마도 게임을 오락의 중심으로 삼고 성장할 것이다. 사람 간 연결성이 강화되고 기술 가격이 낮아지고 기업의 학습과 커스터마이징 능력이 향상될수록 게임은 우리 일상생활을 구성하는 바탕이 되리라.

그런데 게임은 그저 오락에 불과할까? 여러 연구는 게임이 이례적일 정도의 노력을 요구해도 플레이어는 여전히 게임을 재미있다고 느낀다는 사실을 보여준다. 그래서 많은 교육 시스템이 학습자의 주의와 지적 투자를 더 끌어들이기 위해 게임화된다.

애리조나주립대학교 리터러시literacy학 교수 제임스 폴 지James Paul Gee가 말한 것처럼 게임은 사람들을 빨리 배우게 하고 그 게임에만 있는 독특한 규칙과 도전 과제에 적응하게 할 뿐만 아니라 어려움이 예상되더라도 시간과 에너지를 투입할 것을 요구한다.[4]

성장기 아이들이 학교 안팎에서 게임의 이런 요구를 받으며 성장하면 사회에 진출해서도 변함없이 그와 유사한 환경을 기대할 수밖에 없다. 이들이 자기가 번 돈을 쓰는 완전한 소비자가 되었을 때도 이와 마찬가지의 기대를 하게 된다.

지금 세대 그리고 향후 세대의 이런 기대 때문에 게이미피케이션은 중요하다. 게임 세대는 장래의 일이 아니라 이미 눈앞의 현실이다. 이들은 더 깊은 의미와 더 몰입적인 경험을 찾을 텐데 당신이 이것을 제공하지 못하면 이들은 다른 곳에서 찾을 것이다.

이들이 어떤 사람인지 보여주는 통계 자료를 살펴보기로 하자.[5]

- 2018년 현재, 전 세계에서 비디오 게임이나 소셜 게임을 적극적·주기적으로 즐기는 사람은 약 23억 명이다. 이들 중 반수 이상은 아시아태평양 지역 출신이다. 카드 게임이나 보드 게임을 하는 사람은 포함되지도 않은 숫자다.
- 게임은 보통 젊은 층이 많이 한다고 생각하지만 세계적으로 게이머의 15%는 51~65세 사이이다. 2018년 통계에 따르면 전체 게이머의 63%가 21~50세 사이였다. 이런 숫자를 보면 일반적으로 생각하는 것보다 훨씬 많은 성인이 비디오 게임을 즐긴다는 사실을 알 수 있다.
- 온라인, 오프라인을 합해 게임을 하는 시간은 일주일에 4~8시간이다. 비디오 게임뿐만 아니라 전통적인 보드 게임 종류도 포함한 시간이다.
- 게임을 즐기는 사람 중 적어도 40%는 아는 사람과 게임을 한다. 또 쉽게 추측할 수 있듯이 게이머의 50%는 소셜 게임을 즐긴다. 소셜 게임은 〈콜 오브 듀티Call of Duty〉 같은 멀티플레이어 게임일 수도 있고 멀티플레이 기능을 갖춘, 소셜미디어

에 올라온 게임이나 앱 게임일 수도 있다.

- 언제나 이다음에 나오는 질문은 게임을 하는 남녀 비율은 어떠한가이다. 우선 날이 갈수록 그 차이는 점점 줄어들고 있다. 현재로서는 남성이 54%, 여성이 46%를 차지한다. 이 비율은 전 연령을 통틀어 계산한 대략적인 평균치다. 따라서 특정 연령대를 보면 여성의 비율이 높을 수도 있고 남성의 비율이 높을 수도 있다. 게다가 이 비율은 특정 국가나 문화도 고려하지 않았다.

위에 나오는 숫자는 당신의 배경지식에 따라 충격적일 수도 있고 그렇지 않을 수도 있겠지만 이들 숫자 뒤에 있는 돈의 액수를 알면 아마 충격을 받을 것이다.

2018년 비디오 게임 수익이 가장 높은 나라는 중국으로 379억 달러였고 그다음은 304억 달러의 미국이었다. 유라시아와 아프리카는 287억 달러였고 아시아태평양 지역의 수익은 모두 합해 714억 달러였다.[6]

현재 가장 성장세가 빠르고 돈을 많이 뿌리게 하는 게임은 e스포츠다. e스포츠는 경쟁적인 프로 수준에서 경기가 진행될 수 있는 모든 디지털 게임을 총칭하는 말이다. 전통적인 스포츠와 마찬가지로 e스포츠에도 선수가 있다. 차이점이 있다면 경기 무대가 가상 세계라는 것이다.

e스포츠를 통해 유통되는 돈은 어마어마한 액수다. 2018년에 전 세계 e스포츠 수익은 8억 6500만 달러였는데 2022년에는 이 금액

이 18억 달러로 늘어날 것으로 보인다.[7] 2018년에 개최된 e스포츠 시합은 모두 737회였고 협찬금은 4억 5670만 달러였으며 광고 수익은 1억 8920만 달러였고 상품 및 티켓 판매액은 1억 370만 달러였다.[8]

모두 엄청난 액수다. 게임을 즐기는 연령의 범위가 넓어지고 게임의 형식과 채택되는 게임의 수가 늘어나면 이 액수는 계속 불어날 것이다. 우리는 e스포츠에 참여하라거나 e스포츠 사업을 권하려고 이런 말을 하는 것이 아니다. 그보다는 게임이 우리 사회에 얼마나 광범위하게 퍼져 있는지 또 게임의 인기가 얼마나 올라가고 있으며 직원과 고객의 기대치를 얼마나 변화시키고 있는지 보여주기 위함이다.

그런데 게임의 이런 성장이 게이미피케이션에 무슨 의미가 있을까? 2016년 전망에 따르면 게이미피케이션 산업은 2021년에 120억 달러, 2023년에는 190억 달러로 성장할 것이라고 한다. 이 성장은 대부분 교육기관과 HR(인적자원 관리) 및 L&D(학습 및 개발) 분야의 게임화된 디지털 도구를 중심으로 이루어질 전망이다. 그중에서도 특히 건강 관리 교육, 보건 및 안전 교육, 규정 준수 교육이 중심이다.[9] 우리가 알고 있는 게이미피케이션은 대부분 이런 것들이다.

그렇다면 마케팅 게이미피케이션은 어떨까? 우리의 자체 조사에 따르면 게이미피케이션은 해마다 규모가 커지고 있다. 또 많은 사람이 입을 모아 학습 게이미피케이션을 이야기하지만 진짜 성공은 마케팅 게이미피케이션이 거두고 있었다.[10] 이에 대해서는 뒤에서 자세히 다루겠다.

마케팅 게이미피케이션은 몇 년 전부터 사람들의 관심을 받게 되었다. 그러다 얼마 지나지 않아 많은 기업이 게이미피케이션을 쉽게 돈을 벌 수 있는 방법으로 여기고 시도했다가 실패한 뒤 게이미피케이션은 일시적 유행으로 치부되었다. 게이미피케이션의 실패는 이런 조급한 마음가짐과 마케터를 위한 실질적 체계나 가이드북의 부재 때문이었다.

게이미피케이션은 정말로 실패한 걸까? 우리는 이 책에서 다양한 사례를 통해 게이미피케이션이 결코 실패하지 않았다는 사실을 보여주겠다. 여러 대기업이 게이미피케이션을 계속 해왔지만 이들은 크게 요란을 떨지 않았거나 그것을 게이미피케이션이라 부르지 않았다. 조용한 혁명이 진행 중이었다. 앞으로 우리는 어떻게 이 혁명의 열매를 거두어 당신 회사의 마케팅에 적용할지 보여줄 것이다.

──────────────(**Summary**)──────────────

게임은 언제나 인간 사회에 널리 퍼져 있었고 21세기 들어서는 나이나 성별, 문화를 가리지 않고 주류 활동이 되고 있다. 인터넷 및 e스포츠의 부상과 결합한 이런 확산에 힘입어 게임 경제는 성장을 거듭해 영화나 보드 게임, 일부 인기 스포츠와 필적하거나 뛰어넘을 정도가 되었다. 게임은 조금씩 우리 생활의 일부가 되더니 갈수록 더욱 일상생활과 결합하고 있다. 따라서 게이미피케이션을 실행할 때를 기다리고만 있는 마케터는 곧 뒤처지고 말 것이다.

— 온라인이나 오프라인 게임에 빠져본 뒤 그 게임을 재미있게 만드는 요소가 무엇인지 그 게임의 어떤 점이 마음에 드는지 생각해보라.

— 책을 읽어나가며 무엇을 게임화할지 그렇게 하려면 어떤 기술적 도구를 써야 도움이 될지 생각해보라.

— 도구 목록에 아날로그 도구도 포함시켜라. 목록을 작성하면 당신이 생각하는 마케팅 게이미피케이션의 재무적·실질적 실현 가능성을 파악하는 데 도움이 된다.

3장
· · ·
당신의 비즈니스에 이용할
게임의 숨은 힘

통제, 체계, 현실 도피

앞에서 살펴본 대로 게임은 대중화·산업화되었을 뿐만 아니라 이제는 우리 일상생활의 일부가 되었다. 최근 몇 년 사이에 비디오 게임 영역에서 '게이머'라는 정형화된 부정적 이미지가 형성되었음에도 일어난 일이다. 다행히 이런 이미지는 게임이 주류가 되면서 점점 사라지고 있다.

여기서 말하는 게임은 비디오 게임뿐만 아니라 우리가 즐기는 모든 게임을 포괄하는 폭넓은 개념이다. 게임은 지금까지 늘 중요했지만, 게임이 나이, 성별, 문화를 가리지 않고 널리 퍼지며 큰 산업이 된 것은 최근의 일이다. 그런데 게임을 즐기는 것이 정말로 최근의 현상일까?

제인 맥고니걸Jane McGonigal은 자신의 저서『누구나 게임을 한다』에서 고대 소아시아의 리디아 문명을 예로 들며 이 문명이 집단 게임을 통해 가뭄과 기근을 견뎌낸 이야기를 들려준다.

> "게임이 삶을 견딜 수 있게 했다. 게임이 굶주린 사람들에게 힘이 빠진 상황에서 힘을 느끼게 했고, 혼란스러운 환경에서 체계가 잡혀 있다는 느낌을 주었다."[1]

여기서 핵심어는 힘의 느낌, 달리 말해 '역량 강화empowerment'와 '체계structure'다.

많은 사람이 현대 사회를 매우 혼란스럽다고 느낀다. 그런데 게임 같은 시스템이 자리 잡으면 체계와 힘이 갖춰져 있지 않은 곳에서 체계와 힘을 느끼게 하는, 필요한 '안전밸브'의 대체품이 될 수 있다. 이런 사실은 맥고니걸이 말한 리디아의 예를 보면 알 수 있다. 리디아인들은 자신이 마주한 현실과 관계없는 게임을 이용해 자신의 주의를 다른 데로 돌려 기근을 견뎌냈다. 리디아인들이 당면 문제를 못 본 체했다고 생각하면 안 된다. 이들은 게임이 주는 체계와 힘을 이용해 삶의 일부분을 통제함으로써 스스로 해결할 힘이 없는 상황에 대처했던 것이다.

우리가 시각 매체든 대화형 매체든 오락 매체에 끌리는 이유는 이런 체계화된 이해structured comprehension의 필요성 때문이다. 이들 매체는 우리가 통제하고 싶지 않거나 통제할 수 없는 혹은 그 순간에는 감당할 수 없는 현실의 대체품을 제공한다. 영화는 우리에게 대리 통제의 느낌을 준 현대 사회의 첫 번째 사례였다. 영화를 보면 우리는 자기 본분을 이해하고 자신에게 주어진 운명을 감당하는 듯이 보이는 주인공에게 감정을 이입한다.

체계, 현실 도피, 통제의 자연스러운 다음 단계는 게임 세계였다. 게임 세계는 명확한 규칙과 목표가 있으며 플레이어는 모든 것을 이해하고 통제한다. 혹은 적어도 모든 것을 이해하고 통제한다는 환상에 사로잡힌다. 이것이 게임이 매력적인 이유다. '끔찍한' 상황에 보다 잘 대처할 수 있게 눈으로 볼 수 있으면서 인지적 상호작용의 형식을 띠고 있기 때문이다.

몰입을 유도하는 갈고리 역할의 지식

시각적으로 보기 좋은 게임을 만드는 것과 별개로, 게임을 제작하거나 경험을 게임화하는 일의 가장 큰 매력은 게임이 당신 회사의 지식과 아이디어를 고객에게 효과적으로 전달할 수 있다는 점이다.

회사가 제공하는 경험을 게임처럼 만들수록 고객, 달리 말해 플레이어(요즘은 실제로 플레이어가 맞다.)의 참여도와 몰입도가 높아진다. 경험은 점점 많은 사람을 모을 것이다. 게임, 그중에서도 특히 온라인 게임에 익숙한 사람은 쉽게, '적시에' 정보를 얻을 수 있다는 사실을 알기 때문이다. '적시에'라는 말은 필요하고 적용할 수 있을 때 지식을 얻을 수 있다는 뜻이다. 게다가 세계가 모바일로 연결되어 있어 어디서든 요구만 하면 모든 정보를 입수할 수 있다.

게이미피케이션 프로세스는 어디서든 대상이 누구든 매력적이고 재미있으며 요구만 하면 '적시에' 정보를 제공하는 경험을 창출할 수 있는 틀을 제공한다. 이것이 게이미피케이션 프로세스가 당신에게 중요한 이유다. 당신은 플레이어(고객)를 위해 정보를 제공하는 경험을 창출해야 한다. 이제 사람들은 더 이상 떠먹여주기를 바라지 않는다. 당신이 개발하는 (브랜드) 스토리와 상호작용하고 싶어 하고 그 스토리의 일부가 되고 싶어 한다. 사람들은 그런 것을 좋아한다. 자신이 참여할 수 있고 그로 인해 더 현명해질 수 있기 때문이다.

고객 공동체와 고객의 자체 역량 강화

당신이 캠페인을 벌여 회사 제품을 중심으로 한 공동체를 만든다면 플레이어는 이 공동체를 위해 무언가를 더 하고 공동체에 참여하는 다른 플레이어와도 상호작용하고 싶어 할 것이다. 이것이 게이미피케이션 캠페인 내에서 자생적으로 이루어지면 좋은, 일종의 집단의 자체 역량 강화다. 공동체와 소속감에 대해서는 11장에서 좀 더 자세히 살펴보겠다.

플레이보이가 플랫폼 게이미피케이션과 집단의 자체 역량 강화를 이야기할 때 바로 떠오르는 회사는 아니다. 하지만 플레이보이는 이미 모든 사람이 본질적으로 원하는 상품, 즉 섹스를 가지고 있다. 그러함에도 젊고 새로운 사람들을 자사 브랜드의 구독자로 끌어들일 목표를 세웠다. 그래서 웹 게이미피케이션 회사 번치볼과 손잡고 〈미스 소셜Miss Social〉이라는 페이스북과 유사한 앱을 만들었다.[2]

이름이 시사하는 것처럼 이 앱은 새로운 이용자들이 크라우드소싱을 기반으로 한, 공동체가 주도하는 버전의 『플레이보이』지와 상호작용할 수 있는 사회적 환경을 조성했다. 『플레이보이』지에 실리고 싶은 여성은 앱에 자기 사진을 올려 표를 얻으면 Playboy.com에 나올 수 있다. 이 시스템은 일정 기간 동안 이용자에게 투표권을 주는 방식으로 작동한다. 그러면 이용자는 투표권을 모았다가 자기 마음에 드는 사람에게 한꺼번에 몰아줄 수도 있고 나눠서 행사할 수도 있다.

사진이 실리고 싶은 여성은 이 소셜 플랫폼을 통해 자기 친구와 접촉하든지 아니면 다른 공동체 구성원과 접촉해 더 많은 표를 얻을 수 있다. 이들은 상품(즉 자기 사진)을 제공함으로써, 달리 말해 사람들이 원하고 표를 던지고 싶은 콘텐츠를 제공함으로써 앱과 자신을 중심으로 한 자생적 공동체를 만들었다.

공동체를 기반으로 한 이 사회적 게이미피케이션 프로젝트는 성공적이었다. 플레이보이 브랜드를 다시 찾는 비율은 85%에 이르렀고 월간 매출액은 60% 상승했다. 오늘날에는 섹스 같은 기본적 욕구라도 그것만으로는 사람들을 끌어들이기에 충분하지 않은 듯하다. 그러니 사람들을 당신 회사 브랜드로 끌어들이려면 의미와 공동체 구성원으로서의 유대감을 느끼게 해야 한다.

함께 활동하는 공동체, 공동체의 힘을 이용해 자체 역량이 강화되는 사람들이라는 이런 예는 잘 만들어진 게이미피케이션 마케팅 캠페인을 이용하면 얻을 수 있는 가장 강력한 요소다.

전통적으로, 스포츠와 건강·웰빙 분야는 더 재미있거나 사람들의 몰입도를 더욱 높이기 위해 별도의 조치가 필요하지는 않다고 생각된다. 하지만 나이키는 재미와 몰입도를 향상시키기 위해 게이미피케이션의 힘을 이용할 수 있다고 생각했다.

나이키와 나이키+ 퓨얼밴드Nike+ Fuelband는 공동체 구성원이 서로 도와서 상황을 개선하는 또 다른 좋은 예다. 나이키는 이 제품, 즉 나이키+ 퓨얼밴드를 2012년에 내놓았다. 그때부터 우리는 나이키를 고객의 건강과 웰빙에 적극적으로 관심을 기울이는 회사로 인식하게 되었다.

퓨얼밴드는 이용자의 움직임을 측정하고 감시한다. 측정치를 추적·관리하려면 나이키+ 앱을 내려받아야 한다. 이용자는 이 앱에서 자신의 운동량, 칼로리 소모량 등을 확인할 수 있다.

이 앱과 퓨얼밴드로 플레이어가 자신의 활동 상황에 대해 즉각적인 피드백을 받는다는 점을 주목해야 한다. 이것이 앞에서 말한 요구에 따라 '적시에' 제공하는 피드백 메카닉스다. 이 메카닉스는 플레이어 자신이 이용하는 시스템에 주의를 기울이게 한다. 즉각적인 피드백으로 플레이어는 자신의 어제 활동 기록과 오늘 활동 기록을 비교하고 그것을 기반으로 운동 방식을 바꾼다. 내일은 자신에게 맞는 최적 운동 효율을 달성하도록 말이다.

두 번째로 주목할 것은 나이키가 퓨얼밴드를 자사 나이키+ 공동체를 통해 출시했다는 점이다. 이렇게 함으로써 많은 플레이어가 서로 경쟁하게 되었다. 공동체 각 구성원은 자신의 기록을 친구와 비교하거나 최우수 멤버와 비교한다. 리더보드를 통해 모든 기록을 볼 수 있기 때문이다.

또 하나 주목할 것은 플레이어가 퓨얼밴드 앱을 계속 이용하면 차츰 새로운 기능을 쓰게 되고 자신의 성취를 바탕으로 배지도 받는다는 점이다. 이렇게 되면 플레이어는 성취할 것이 더 있는지 보려고 앱으로 되돌아온다.

나이키의 이 캠페인은 크게 성공했고 자연스럽게 브랜드 로열티도 생겨났다. 모든 플레이어가 날씬하고 건강한 몸을 원했을 뿐만 아니라 이런 가치를 공유하는 공동체의 일원이 되고 싶어 했기 때문이다. 거기다 경쟁과 성취라는 게임 요소가 더해져 이런 현상이 촉진되었다. 많은 사람이 나이키를 건강한 삶과 결부시켜 생각하고 퓨얼밴드에서 사용된 메카닉스가 이제는 모든 피트니스 앱에 적용되는 것을 보면 나이키 캠페인이 거둔 성공을 알 수 있다.

브랜드를 중심으로 한 공동체와 이야기

공동체의 구성원이 되고 싶고 공동체 여정의 일부가 되고 싶은 욕구는 엄청난 마케팅 도구다. 고객은 생각이 같은 사람과 어울리기를 좋아한다. 특히 다른 사람들보다 제품에 대해 더 많이 알고 올바른 제품(당신 회사 제품)을 구입한 사람이라면 더욱더 그러하다.

이런 유의 공동체 게이미피케이션을 이용한 또 다른 예는 삼성의 '삼성 네이션Samsung Nation'이다. 이름에서 알 수 있듯이 삼성 네이션은 삼성 고객을 중심으로 공동체를 만들고 이 공동체를 이용해 고객 참여도를 높인다. 이용자는 공동체 내에서 삼성 제품 사용 후기를 올리고 토론에 참여하며 동영상을 시청하는 등의 활동을 한다. 이용자가 공동체에 뭔가를 기여하면 레벨이 올라가고 자신의 성취에 따라 배지를 받을 수도 있다.

이것은 분명히 기본적인 게이미피케이션 사례다. 브랜드 로열티를 끌어올리려고 배지나 성취 같은 저차원의 게임 요소를 이용하기 때문이다. 하지만 뒤에 가려진 진짜 목적은 삼성 제품의 사용 후기를 늘리는 것이었다. 삼성은 이 목적을 달성했다. 제품 사용 후기가 500% 증가했고 그런 면에서 보면 매우 성공적인 프로젝트였다. 공동체 구성원들은 자신이 발언할 것이 있다는 사실에서 기쁨을 느꼈다. 이 프로젝트는 새 고객을 끌어들여 공동체를 키우는 역할도 했지만 실제 목적은 기존 고객의 브랜드 로열티와 공동체의 동질성을 높이는 것이었다.

물론 이 사례는 마케팅 게이미피케이션 사례 중 브랜드 로열티와 공동체 만들기의 피상적인 예일 뿐이다. 단기적으로는 사용 후기가 증가했고 사람들은 이 멋진 후기를 볼 것이다. 하지만 시간이 흐르면서 사람들은 점점 오래된 후기에 경계의 눈길을 보내리라.

장기적으로도 경험을 재미있고 매력적으로 만들고 싶다면 그 이상의 무언가가 필요하다. 그 무언가가 바로 '이야기narrative'다. (비즈니스에서) 이야기에 해당하는 것은 브랜드와 기업이 유발하는 동기다. 하지만 이야기만으로는 플레이어가 찾는 모든 요소를 충족하기 어렵다. 일부 플레이어는 깨닫지 못할 수도 있겠지만 대다수 플레이어는 도전 의식을 북돋우면서 이야기를 통해 의미 있는 배울 거리를 주는 공동체적 경험을 원한다.

몰입할 수 있는 이야기 세계를 만들어 브랜드를 홍보한 대표적인 회사는 오토데스크다. 오토데스크는 이야기 만들기와 고객 맞춤이라는 생각을 받아들여 특정 고객층을 표적으로 이것을 적용했다. 잘 모르는 독자를 위해 소개하자면 오토데스크는 영화와 게임 산업에서 주로 사용하는 3D 모델링 소프트웨어 회사다.

오토데스크는 전통적인 시험용 소프트웨어를 게임화했다. 시험용 제품은 언제나 소프트웨어의 기능에 초점을 맞추는 경향이 있다. 그렇게 해서 소비자에게 소프트웨어로 무엇을 할 수 있는지 맛을 보여준 뒤 소비자가 구매하기를 기대하는 것이다. 하지만 오토데스크는 시험용 제품을 쓰는 표적 고객을 대상으로 맞춤형 플레이어 여정을 만들기로 했다.

플레이어는 시험용 3D 모델링 소프트웨어를 쓰는 동안 '미지의 영역Undiscovered Territory'이라는 이름의 사용 지침을 읽는다. 사용 지침은 디지털 스케치부터 텍스쳐 작업을 마친 3D 에셋에 이르기까지 소프트웨어 내에 있는 다양한 요소의 사용법을 가르쳐준다. 이름에서 알 수 있듯이 플레이어는 여러 숨겨진 도시와 미지의 영역을 발견하는 이야기를 차례대로 거친다. 이 말은 이 시험용 제품 사용에 추가적인 의미가 있다는 뜻이다. 플레이어는 마음 내키는 대로 옵션을 클릭하는 것이 아니라 분명한 목표와 극복해야 할 도전 과제를 안고 미지의 영역을 발견하는 여정의 일부가 된다.

오토데스크의 이 시험용 제품 게임화는 큰 성공을 거두었다. 시험용 제품 사용은 54% 증가했고 구매를 클릭한 수는 15% 늘었으며 이 경로를 통한 시험용 제품당 매출액은 29% 증가했다. 이런 수치를 보면 게이미피케이션이 얼마나 유용한지 알 수 있다.

위의 여러 사례를 통해 알 수 있듯이, 제대로 된 게이미피케이션 프로세스는 훌륭하고 효율적이며 체계를 잘 갖춘 환경을 만드는 것이다. 플레이어가 당신의 제품이나 서비스에 빨리 접근하고 금방 이해하고 쉽게 이용할 수 있어야 한다. 거기에 더하여 '이야기' 같은 요소도 필요하다. 또 당신의 제품이나 서비스를 이용할 선택의 자유와 즉각적이며 유용한 피드백 메카닉스도 있어야 한다.

Summary

게임과 게이미피케이션은 플레이어가 쉽게 이해할 수 있는 목표, 도전 과제, 결과를 갖춘 명확한 구조의 시스템을 추가할 수 있다는 강점을 가진다. 플레이어가 새로운 게임 기술을 익히는 동안 당신 회사 브랜드와 상품을 알게 하면 플레이어를 효과적으로 몰입시킬 수 있다. 플레이어의 몰입도를 유지하려면 경험 게이미피케이션을 중심으로 한 자생적 공동체가 성장할 환경을 조성해야 할 뿐만 아니라 매력적인 브랜드 이야기도 필요하다.

— 당신을 끌어당기고 당신이 통제하고 있다는 느낌을 준, 체계화된 시스템을 갖춘 경험이나 게임 등을 생각해보자.

— 독서 클럽이 되었든 헬스 클럽이 되었든 취미생활 클럽이 되었든 당신이 소속된 공동체를 떠올려보라. 당신은 해당 클럽의 어떤 점에서 매력을 느끼는가? 해당 클럽은 어떤 식으로 당신의 지속적 참여를 끌어내는가?

— 당신 회사 브랜드에는 어떤 이야기가 있는지 생각해보라. 좋은 것이 되었든 나쁜 것이 되었든 당신과 동료들이 떠올리는 이야기도 좋고 고객이 떠올리는 이야기도 좋다.

4장

. . .

'한 번만 더' 하고 싶도록 하는
메커니즘

당신은 자신을 잘 통제하고 있다고 느끼는가 아니면 가끔 무언가를 하고 싶은 충동에 사로잡히는가? 도박이나 약물 중독 같은 극단적인 이야기가 아니라 초콜릿 한 조각을 더 먹고 싶은 욕구나 〈캔디크 러쉬〉 다음 단계를 끝내고 싶은 욕구 같은 일상생활에서 느끼는 약점 말이다.

우리가 하고자 하는 질문은 "당신은 당신이 하는 일을 왜 하는가?"이다. 대부분의 사람은, 대개는 단기적이지만 그렇게 해야 기분이 좋아지기에(혹은 덜 나빠지기에) 그렇게 한다. 우리가 초콜릿 한 조각을 더 먹는 이유는 먹고 싶어서 입안에 군침이 돌기 때문이고 비디오 게임 다음 단계를 하는 이유는 그 단계를 끝내면 기분이 좋아질 것을 알기 때문이다.

물론 우리는 이런 단기적인 생각을 무시하고 다이어트를 계속하거나 하던 일을 끝내는 데 집중할 수 있다. 하지만 근시안적인 이 생화학적 레버를 당기지 않으려면 의식적인 노력이 필요하다.

이 레버는 강력한 동기유발 요인이다. 행위의 결과를 상상하고 그 결과를 기대하게 하기 때문이다. 그런데 그 요인이 이렇게 강력한 이유는 무엇일까? 그리고 그 작동 메커니즘은 어떠할까?

우리는 쥐보다 똑똑할까?

대마법사(『오즈의 마법사』에 나오는, 커튼 뒤에서 레버를 조종하는 마법사)는 우리 뇌의 중격핵nucleus accumbens을 재미있게 은유적으로 표현한 단어다. 중격핵은 우리 뇌 쾌락 중추의 핵심으로 무대 뒤에서 우리를 조종한다(끈을 잡아당기거나 버튼을 누르거나 스위치를 켠다).

우리는 '자신'이 통제의 주체로서 모든 결정을 내린다고 생각하지만 실상은 우리도 확실히 깨닫지 못하는 사이에 커튼 뒤에서 우리를 통제하는(더 정확히 말하면 영향력을 행사하는) '존재'가 있다.

이 대마법사, 즉 중격핵은 1950년대 후반에서 1960년대 초반 사이에 제임스 올즈James Olds와 피터 밀너Peter Milner라는 과학자의 주로 동물 실험을 통해 발견되었다.[1]

중격핵의 작동 메커니즘을 알기 위해 올즈와 밀너가 사용한 방법은 동물 친화적이라고 할 수는 없어도 효과적이었다. 두 사람은 중격핵이 구체적으로 어떤 기능을 하는지 측정하려고 실험용 쥐의 뇌에, 정확히는 중격핵에 전극을 심었다.

그런 다음 쥐에게 둘 중 하나를 선택하게 했다. 하나는 먹을 것과 물이었고 다른 하나는 전극을 활성화해 중격핵을 직접 자극하는 버튼이었다. 먹을 것과 물도 그 자체로서 중격핵을 자극할 기대 보상이었지만 중격핵을 직접 자극하는 전극의 효과는 훨씬 확실했고 강력했다. 두 사람은 시간이 지날수록 쥐들이 먹을 것과 물 대신 버튼 누르기를 선택한다는 사실을 발견했다.

뇌의 이 부위를 직접 자극하는 효과가 얼마나 강했으면 그 즐거움을 계속 느끼려고 먹을 것과 물까지 포기하는지 생각해보라. 이 부위는 우리가 음식물을 먹거나 섹스를 하거나 휴대폰을 이용하거나 게임을 하면 자극을 받는, 같은 쾌락 부위다.

올즈와 밀너는 중격핵이 자신들이 '쾌락 중추'라고 명명한 뇌의 부위거나 그 부위의 일부가 틀림없다고 생각했다. 쥐가 버튼 누르기에 집착한다는 두 사람의 관찰대로 쾌락 중추는 집착과 중독에 뚜렷한 영향을 미친다. 이 대목에서 '쥐니까 그렇지, 사람은 그렇게 쉽게 영향을 받지 않을 거야.'라고 생각하는 사람이 있을 수 있다.

하지만 이는 잘못된 생각이다. 몇 년 후 다른 연구자들이 사람을 대상으로 올즈와 밀너의 실험을 했는데 결과는 같았다. 아니 그보다 더 나빴다. 연구자가 기계의 전원을 껐는데도 피험자들이 버튼을 계속 눌렀던 것이다. 결국은 강제로 피험자를 기계에서 떼어내야 했다.

우리는 개보다 똑똑할까?

쥐 실험이 비윤리적이었다는 사실은 인정한다. 공포 영화를 보면 뇌에 전기 탐침을 꽂고 나서 결말이 좋은 적이 없으니 집에서 따라 해보라고 권하지는 않겠다. 그렇다면 비침습적 방법은 어떨까? 금속 탐침을 사용하지 않고 어떻게 중격핵을 활성화할 수 있을까?

우선 눈을 감고 당신이 가장 좋아하는 음식을 만드는 상상을 해보라. 이제 음식이 담긴 접시가 당신 앞에 놓인 모습을 떠올린 다음 어떤 냄새가 나는지, 한입 베어 물었을 때 어떤 맛이 나는지 상상해보라. (채식주의자에게는 미안한 말이지만, 우리는 프라이팬에 버터를 듬뿍 두른 뒤 미디엄 레어로 스테이크를 굽는 상상을 했다.)

당신 입안에서 어떤 일이 일어났는가? 아마 상상한 음식을 기대하고 침이 고이기 시작했을 것이다. 그렇지 않았다면 건성으로 상상했거나 우리가 제안한 자극에 반응할 조건이 형성되지 않았기 때문이다.

어떤 자극에 원하는 반응을 보이도록 조건이 형성되는 것(예컨대 스테이크를 굽는 생각을 하면 입안에 침이 고이는 것)이 이반 파블로프Ivan Pavlov가 발견한 고전적 조건형성classical conditioning이다.[2]

파블로프는 개의 소화관을 연구하다 이 현상을 발견했는데 그는 개에게 먹이를 주는 실험실 기사가 실험실에 들어오기만 하면 개가 침을 질질 흘린다는 사실을 알아차렸다. 기사가 먹이를 주든 안 주든 상관없었다. 중격핵이 활성화해 학습된 반응을 보인 것이다. 개는 실험실 기사와 먹을 것을 결부시켰다. 이 말은 실험실 기사를 보기만 하면 개의 중격핵이 활성화되었다는 뜻이다.

파블로프는 실험실 기사 대신 작은 종(새로운 자극)을 이용해 실험을 계속했다. 파블로프는 개에게 먹이(보상)를 주기 전에 항상 작은 종을 울렸다. 처음에는 개가 종소리에 아무런 반응도 보이지 않았다(아직 자극에 조건이 형성되지 않았다). 하지만 시간이 지나자 개는 종소리와 먹이라는 보상을 결부시키기 시작했다.

얼마 후 파블로프는 보상(먹이) 없이 자극(종소리)만 주고도 조건반응(침 흘리기)을 끌어낼 수 있었다. 파블로프는 이것이 모든 동기와 행동의 이면에 있는 기본적 동인動因이라 믿었고 개와 마찬가지로 사람도 학습된 인과관계 조건에 반응하게 조작할 수 있다고 생각했다.

이것은 심리학의 주요 학설이 되었고 동물과 사람은 정해진 방식으로 행동하도록 '고전적' 조건을 형성할 수 있다는, 같은 원리를 연구한 수많은 후속 실험이 뒤를 잇게 했다. 실험 결과 자극과 보상은 자연스럽게 결부될 때가 많지만 의도적으로(예컨대 심리학자가 종을 친다든가 하여) 자극과 보상을 결부시킬 수도 있다는 사실이 밝혀진 것이다.

우리는 어제의 우리보다 똑똑할까?

모든 사람이 파블로프의 생각에 동의한 것은 아니었다. 심리학자 스키너B. F. Skinner는 고전적 조건형성은 인간 행동의 복잡성을 모두 설명하기에는 너무 단순하다고 생각했다. 간단한 관찰로도 인간은 학습된 자극-반응의 순환 기제를 바탕으로 평생을 보내는 것이 아니라는 사실을 알 수 있다.

스키너는 자신의 접근방법을 조작적 조건형성operant conditioning이라고 불렀다.[3] 스키너는 행동을 이해하는 가장 좋은 방법은 원인과 결과의 렌즈를 통해서 보는 것이고 시간이 흐르는 동안 학습하며 깨달은 교훈이 무엇인지 보는 것이라고 생각했다.

조작적 조건형성의 기본 원리는, 우리는 자기 행동의 결과를 기억한다는 것이다. 만약 우리가 무언가를 해서(예컨대 뜨거운 다리미를 만졌다.) 부정적 결과를 얻었다면(손을 데었다.) 다음에는 그런 일을 할 가능성이 줄어든다. 반대의 경우, 즉 긍정적인 결과를 얻었을 때는 같은 행동을 할 가능성이 늘어난다.

스키너는 이것을 '강화'라고 불렀고 우리의 행동은 긍정적 강화와 부정적 강화라는 경험을 토대로 끊임없이 바뀐다고 했다. 그뿐만 아니라 우리는 한동안 강화를 경험하지 못하면 학습된 행동을 잊어버리거나 바꾸는 식으로 강화의 결여에도 반응한다고 했다. 학습에 대한 이런 역동적 접근방법은 우리의 실제 행동 방식과 매우 유사하다.

스키너는 상자 안에 쥐를 넣는 또 다른 비윤리적 동물 실험으로 조작적 조건형성을 연구했다. 이 상자는 나중에 '스키너 상자'로 불리게 되는데 본질적으로는 쥐가 조작할 수 있는 레버가 달린 우리다.

쥐가 스키너 상자 안을 제멋대로 돌아다니다가 우연히 레버를 건드리면 먹을 것이 떨어진다. 시간이 지나면서 쥐는 레버를 당기면 먹을 것이 나온다는 사실을 학습하고 먹이를 얻기 위해 계속해서 같은 행동을 반복한다. 이 실험의 다른 버전에서는 쥐가 레버를 조작할 때까지 상자에 전기를 통하게 하였다. 쥐가 우연히 처음으로 레버를 한 번 건드린 다음 전기가 통하지 않게 끄는 방법을 얼마나 빨리 학습했을지는 상상에 맡기겠다.

우리는 모두 지금까지 자신의 행동에 강화가 어떤 영향을 끼쳤는지, 그 사례를 몇 가지씩 생각할 수 있다. 어릴 때는 모두 시행착오를 통해 배우고 이런 시행착오는 성인이 될 때까지 계속된다. 물론 성인이 되면 적극적으로 새로운 강화를 만들기보다는 이미 학습한 것을 강화하는 일이 훨씬 더 많다.

예를 들어 당신이 학창 시절에 담배를 피워본 경험이 있다면 무의식적으로 그 장단점을 이미 따졌을 것이다. '멋있는' 애들과 어울리다가 시험 치기 전에 담배를 피우면 긴장이 해소된다는 사실을 알았을 수도 있고 부모님이나 선생님에게 들켜서 혼났을 수도 있다. 그런 경험에 따라 아직 담배를 피울 수도 있고 담배를 피우지 않을 수도 있다. 당신의 행동으로 비롯된 상이한 결과가 당신을 이 방향으로 혹은 저 방향으로 이끌었기 때문이다.

우리는 무언가를 할 때마다 무언가를 배운다. 하지만 많은 활동이 그에 상응하는 분명한 긍정적/부정적 강화를 수반하지는 않는다. 시간이 너무 오래 걸리기 때문인데 우리에게 쾌락을 주는 활동이나 단기적 고통을 회피하도록 돕는 활동은 중격핵을 활성화할 것이다.

우리는 모두 어떤 식으로든 무언가에 집착한다

이런 모든 요인이 중격핵 활성화를 유발할 때 중격핵에서는 무슨 일이 일어나는 것일까? 중격핵은 무언가를 '기대'할 때 활성화되는 생리적·심리적 보상 시스템의 일부다. 여기서 말하는 '기대'는 보통 무언가 좋은 것을 얻거나 무언가 나쁜 것을 피하리라는 희망을 말한다. 어느 쪽이 되었건 기분이 좋아지는 효과는 도파민이라 불리는 신경전달물질이 중격핵에 방출되면 생긴다.

당신도 도파민이라는 이름을 들어보았을 것이다. 도파민은 신경전달물질계의 명사&±로, 쾌감 및 기대감과의 관련성 때문에 긍정적이든 부정적이든 모든 언론의 눈과 귀를 사로잡고 있다. 도파민은 이 밖에도 다른 신경전달물질(예컨대 세로토닌)과 상호작용해 뇌에 복잡한 변화를 일으키는 등 많은 역할을 하지만, 여기서는 우리 목적상 도파민과 그 동기유발 효과만 보겠다.

도파민은 우리가 어떤 행동을 하면 기분이 좋아지는지 알도록 돕는 화학물질로 우리의 여러 행동에 영향을 미친다. 도파민은 시상하부에서 분비되어 뇌를 순환하며 많은 기능을 수행한다. 도파민은 다양한 경로를 통과하지만 우리의 관심을 끄는 주요 경로는 중격핵이 속해 있는 중변연계 도파민 경로다. 이 경로는 과학자들이 '쾌락 중추'라고 부르는 뇌 부위의 대부분을 차지한다.

기술 발달은 '쾌락 중추'에 대한 우리의 이해도를 높여주었다. 브라이언 넛슨Brian Knutson 교수는 fMRI(기능적 자기공명영상) 기계를 이용해 도박하는 사람의 뇌 혈류 측정 실험을 했다.[4] 넛슨은 보상을 받은 다음에는 중격핵이 활성화되지 않는다는 사실을 발견했다 (올즈와 밀너의 가설과 같다). 중격핵은 피험자가 보상이나 처벌을 기대 [다시 한번 말하지만, 여기서 '기대'란 무언가 좋은 것을 얻거나 나쁜 것을 피하리라는 희망을 말한다.]하기 시작할 때 활성화했다. 이것은 매우 중요한 이야기다. 흥미롭게도 중격핵이 활성화되면 스트레스가 유발된다는 사실도 발견되었다. 이 스트레스는 피험자 자신이 바라는 보상을 얻을 수 있게 행동하도록 하는 동기를 유발했다. '도박꾼'이 돈을 잃었을 때도 중격핵이 활성화되는 것으로 보아 이것은 분명했다. '돈을 딸 뻔한' 경험 때문에 계속해서 도박을 하고 싶다는 강박에 사로잡히는 것이다.

니르 이얄Nir Eyal은 자신의 저서 『훅』에서 이런 심리적 효과를 '욕망의 스트레스'라는 멋진 말로 표현했다.[5] '욕망의 스트레스'는 기대와 현실 사이에 간극이 있을 때의 상태를 말한다. 이 간극 때문에 우리가 느끼는 스트레스는 결과에 따라 긍정적 결말로 끝날 수도 있고 부정적 결말로 끝날 수도 있다.

도파민(그리고 욕망의 스트레스)이 우리에게 미치는 효과의 좋은 예는 배고플 때이다. 앞에서 했던 가장 좋아하는 음식을 만들어 한 입 베어 무는 상상을 다시 해보자. 만약 당신이 가장 좋아하는 음식을 만든다면 그 음식은 맛도 있고 당신의 배고픔을 달래주리라는 보상을 기대할 것이다. 이런 일은 도파민과 엔도르핀이 분비되어 일어나는 물리적 반응이다. 하지만 앞에서 말한 것처럼 우리 뇌는 놀라운 기관이라 우리가 무언가를 상상하거나 인지하기만 해도 이런 자극을 받을 수 있다. 상상이건 실제건 시각적 자극만으로도 거기에 우리가 기대하는 보상, 즉 우리가 바라는 결과가 있다면 중격핵을 활성화시키고 도파민을 분비시키기에 충분하다.

중격핵에는 양면성이 있다. 앞에서 본 예는 바람직한 보상을 기대하면 기분이 좋아지는, 중격핵의 긍정적인 효과라면 중격핵의 또 다른 면은 우리의 회피 시스템이다.

대니얼 카너먼Daniel Kahneman이 베스트셀러가 된 자신의 저서『생각에 관한 생각』에서 논한 개념인 손실 회피loss aversion는 종종 '두 개의 악 중 덜 나쁜 악'을 선택하는 문제로 요약된다. 즉 사람들은 자신이 얻은 것을 잃을 가능성이 조금이라도 있으면 그 손실을 회피하기 위해 무슨 짓이든 한다는 것이다.[6]

카너먼의 개념은 다음을 시사한다. 만약 누군가에게 10유로 할인받는 안과 추가 요금 10유로를 내지 않는 안을 제시하고 선택권을 준다면 어느 것을 선택할 것인가? 이런 경우 사람들은 대부분 할인받는 것보다는 추가 요금 회피를 선택한다. 10유로 손실의 기대가 10유로 할인이라는 보장된 결과보다 더 크게 느껴지기 때문이다.

당신과 마법사의 싸움

당신은 아마 위에서 말한 여러 모델에 의심의 눈길을 던질지도 모른다. 바람직한 일이다. 인간은 우리가 위에서 다룬 제한된 수의 심리학적 모델보다 훨씬 복잡한 존재다. 하지만 이런 단순한 모델은 매일 우리에게 영향을 미치는 생화학적 요인이나 심리적 요인을 이해하는 데 큰 도움이 된다.

도파민 분비와 중격핵 활성화는 특정 행동을 하도록 영향을 미치는, 보이지 않는 뇌 안의 마법사다. 나쁜 일은 아니다. 우리는 그렇게 진화해왔고 그것이 우리가 삶과 환경을 배우는 가장 기본적인 방법이기 때문이다.

하지만 무턱대고 본능을 좇거나 기분 좋아질 일에만 반응하는 것은 좋은 삶의 전략이 아니다. 화학물질이 조종하는 우리 뇌의 '쾌락 중추'는 주로 단기적 혜택에 초점을 맞춘다. 게다가 월세 낼 돈으로 도박을 하지 않는다든가 늘어나는 뱃살 때문에 설탕을 듬뿍 바른 도넛을 먹지 않는다든가 하는 현대적 목표를 이해할 정도로 진화했다고 볼 수도 없다.

그뿐만 아니라 뇌는 시간이 지날수록 같은 자극에 대해 강도를 약하게 느끼게 해(반대로, 끊임없이 변하는 자극에 더 익숙해지도록 하여), 당신이 어떤 행위를 더 많이 하도록 '속이기도' 한다. 스키너는 올즈와 밀너의 실험을 변형한 실험을 통해 이런 사실을 발견했다.

스키너는 버튼을 누르면 어쩌다 한 번씩 먹이가 나오는 비둘기 상자를 만들었다. 그러자 비둘기는 배가 고프든 고프지 않든 먹이가 나오는지 확인하려고 언제나 버튼을 눌렀다. 이는 비둘기에게 동기를 유발하는 조건이 형성된 것이다.

행위(위의 사례에서는 비둘기가 버튼을 누르는 것)의 횟수가 증가하면 이 행위는 반복성이 될 위험성이 있다. 인간의 경우 기대 보상에 변화가 없거나 기대 보상이 충분하지 않으면 결과를 예측할 수 있게 된다. 그래서 자극-반응의 순환 기제는 갈수록 일상화·습관화되어 처음과 같은 정도의 자극을 받지 못한다. 달리 말하면 따분해지는 것이다.

이미 눈치챘겠지만 강박 행동도 여기에서 생겨날 수 있다. 이런 유형의 조건화된 행동은 카지노에 있는 슬롯머신에서 드러난다. 슬롯머신은 높은 반복성에도 불구하고 '한 번만 더' 하고 싶게 하는, 변동성이 큰 보상 덕분에 성공했다.

도파민과 게이미피케이션

그렇다면 이런 내용이 마케팅 게이미피케이션과 무슨 관계가 있을까? 지금쯤이면 당신도 짐작하겠지만 도파민 분비에 영향을 미치는 강력한 수단은 영화, 비디오, 게임이다. 이들 매체는 시각적 자극을 바탕으로 보통은 예기치 않게 사람을 놀라게 한다. 도파민 분비를 활성화하는 것은 이 예기치 않은 놀라움이다. 우리는 기쁜 마음으로 예기치 않은 놀라움을 기대한다.

그런데 이런 수단을 마케팅에 어떻게 이용할 수 있을까? 이에 대해서는 2부에서 자세히 살펴보겠지만 이왕 도파민에 대한 개념을 배웠으니 몇 가지 사례를 소개하겠다.

도파민의 여러 측면 중 기대와 관련해 우리가 가장 좋아하는 동영상 마케팅 게이미피케이션 사례는 조금 오래된 유튜브 시리즈 〈이것도 갈릴까요?Will It Blend?〉다.[7] 뛰어난 전제를 기반으로 한 이 동영상은 평범하고 진부한 상품 마케팅을 재미있으면서도 예기치 못한 마케팅으로 게임화하는 방법을 잘 보여준다.

잘 모르는 사람을 위해 설명하자면 〈이것도 갈릴까요?〉는 실험실 가운을 입은 사람이 자사의 최신 블렌더에 임의의 물건을 집어넣고 그 물건이 갈리는지 안 갈리는지 보는 동영상이다. 영상을 보면 '과학자'가 최신 아이폰 같은 것을 들고 "이것도 갈릴까요?"라는 질문을 던진다. 그런 다음 자사 상표가 붙은 블렌더에 아이폰을 집어넣고 스위치를 누른다.

순간 우리는 놀라움의 자극을 받는다(충격핵의 자극은 실제 보상이 아니라 결과의 기대 때문에 일어난다는 사실을 기억하라). 스마트폰같이 비싸고 탐나는 물건을 진짜로 블렌더로 가는 모습을 처음 본 사람은 놀랄 수밖에 없다. 거기다 블렌더가 실제로 해당 물건을 갈 수 있다는 것을 보고 다시 놀란다.

사람들은 블렌더가 갈 수 없는 물건을 보기를 기대하는데 우리가 예로 든 아이폰은 깨끗이 갈려 수백만 개의 먼지 같은 입자가 되었다. 이 동영상 캠페인은 큰 성공을 거두어 다음에는 무엇을 갈지 궁금해하는 사람들을 끌어들였다.

그런데 손실 회피 심리에 영향을 미치는 게이미피케이션 및 마케팅 기법은 그다지 눈에 띄지 않는다. 대다수 기업이 이런 기법이 드러나기를 좋아하지 않기 때문이다. 이유는 고객이 그로 인해 영향을 받았을지도 모른다는 사실을 알게 되면 그 회사를 부정직하게 보거나 고객을 조종하는 회사라고 생각할 수도 있기 때문이다. 하지만 판매를 촉진하는 데 매우 효과적인 기법이라 쓰지 않을 수는 없다. 대신 손실 회피라는 약에 당의를 입히기 위해 도움이 되는 메시지나 고객 지원이라는 이름으로 포장할 것이다.

손실 회피 기법의 좋은 예로는 휴가용 웹사이트 부킹닷컴을 들 수 있다. 이 웹사이트는 '이 가격에 예약할 수 있는 방은 두 개밖에 남지 않았습니다.', '현재 15명의 고객이 이 호텔을 검색하고 있습니다.', '이 호텔은 5분 전에 마지막 예약이 끝났습니다.'와 같은 메시지를 주기적으로 스크린에 띄운다. 이 메시지는 긴박하다는 느낌과 당장 행동에 옮겨야 한다는 느낌을 준다. 이런 메시지에 공짜 예약 기회까지 묶으면 지금 당장 행동하지 않으면 꿈꾸던 휴가를 놓칠지도 모른다는 느낌이 더 강해진다.

Summary

인간의 뇌에는 중격핵을 중심으로 하는 '쾌락 중추'가 있다. 우리가 보상받기를 기대하거나 처벌 회피를 기대하면 이곳에서 도파민이 분비된다. 도파민은 무엇이 우리의 기분을 좋아지게 하는지 알도록 해주고 우리는 생물학적으로 기분이 좋아지는 것을 반복하게 되어 있다. 결국 시간이 지나면서 어떤 행동과 그 행동에 따른 도파민 분비를 학습하게 되고 이것은 지속적인 경험에 의해 강화된다.

하지만 우리는 기대하는 것을 얻지 못할지도 모른다는 생각이 들면 '욕망의 스트레스'를 느끼기도 한다. 이 스트레스는 무엇이 우리 동기를 유발하고 무엇이 동기를 유발하지 않는지 더 많이 알게 될수록 우리가 특정한 방향으로 행동할 가능성을 높여준다.

— 당신이 좋아하는 인터넷 쇼핑 사이트에 접속해(아니면 직접 번화가로 나가서) 도 파민 분비에 영향을 미치는 마케팅 전략이 있는지 찾아보라. 긍정적인 면(보 상의 기대)을 기반으로 했을 수도 있고 부정적인 면(놓칠지도 모른다는 두려움)을 기반으로 했을 수도 있다.

— 당신은 특정한 방식으로 쇼핑하도록 조건화되었는가? 지난 몇 달 동안 쇼핑 한 내역을 살펴보고 어떤 패턴이 눈에 띄는지 확인해보라. 같은 곳에서 계속 쇼핑하는 이유가 무엇인가?

5장
· · ·
진화하는 인간의 욕구

인간의 기본적 동기유발 요인 이해하기

앞장에서 살펴보았듯이 우리 뇌에서 일어나는 화학 과정은 특정 행동을 하도록(혹은 하지 않도록) 우리에게 영향을 미친다. 이것이 우리의 뇌다. 시초부터 오늘날에 이르기까지 우리를 인도해온, 보통은 모습을 드러내지 않는 '막후 인물'이다.

그런데 이 '막후 인물'은 우리를 어디로 인도할까? 우리 인간이 정말로 원하는 것은 무엇일까? 여기서 샛길로 빠져 현대 사회에서 우리가 원하는 모든 것을 나열할 필요는 없다. 뒤에서 할 기회가 있다. 초기 인류는 현대인보다 훨씬 더 동물적이어서 술이나 테이크

아웃 음식, 컴퓨터 게임 또는 당신이 지금 갈망하는 것을 원하지는 않았을 것이다. 물론 우리의 기본적인 욕구는 크게 변하지 않았다. 하지만 현대 사회와 기술이 동기유발 요인의 우선순위를 바꿔놓은 것은 확실하다.

인류가 어떻게 시작했는지 보려면 가상의 고대인을 상정하고 처음부터 시작해보자. 이 '고대인'은 무엇을 원할까?

생리적 욕구

이 고대인에게는 물과 영양가 있는 먹거리가 필요하다. 또 숨 쉴 공기와 신체의 최적 기능을 유지하기 위한 일정 수면 시간도 필요하며 체온도 유지해야 한다. 이런 것들은 생존하고 가능한 한 오래 살며 수렵·채집을 계속할 최고의 몸 상태를 유지하는 데 필요한 생물학적 기본 요소다.

다행스럽게도 현대인은 먹거리를 위해 사냥할 필요가 없지만, 우리는 여전히 생존을 위한 에너지와 영양소가 필요하다. 이런 기본적 요건이 충족되지 않으면 누구라도 죽는다. 죽음 회피는 궁극적 동기유발 요인이다. 그래서 우리가 이런 기본적인 생리적 생존 욕구를 등한시하기 시작하면 우리의 뇌는 다양한 방법으로 필요한 행동을 하도록 자극한다.

안전 및 쉼터

IIIIIIIIIIIIIIIIIIIIIIIIIIIIIIIII

고대인에게는 비바람과 포식동물을 막을 수 있는 안전한 잠자리도 필요하다. 인류가 수렵·채집을 하던 시절에는 적당한 쉼터를 찾고 그 쉼터를 지키느라 많은 시간을 소비했을 테다. 그렇지 않으면 비바람과 포식동물에 노출되어 죽을 수도 있었으니 이것은 중요한 일이었다.

현대인도 비슷한 욕구가 있다. 지금도 우리는 쉼터(집)를 찾고 그 안에 있으면 안전하다고 느낀다. 쉼터의 기능을 유지하기 위해 노력하며 침입자에게서 쉼터를 지키려고 가능한 모든 조처를 한다. 우리는 쉼터를 벗어나서도 위험한 상황을 피하려 노력하고 적절한 옷을 착용하거나 몸을 덥히는 등 체온을 최적으로 유지하기 위한 조치를 취한다.

친밀감

IIIIIIIIIIIIIIIIIIIIII

끝으로 인간은 친밀감을 원한다. 원시적으로 보면 친밀감은 인간의 번식을 보장하고 거시적으로 보면, 인간으로서 우리는 번식을 위해 적극적으로 자신에게 어울리는 짝을 찾는다. 이 활동에 뒤따르는 것이 낳은 자식을 돌보고 이 자손의 생존 가능성을 높여야겠다는 욕구다. 이것은 상호작용과 공감을 원하는 우리의 기본 욕구이며, 상호작용과 공감은 원하는 결과를 얻고자 서로 영향을 미치고 타협

하는 등 팀워크가 필요한 더 복잡한 활동으로 이어진다.

우리는 아직도 기본적으로는 동물이다

||||||||||||||||||||||||||||||||||||||||||||||||||||||||||||||||||||||||||||||||||||||||||||||||||||

이 세 가지 동물적 욕구는 가장 중요한 진화의 지렛대가 되어 오늘날에도 동기유발에 영향을 미치고 있다. 프레더릭 허즈버그Frederick Herzberg[1]는 두 가지 요인으로 분류해, 동기유발 이론을 제안했다. 두 이론은 모두 동기유발과 관련된 우리의 원시적 본능이 오늘날 근무 환경에서도 여전히 하나의 요소로 작용한다는 것을 보여준다.

허즈버그는 200명이 넘는 기술자를 관찰하고 면담해 무엇이 직장에서 이들을 기분 좋게 혹은 기분 나쁘게 만드는지 알아보았다. 면담을 마친 허즈버그는 이들의 동기를 유발하는 요인을 아래와 같이 두 부류로 나누었다.

1) '동기유발 요인'은 열의를 끌어올리는 긍정적인 심리 요인이다. 인정이나 직무 역량 같은 것이 여기에 속한다.
2) '위생 요인'은 충족되지 않으면 열의를 떨어뜨리거나 직장 내 불만을 유발하는 요인이다.

이 중에서 '위생 요인'은 굶주림, 신체적 안전, 체온, (고용) 안정 같은 우리의 진화적 동기유발 요인과 직결되어 있다. 위생 요인이 충족되지 않으면 긍정적 동기유발 요인이 생기지 않는다. 예컨대 당신이 몹시 춥거나 끼니를 해결할 돈이 없거나 안전하지 않은 환경에 놓였다면 창의적인 도전 같은 것은 하고 싶지 않으리라.

이것은 기억해야 할 중요한 내용이다. 생리적 욕구는 특정 행동을 하도록 우리를 견인하는 한편 생리적 욕구가 충족되지 않으면 다른 활동을 하려는 욕구도 생기지 않는다. 이런 내용은 직원의 동기를 유발하려는 사내 게이미피케이션과 직접적으로 관련이 있을 뿐만 아니라 (통제하기는 힘들지만) 마케팅 게이미피케이션과도 어느 정도 관련이 있다. 예컨대 얼어 죽을 지경에 처한 고객이나 일자리를 잃을까 봐 전전긍긍하는 고객에게 마케팅 캠페인 참여를 독려하기는 어려울 테다.

하지만 인간은 단일 개체나 단일 가족이 아니다. 우리는 먹이나 안전한 곳을 찾아 들판을 어슬렁거리는 외로운 동물이 아니다. 우리는 짝을 갈망하고 아이와 친구와 종족과 공동체를 원한다. 이 대목에서 인간의 욕구와 그 욕구를 충족하려는 동기가 한 단계 도약한다.

총합보다 크다: 공동체적 동기유발 요인

공동체에는 많은 장점이 있는데 대부분 안전과 관련된다. 예컨대 숫자가 많아서 생기는 안전성, 노동 분담, 자원 수집량의 증대, 부상자나 병자 지원 같은 것이다. 이런 장점 덕분에 공동체를 이루면 허즈버그가 말한 위생 요인의 최저 수준을 유지할 수 있다.

인류가 더 복잡한 다른 욕구를 추구할 수 있는 것도 공동체 덕분이다. 인류에게 숨 돌릴 겨를을 주기 때문이다. 공동체는 우리에게 도움을 준다. 하지만 공동체의 구성원으로서 우리는 공동체로부터 받기만 할 수 없다. 기여도 해야 한다. 모든 사람은(특히, 초기 부족 사회에서는) 공동체에서 받은 것과 비슷한 수준의 가치를 공동체에 제공해야 한다. 그래야 공동체에 남아 있을 수 있다.

만약 당신이 어느 부족의 채집인이라면 종일 숲에서 채집한 먹거리를 부족원들과 나누어야 한다. 그 대신 수렵인에게서 고기를 받아먹고 모닥불 옆에서 잘 수 있으며 아프면 다른 사람들이 돌봐준다는 사실을 알기에 안심한다.

근사하게 들리지 않는가? 하지만 자기 몫을 충실히 이행하지 않으면 공동체에서 쫓겨나 혼자 힘으로 살아야 할 위험에 처한다. 공동체 생활에 익숙해진 뒤에는 하기 어려운 일이다.

이런 원리는 현대 사회에서도 똑같이 적용된다. 우리는 우리의 노동과 대가를 교환한다. 그런 다음, 이 대가를 다른 사람의 노동의 결실과 다시 교환한다. 일을 열심히 하지 않아도 한동안은 괜찮을지 모른다. 하지만 결국은 발각되어 일자리를 잃고 새로운 일자리를 찾느라 애쓰며 좋지 않은 평판도 따라다닐 것이다. 일자리를 잃더라도 안전망(저축해놓은 돈, 가족, 정부 지원 등)이 있을 수 있다. 하지만 이 안전망마저 무너지면 그때는 어떻게 할 것인가? 공동체를 떠나 살아남을 수 있을까? 공동체 없이 얼마나 오랫동안 배를 채우고 몸을 따뜻하게 유지할 수 있을까?

공동체는 가족과 친구에서 시작해 좀 더 공식적인 직장 공동체가 있고 더 크게는 국가가 있다(우리는 선택한 국가의 국민으로 살 수도 있고 외국에서 거류민으로 살 수도 있다). 각 공동체는 저마다 요구 사항이 있고 혜택이 있으며 요구 사항이 충족되지 않았을 때 뒤따르는 결과가 있다.

우리는 공동체와 그 공동체 내에서 자신의 자리를 유지하려는 욕구가 우리의 가장 큰 동기유발 요인이라는 사실을 쉽게 알 수 있다. 특히 사람들이 잘나가는 공동체의 일원이 되려고 하거나 이런 공동체가 하는 활동에 참여하려는 것을 보면 그러하다.

주고받는다: 사회 · 경제적 동기유발 요인

우리 공동체와 함께해온 공평한 조건의 물물교환은 사회 초기의 거래 방식이었다. 물건을 주고받는 물물교환은 사회를 돌아가게 하고 발전시킨, 합의와 각자의 역할이 느슨하게 엮인 시스템이다.

인류가 발전하면서 사람 간 관계의 복잡성과 공동체도 발전했다. 우리는 공동체에 속한 개인의 위치를 정해주고 통제하려고 통화와 계급과 법을 발명했다. 이런 발전이 세상을 오늘의 모습으로 만들었고 그와 함께 우리가 고려해야 할 새로운 동기유발 요인도 여럿 생겨났다.

이전보다 훨씬 복잡해진 세상에서 인간은 무엇을 원할까? 우리는 여전히 먹거리, 따뜻함, 안전에 가치를 부여한다. 여전히 단기적 만족을 좇는 생화학물질의 영향을 받는다. 하지만 사회가 바뀌었기에 우리의 기본 욕구를 충족하는 방법도 바뀌었다. 예컨대 이제 더는 사냥으로 먹을 것을 구할 필요가 없다. 대신 돈을 벌어야 한다.

이렇듯 기본 욕구를 충족하는 방법의 본질적 변화는 우리가 경제적 동기유발모델의 적용을 받게 되었음을 보여준다. 오늘날에는 시간이 되었든 집중력이 되었든 능력이 되었든 모든 것에 가치가 매겨진다. 많은 사람이 손실을 최소화하면서 이익을 최대화하는 방법을 알고 있다.

대다수의 현대 동기부여 이론에서, 사람들은 대부분 어떻게 하면 자신의 자산을 최대화할 수 있을까를 기준으로 의식적·무의식적 의사결정을 내린다고 보고 이런 경제적 동기유발 모델에 초점을 맞춘다.

사회·경제적 동기유발 요인과 관련해, 우리 머릿속에서 이루어지는 복잡한 계산(자동으로 이루어질 때가 많다.)을 이해하는 데 도움이 되는 이론 두 가지를 소개하겠다.

기대 이론

중요한 사회·경제적 동기유발 모델 중 하나는 빅터 브룸Victor H. Vroom이 제안한 기대 이론Expectancy Theory이다.[2] 브룸은 어떤 행동을 할 동기가 유발되는 것은 보상이나 처벌에 대한 기대 때문이라고 생각했다. 앞장에서 살펴보았던 조건형성 이론과 유사하지만 브룸은 여기서 한 걸음 더 나아가 동기유발의 강도는 다음에 따라 달라진다고 했다.

- **기대:** 우리가 어떤 행위를 하면 보상이나 처벌이 따를 것이라는 믿음, 특히 그런 일이 일어날 가능성을 말한다. 예컨대 '오늘 일하러 가면 틀림없이 돈을 받겠지.'와 같은 생각이다.
- **수단:** 어떤 행위를 잘하면 보상이 늘어날 것이라는 믿음(반대의 경우 처벌이 강화될 것이라는 믿음)을 말한다. 예컨대 '이 테이블에 앉은 손님에게 서빙을 잘하면 팁을 많이 받을 수 있겠지.'와 같은 생각이다.
- **유의성:** 보상이나 처벌에 대한 가치 평가를 말한다. 예컨대 한 시간 동안 세미나에 참석하는 보상이 10유로짜리 상품권이라면 참석 대상자는 세미나에서 보내는 한 시간의 가치와 10유로짜리 상품권의 가치를 놓고 비교한다.

이것은 고전적 조건형성이나 조작적 조건형성보다 훨씬 성숙한 사고 모델로 보상의 복잡성과 그 보상과 연관된 현대 사회에서의 가치를 반영한다.

브룸이 말하길, 이 계산은 가치에 대한 각자의 인식을 기반으로 개인에 의해 끊임없이 이루어진다고 했다(의식적·무의식적으로). 이런 각자 다른 가치 인식이 우리를 독특하게 만들고 그 때문에 자신이 아끼는 차를 한 시간 동안 청소하면서 행복감을 느끼는 사람이 있는가 하면 돈을 지불하고 재빨리 기계 세차를 하는 사람도 있게 한다.

재미있는 것은 개인이 자신만의 가치 계산에 이르는 과정이다.

브룸 계산식의 구성 요소는 모두 대단히 주관적이어서 각자의 성장 과정, 인구통계학적 특성, 삶의 경험, 그 당시 기분 등의 영향을 받는다.

현대 사회에서 이루어지는 많은 행위가 기대 이론을 기반으로 한다. 우리는 모두 끊임없이 머릿속으로 우리가 하는 모든 행위(혹은 불행위) 예컨대 오늘 출근할 것인지 말 것인지 새로 나온 저 전자 제품을 살 것인지 말 것인지 3일 전에 먹다 남긴 이 음식을 먹을 것인지 말 것인지 혹은 친구가 여덟 번째 하는 똑같은 이야기를 들어줄 것인지 말 것인지 등을 계산한다.

모든 고객은 인식하는 가치가 다르고 당신의 제품이나 서비스에서 느끼는 만족도도 모두 다르다. 결국 고객이 어디에서 가치를 느끼는지 이해하지 못하거나 출시하는 제품이나 서비스의 가치를 고객이 이해하도록 하지 못하면 고객은 제품에 아무런 관심도 보이지 않을 것이다. 그래서 3부에는 당신의 아이디어를 적절히 다듬고 검증하는 데 도움이 될 몇 가지 절차를 설명해두었다.

소유 효과

두 번째로 중요한 사회·경제적 동기부여 모델은 '소유 효과 endowment effect'이다. 이것은 우리가 이미 소유하고 있는 것의 가치를 과대평가할 뿐만 아니라 우리가 이미 소유하고 있는 것을 잃는 것도 지나치게 두려워한다는 이론이다. 소유 효과는 기대 이론에 큰 영향을 미칠 수 있다. 각 개인의 가치 계산을 심각하게 왜곡하기 때문이다.

우리는 자신이 가진 것을 과대평가한다

리처드 세일러Richard Thaler 등은[3] 실험에서, 피험자에게 어떤 물건(이 실험에서는 머그잔)을 줘 소유권이 생기면 그 물건을 팔아서 받으려는 보상이 그 물건을 사기 위해 지불하려는 돈의 두 배가 되는 경향이 있다는 사실을 발견했다.

이런 현상은 피험자가 그 물건을 얻기 위해 거친 과정과 이제는 그 물건이 자기 소유라는 사실을 기반으로 (기대) 가치를 과대평가 했기 때문에 발생했다. 물건 얻을 기회를 놓쳐 가치 판단에 왜곡이 발생하지 않은 다른 피험자와 비교된다. 이것은 재미있는 현상이다. 일반적으로 머그잔이 없는 사람은 어떻게든 머그잔을 가지고 싶어 할 것으로 생각하겠지만 실제로는 그렇지 않았다.

간단한 예로 우리 일상생활에도 같은 법칙이 적용된다. 우리는 무언가를 소유하면 이상할 정도로 거기에 집착해, 우리가 소유한 것보다 훨씬 가치 있는 다른 것을 받지 않는 한 그것을 놓지 않으려고 한다. 이런 현상이 기대 이론에 어떤 영향을 미칠지 생각해보라. 또 지금까지 살펴본 다른 동기유발 요인에는 어떤 영향을 미칠까?

이런 현상은 어디에서나 볼 수 있지만 자동차나 집같이 비싼 것을 구매할 때 확실하게 드러난다. 이 현상은 '매몰 비용 효과'라 불리는 다른 현상과도 연결된다. 무언가에 시간이나 돈을 투입한 사람은 납득할 만한 수준 이상으로 거기에 집착하는 현상이 '매몰 비용 효과'다.

게이미피케이션은 종종 이 현상을 효과적으로 이용한다. 특정 시스템에서 배지나 포인트, 성취, 진도 등을 어느 수준까지 모으거나 이룬 플레이어는 그것을 버리고 떠나기를 꺼릴 것이다.

고객우대 카드가 좋은 예다(대형 쇼핑몰의 디지털 포인트 카드도 있고 커피숍이나 미용실에서 주는 도장 쿠폰도 있다). 별 볼 일 없는 홍보 술책 정도로 보이지만 이런 카드를 많이 발급하는 이유가 있다. 주머니에 고객우대 카드가 들어 있는 고객은 포인트를 쌓으려고 같은 매장에서 쇼핑할 확률이 매우 높다.

우리는 가진 것을 잃을까 봐 두려워한다

우리는 가진 것을 과대평가하기도 하지만 가진 것을 잃을까 봐 지나치게 두려워하기도 한다. 사람들은 내 것으로 인식한 것의 접근권을 상실하지 않기 위해서라면 무엇이든 하려고 한다.

이것은 서비스 산업의 마케팅 게이미피케이션에 귀중한 정보다. 고객이 지속해서 자사 서비스를 쓰게 하는 도구로 활용할 수 있기 때문이다. 하지만 주의해야 할 것이 있다. 대부분의 게이미피케이션 원칙과 마찬가지로, 당신이 이기적인 목적으로 이 현상을 이용한다고 느끼면 플레이어는 더 이상 당신의 서비스를 이용하지 않음으로써 당신을 응징할 것이다.

이 현상을 이용한 재미있는 예로는 〈가장 위험한 글쓰기 앱The Most Dangerous Writing App〉을 들 수 있다. 사용자가 너무 오랫동안 글을 입력하지 않으면 이미 작성한 문서를 모두 날려버리는 웹 도구다.

사용자는 앱에 로그인한 다음 글쓰기 시간을 설정한다. 만약 글을 입력하지 않고 설정한 시간을 넘기면 이미 작성한 문서가 사라지기 시작한다. 이 현상을 이용한 또 다른 예는 피트니스 앱과 외국어 학습 앱이다. 사용자가 계속해서 연습하지 않거나 운동한 것을 기록하지 않으면 지금까지 쌓아놓은 점수가 깎이도록 만든 앱이다.

예로 든 앱들은 성공을 거두었다. 사용자가 이들 도구에서 자신과 자신의 목표에 도움이 되는 점을 발견했기 때문이다. 글 쓰는 사람은 글을 쓰고 싶어 하지 자신이 쓴 글을 잃고 싶어 하지 않는다. 마찬가지로 외국어 학습자와 피트니스 마니아는 계속 앞으로 나가고 싶어 하지 뒤로 미끄러지고 싶어 하지 않는다.

이런 앱과 일정 기간 사용하지 않으면 포인트를 차감하는 고객 우대 카드를 비교해보면 어느 것이 효과적이고 어느 것이 효과적이지 않은지 알 수 있으리라. 만약 당신에게 1,000포인트가 적립된 고객우대 카드가 있는데 매일 포인트를 추가 적립하지 않으면 하루에 1포인트씩 차감한다고 하자. 이 마케팅은 당신이 물건을 더 사게 하기보다는 화나게 만들 것이다. 당신의 목표는 포인트를 쓰는 것이 아니라 돈을 절약하는 것이기 때문이다.

빠진 조각

우리는 4장과 5장에서 사람들이 특정한 방식으로 행동하고 싶어 하는 생물학적, 화학적, 진화적 이유와 사회학적 이유까지 살펴보았다. 우리의 뇌 화학물질은 우리가 쾌락을 추구하거나 고통을 회피하면 우리에게 보상을 준다. 우리의 동물적 본성은 우리에게 위험을 피하고 쉴 곳과 먹을 것을 찾게 한다. 현대 사회는 우리에게 사회적 기준을 따르도록 또 그 사회 내에서 우리의 지위를 유지하거나 향상하도록 하는 동기를 유발한다.

모두 일리가 있는 이야기이지만 무언가 빠진 것 같은 느낌이 들지 않는가? 지금까지 우리가 살펴본 이론은, 사람을 쾌락에 이르는 최적 경로를 찾기 위해 끊임없이 가치를 계산하는, 아무런 생각이 없는 자동인형으로 취급한다. 그런데 이 가치는 어떻게 계산할까? 앞에서 우리는 가치가 대단히 주관적이라고 했다. 그렇다면 가치의 기준은 무엇일까?

앞의 이론은 모두 인간이 지나간 정보를 기반으로 결정을 내린다고 가정한다. 하지만 이런 가정은 (동물적인) 단기적 이익 최대화/손실 최소화 유인을 제외하고는 사람들이 자신이 하고 있는 일을 왜 하는지에 대한 통찰을 거의 주지 못한다.

우리가 하는 모든 계산은 각자가 인식하는 가치를 기반으로 이루어진다고 한다. 그렇다면 이 인식은 어디에서 오는 것일까? 무엇 때문에 우리는 이것이 저것보다 더 가치 있다고 생각할까?

게이미피케이션 측면에서는 이런 질문이 훨씬 흥미롭다. 인간의 기본 욕구와 뇌에서 일어나는 화학 현상의 이해가 중요한 일이기는 하지만 우리가 마케터로서 캠페인을 벌인다고 해서 크게 영향을 끼칠 수 있는 부분은 아니다. 따라서 그보다 높은 수준에서 바라볼 필요가 있다.

다음 장에서는 이런 기본 욕구가 현대인에게는 어떤 식으로 발전했는지 또 각 개인은 기본 욕구의 가치를 어떻게 평가하고 순위를 매기는지 살펴보겠다. 이것을 알고 나면 이런 가치 판단을 이용해 게이미피케이션 전략의 동기유발 레버를 구축할 수 있다.

───────────────(**Summary**)───────────────

인간은 안전, 쉼터, 생존 등과 같은 기본적 동기유발 요인으로 움직인다. 이런 기본적 동기유발 요인은 우리에게 매우 중요하기에 그것이 충족되지 않으면 우리는 그보다 상위의 욕구를 추구하지 못한다.

인간이 공동체와 거래 시스템을 구축하면서 복잡한 상위 욕구가 생겨났다. 공동체가 생기면서 우리는 자원을 공유할 수 있게 되었지만 사회 내에서의 위치를 유지해야겠다는 동기를 유발하는 완전히 새로운 수준의 욕구(근로, 사회화, 법 준수 등)도 갖게 되었다.

이렇듯 우리의 욕구와 동기유발 요인이 발전함에 따라 일상생활에서 선택 가능한 여러 대안을 저울질할 때 해야 하는 계산과 가정도 복잡해졌다. (같은 물건이나 사건이면 사람이 매기는 가치도 대개 비슷할 것이라는) 추정과 달리 어떤 물건이나 사건에 대해 사람이 매기는 가치는 다 다르다. 다음 장에서는 이 차이와 그 함의에 대해 살펴보겠다.

— 당신은 고객우대 카드를 몇 개나 가지고 있는가? 왜 멤버가 되기로 했는지 왜 아직 멤버로 남아 있는지 생각해보라. 고객우대 카드 때문에 해당 매장에 더 자주 가는가? 고객우대 제도를 활용하지 않는다면 왜 아직도 멤버로 남아 있으며 왜 카드를 계속 가지고 있는가? 적립한 포인트를 버릴 생각을 하면 아까운 생각이 드는가?

— 당신이 가진 물건을 하나 떠올린 다음 그 물건을 갖기 위해 얼마를 썼는지 그 물건에 대해 당신이 느끼는 현재 가치(금전적 가치 또는 감성적 가치)는 얼마인지 생각해보라. 어떻게 하면 그 물건과 결별하겠는가? 결별한다는 생각을 하면 어떤 느낌이 드는가?

6장

· · ·

마침내 현대인의 욕구를 이용할 때

앞에서 살펴본 기본 욕구를 한마디로 요약하면 인류가 지금까지 멸종하지 않고 살아남을 수 있었던 방법이라고 말할 수 있다. 그런 식의 삶은 물질을 획득해야만 의미가 있는 정태적 생활 방식이다. 옛날이야기에 자주 등장하는, 친구도 없고 꿈도 없고 오직 돈만 있는 전형적인 부자를 떠올려 보라.

단기적으로는 급여, 최신 단말기 보유, 가장 최근에 나온 게임 콘솔 구매 등과 같은 외적 보상에서 즐거움을 찾으며 살 수 있다. 하지만 이것이 우리가 추구하는 전부라면 금방 공허함을 느낄 것이다.

우리가 정말로 원하고 필요로 하는 것은 내적 보상이다. 내적 보상은 '물건'을 소유하는 데서 오는 외적·일시적 보상과 달리 성취를 이루고 마음속으로 기분 좋다고 느끼는 데서 오는 보상이다. 이떤 내적 보상이 필요하고 내적 보상을 얼마나 가치 있게 여기는지는 사람마다 다르지만, 내적 보상은 각 개인의 삶을 견인하는 근본이다. 그래서 마케팅 게이미피케이션은 내적 보상을 이용하는 데에 초점을 맞춘다.

여기서 우리가 알아야 할 것은 인류가 가진 보편적인 이 '이유'다. 하지만 그 전에 이 '이유'를 설명할 수 있는 기본적인 틀을 생각해봐야 한다. 이것은 생존에 필요한 기본 욕구를 넘어서는 모델이고 더 나아지기 위해 우리가 이용할 수 있는 모델이며 우리 모두가 느끼는 동물적 욕구만 고려하는 것이 아니라 현대 사회의 고차원적 욕구까지 포함하는 모델이다.

이 대목에서 등장하는 사람이 에이브러햄 매슬로Abraham Maslow 다.[1]

동기와 매슬로의 욕구 위계 이론

당신이 마케팅 분야 종사자라면 아마 매슬로의 욕구 피라미드에 익숙할 테지만 그래도 기억을 되살린다는 의미에서 건너뛰지 말고 읽어보기 바란다. 앞으로 전개될 이 책 내용의 상당 부분이 매슬로의 이론을 기반으로 하기 때문이다.

매슬로는 인간의 모든 욕구를 피라미드에 집어넣은 모델을 생각해냈다. 피라미드 구조는 인간의 욕구를 계층화해서 보여주려고 고안된 것으로, 그 하단에는 우리의 가장 기본적인 욕구를 배치하고 그 위로 단계가 하나씩 올라갈 때마다 조금 더 복잡한 욕구를 배치했다.

피라미드 구조에서 각 단계 혹은 계층은 그다음 단계로 올라가기 위한 전제조건임을 의미한다. 따라서 첫 번째 계층의 욕구를 충분히 만족시키지 못하면 편안하게 두 번째 계층으로 올라갈 수 없다.

이 말은 각 층에 문이 달려 있어서, 안전 욕구를 충족시키지 못했으면 소속 욕구를 충족시킬 수 없다는 뜻이 아니다. 그보다는 안전 욕구가 충분히 충족되지 않으면 소속 욕구를 충족시키기가 매우 어렵고 충족시켜도 쉽게 빠져나간다는 뜻이다. 먼저 아래 단계의 욕구가 충분히 충족되지 않으면 그 위에 있는 모든 단계의 욕구는 단계에 비례해 기하급수적으로 고갈되어버린다. 이것은 건물에 비추어 생각해보면 금방 알 수 있다. 1층을 부실하게 짓고 그 위에 2층을 올릴 수는 있다. 하지만 거기서 편안하게 잘 수는 없다.

매슬로의 위계 이론은 지금까지 우리가 살펴본 욕구의 여정을 그대로 따르기 때문에 실제에 딱 들어맞는다. 우리는 인류의 문명화에 맞춰 각 단계가 발생했음을 볼 수 있을 뿐만 아니라 우리의 일상적인 삶에서도 각각의 단계가 얼마나 중요한지 알 수 있다. 우리는 이 피라미드를 오르지 않고서는, 개인으로서도 종으로서도 우리의 잠재적 가능성을 실현할 수 없다.

이 책을 계속 읽으려면 매슬로의 욕구 위계 이론을 완전히 이해

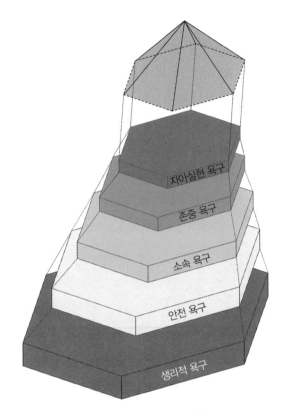

〈그림 1〉 매슬로의 욕구 피라미드

하는 것이 좋다. 앞으로 마케팅을 게임화하는 다양한 방법을 설명할 때 매슬로 피라미드의 각 계층을 이용할 것이기 때문이다. 우리는 우리만의 게이미피케이션 탑을 만들 텐데 이때 탑의 각 층을 어떤 식으로 만드는지 매슬로의 욕구 피라미드를 기반으로 설명해보겠다.

탑의 각 층은 마케팅에 이용할 수 있는 해당 층 고유의 게임 메카닉스로 이루어진다. 3부에서는 이 층들을 하나로 묶어 효과적인 게이미피케이션 솔루션을 만드는 방법을 보여주겠다. 그 전에 먼저 매슬로의 욕구 피라미드를 이루는 각 계층을 살펴보고 각 계층의 목적과 각 계층이 어떻게 우리가 특정 행동을 하도록 동기를 유발하는지 알아보자.

1단계: 생리적 욕구

우리의 생리적 욕구는 인간의 토대를 이루는 것으로서 생존에 필수적인 요소다. 이 욕구가 충족되지 않으면 우리 몸은 결국 망가져서 죽을 것이다. 이것은 매우 간단해서 누구나 원초적으로 알고 있는 사실이다.

생리적 욕구는 신진대사적 욕구, 환경적 욕구, 성적 욕구 등 3개의 하위 범주로 나눌 수 있다.

- **신진대사적** 욕구Metabolic needs는 우리 몸이 생존하기 위한 기본적 필요조건이다. 숨 쉴 공기, 갈증을 해소할 물, 배고픔을 달랠 음식물에 대한 욕구를 말한다. 이 세 가지가 없으면 우리 몸은 죽는다.
- **환경적** 욕구Elemental needs는 체온 유지와 쉴 곳을 원하는 욕구다. 의복과 불 및 이 둘을 저장할 수 있는 장소 등이 여기에 해당한다.
- **성적** 욕구Sexual needs는 자식을 낳아 종을 보존하려는 기본 본능일 뿐만 아니라, 위안을 얻기 위해 짝을 찾도록 우리의 동기를 유발하는 요인이기도 하다.

이들 욕구가 마케팅 게이미피케이션과 무슨 관계가 있는지 의아해하는 사람도 있겠지만 솔직히 말해 표면적으로는 관계가 거의 없다. 윤리적 차원에서 보았을 때 이들 욕구 중 하나를 실제로 게임화하는 것을 좋은 생각이라고 할 수는 없다. 하지만 이 기본 욕구를 알고 이해하는 것은 중요한데 기본 욕구가 충족되지 않은 사람에게는 당신이 창출한 어떤 경험도 먹히지 않을 수 있기 때문이다.

또 게임을 만들 때 이런 기본 생리적 욕구에서 추상적 의미를 도출해 다른 생리적 욕구를 시뮬레이션하는 데 쓸 수도 있다. 실제로 게임이나 경험 게이미피케이션에서는 우리가 가진 것과 같은 욕구를 표현하거나 그런 느낌을 자아내기 위해 헬스 포인트, 패배 조건, 자원 고갈 같은 인위적으로 만든 생리적 욕구를 이용한다. 우리는 살아남고 싶어 하지, 지거나 죽고 싶어 하지 않는다. 그래서 이런 아이디어를 중심으로 만들어진 게임 개념을 본능적으로 이해한다.

2단계: 안전 욕구

사람이 따뜻하고 배가 부르면 다음 관심사는 매슬로 피라미드의 다음 계층인 안전이다. 생리적 욕구와 마찬가지로 안전 욕구도 신체적 안전과 경제적 안전이라는 두 개의 하위 범주로 나눌 수 있다.

- **신체적 안전**Physical safety은 재앙, 폭력, 전쟁, 기근, 역병 등에서 건강, 안녕, 개인의 안전을 지키는 것을 말한다.
- **경제적 안전**Economic safety은 현대 사회에서 생겨난 욕구로, 고용 보장, 보험, 저축 계좌, 주택담보 대출, 세금 등과 관련이 있다.

생리적 욕구와 안전 욕구라는 이 두 개 하위 계층은 앞에서 우리가 살펴보았던 동물적 욕구다. 당신이 게이미피케이션 마케팅의 표적으로 삼을 대부분의 고객은 이 욕구를 충족했을 것이다.

생리적 욕구와 마찬가지로 안전 욕구를 게임화하는 것도 비도덕적(때에 따라 불법)이기 때문에 직접적으로 게임화해서는 안 된다. 대신 플레이어가 가진 이 욕구를 모방해 당신 회사의 마케팅 요소를 게임화하면 된다. 생리적 욕구와 안전 욕구를 표적으로 삼으면 높은 동기유발 효과를 얻을 수 있다. 하지만 도덕적으로는 애매한 부분이 있다. 이들 욕구를 직접 표적으로 삼으면 도박 같은 강박적 시스템이 만들어지기 쉽기 때문이다.

12장에서는 플레이어에게 이런 유사 생리적 욕구를 일깨우기 위해 어떤 게임 요소와 디자인을 적용할 수 있는지, 또 당신이 창출한 경험을 통해 이 욕구를 충족시키고 싶은 동기가 어떻게 유발되는지 자세히 알아보겠다.

3단계: 소속 욕구

집단이나 공동체에 소속된다는 것은 매우 강한 동기유발 요인으로, 가족이나 친구, 동료, 연애 상대 등과 관계를 맺으려는 욕구가 여기에 포함된다. 집단의 일원이 되면 다수에서 오는 안전을 누릴 수 있고 자산을 공유해 기본 욕구를 충족시키는 데 도움을 받을 수 있다.

하지만 이 계층은 집단에서 제공해줄 수 있는 음식물, 섹스, 안전 등과 같은 외적·신체적 욕구에 한정하여 관련된 게 아니라는 점이 중요하다. 이 계층은 외적(외재적) 욕구에서 내적(내재적) 욕구로 전환이 시작되는 층이다.

이런 내적 욕구는 자기 주위에 있는 사람과 친밀한 관계를 맺는데서, 또 자신이 속한 집단 내에서의 자기 정체성과 그 집단 내에서의 자기 위치를 통해 개인적 의미를 찾는 데서 생겨난다.

이것은 강력한 동기유발 요인이다. 소속감을 잃지 않으려는 마음도 이에 못지않게 강력하다. 많은 사람이 자신이 원하는 집단의 일원이 되기 위해 또는 소속 집단에서 쫓겨나지 않기 위해 애쓴다. 모두 지위 또는 다른 사람에게 접근할 기회를 얻거나 외로움 또는 따돌림의 가능성을 줄이거나 피하기 위해서이다.

친구들 사이에서 '재미있는 녀석'으로 불리거나 직장에서 '컴퓨터 전문가' 대접을 받을 때 느낄 즐거움을 생각해보라. 좋은 엄마 혹은 사랑스러운 아들이라는 것이 자랑스러운가? 친구 결혼식에 초청받지 못한다면 혹은 누군가와 말다툼을 벌여 더는 말을 안 한다면 마음이 아픈가?

이런 모든 감정이 소속감의 힘을 보여준다. 사람들은 자신이 속한 단체에서 자신의 지위를 유지하거나 끌어올리기 위해 우리가 생각하는 것보다 훨씬 큰 노력을 기울인다. 사람들이 보는 자기 모습과 자신이 스스로를 보는 모습의 많은 부분이 집단 내에서 자신의 정체성과 연계되어 있기 때문이다. 그래서 우리는 자신의 정체성에 맞게 행동한다.

게이미피케이션의 관점에서 보았을 때, 소속 욕구는 클럽이나 배타적 단체, 고객우대 프로그램 등에서 발견할 수 있는 가장 공통된 욕구다. 사람은 본질적으로, 아직은 소속되지 못했더라도 자신이 가치 있다고 생각하는 집단이나 스스로 구성원의 자격이 있다고 생각하는 집단의 일원이 되고 싶어 한다.

11장에서는 소속 욕구를 이용해 플레이어의 동기를 유발하는 방법을 살펴보고 아울러 이 욕구에 반응을 보이는 사람에게는 어떤 게임 요소가 가장 잘 먹히는지도 알아보겠다.

4단계: 존중 욕구

모든 사람은 존중받고 싶어 하는 내적 욕구가 있다. 여기에는 자기가 소속된 공동체나 집단 등 외부에서 오는 존중과 자존심이나 자부심과 같은 형태의 내부에서 오는 존중이 모두 포함된다.

이 두 가지 존중은 서로 연결되어 있다. 외부에서 오는 존중은 집단으로부터 주어지는 것이고 개인은 집단에 속함으로써 자부심을 느낀다. 많은 사람이 집단 내에서의 자신의 정체성(가족 구성원, 친구, 멘토, 직원 등)을 통해 존중을 획득한다는 점에서 존중은 소속 욕구 계층과 연결되어 있다. 사람들은 자신이 받는 존중을 집단 내 자신의 지위와 연계해 생각하기 때문에 그에 맞는 방식으로 행동할 동기를 갖게 된다.

하지만 다른 사람의 시선이 전부가 아니다. 자기 모습과 자신이 하는 일에 대한 자긍심도 존중을 만들어낸다. 자긍심이란 일을 잘 해냈을 때 또는 자신의 정체성에 맞는 방식으로 행동했을 때 자신을 대견하게 느끼는 마음이다. 어떤 일로 자긍심을 느낄지는 사람마다 다르겠지만, 크게 보아 '자신이 소중하게 여기는 일을 성공적으로 한 것'에서 느낀다고 말할 수 있다.

게이미피케이션의 관점에서 보면 존중에서 성과의 인정이라는 개념이 도출되고 그래서 지위에 따라 보상하는 것이다. 이것은 다시 기량의 연마나 일 처리의 능숙도 등과 연결된다. 10장에서는 도전 의식을 자아내는 것이나 단계적으로 발전하는 특성이 있는 것을 게임화할 때 이 레버가 얼마나 효과적일 수 있는지 살펴보겠다.

5단계: 자아실현 욕구

자아실현 욕구는 매슬로의 욕구 피라미드에서 가장 높은 계층으로, 사람의 욕구와 관련해서는 최종 단계라고 볼 수 있다. 이 단계에 오른 사람은 하위 욕구를 모두 충분히 충족시켰기 때문에 자신의 잠재적 가능성을 실현하는 데에만 집중할 수 있다. 매슬로는 이것이 우리가 달성하려고 노력하는 목표라고 생각했다.

일반적으로 자아실현을 부자가 되거나 권력을 얻거나 유명해지는 것과 같은 뜻으로 생각하는 경향이 있지만, 사실은 개인이 충족감을 느끼고 싶어 하는 것이 무엇이냐에 따라 다르다. 누구에게는 자애로운 부모가 되는 것이, 누구에게는 올림픽에 출전하는 운동선수가 되는 것이, 또 누구에게는 뛰어난 정원사가 되는 것이 자아실현일 수 있다.

이것을 매슬로는 이렇게 표현했다. '될 수 있는 것이 있다면, 되어야 한다.'[2]

자아실현 욕구는 일단 해독만 하면 동기유발의 성배聖杯가 되기 때문에 여러 효과적인 게이미피케이션 솔루션이 자아실현 욕구를 표적으로 삼는다. 이 대목에서 머리를 긁적이는 사람이 있을 것이다. 매슬로 피라미드의 다른 계층과 달리, 자아실현 욕구는 '모호한' 측면이 있기 때문이다.

스스로 '자아실현을 했다.'라고 말하는 사람을 본 적이 있는가? 우리는 본능적으로 살고 싶은 욕구, 안전해지고 싶은 욕구, 소속감을 느끼고 싶은 욕구, 다른 사람에게 인정받고 싶은 욕구를 이해한다. 그런데 자아실현이란 정확히 무슨 의미일까? 자아실현 욕구를 게이미피케이션 표적으로 삼는 방법을 배우기 전에, 먼저 자아실현 욕구를 세부적으로 나누어서 살펴보자.

자아실현 욕구의 '모호성' 줄이기

매슬로의 이론을 더 자세히 들여다보려면 실증주의 심리학 모델을 함께 보는 것이 좋다. 그중에서도 특히 대니얼 핑크Daniel Pink의 『드라이브』[3]에 나오는 모델이 도움이 될 것이다(이 책은 에드워드 데시Edward Deci와 리처드 라이언Richard M. Ryan의 '자기결정이론'[4]을 기반으로 했다).

핑크는 기존의 동기부여 심리학 문헌을 검토한 후 거기에다 기업에서 자신이 관찰한 내용을 결합했다. 핑크는 기존 모델은 지나치게 거래적일 뿐만 아니라 인간 상호작용의 참된 모습을 반영하지 못하므로 현대 사회에는 맞지 않는다고 생각했다.

핑크는 동기부여 심리학의 전통적 접근방법은 가장 기본적인 것에 대한 동기를 유발할 때만 효과적이고 좀 더 복잡하거나 창의적인 일에는 쓸모가 없다고 주장했다.

그래서 그는 매슬로의 욕구 위계를 확장했다. 핑크는 욕구 위계 이론이 사람들이 어떤 일을 하는 이유 이면의 복잡성을 설명해줄 잠재력이 있다는 사실은 인정했지만, 우리와 마찬가지로 자아실현 욕구는 너무 '모호한' 용어라고 생각했다.

따라서 핑크는 자아실현 욕구 계층을 목적, 숙련, 자율성이라는 세 개의 계층으로 나누었다. 이 세 요소는, 우리는 우리가 하는 일을 왜 하는가를 우리의 원초적 욕구 그 이상으로 설명하려고 만들어졌다. 자기 삶의 목적이 있는 사람은 그 길을 쭉 따라갈 동기가 생길 테고 가치 있는 기술이나 일에 숙달하려고 노력하는 사람은 그 일을 계속할 그리고 향상할 동기가 생길 것이다. 자율성이 있어 자신의 길을 스스로 선택할 수 있는 사람은 이것저것 탐색할 동기가 생길 테고 자신의 선택을 밀어붙일 결정권을 가질 수 있을 것이다.

각 계층을 조금 더 자세히 살펴보자.

• 5-A 단계: 목적

핑크는 '목적'을 자신보다 더 큰 무언가를 위해 일하려고 하는 욕구라고 설명했다. 핑크는, 우리는 모두 본질적으로 중요한 일, '변화를 일으킬 수 있는 일'을 하고 싶어 한다고 주장한다. 이것은 직장에서 직원들의 동기유발(핑크가 쓴 책의 주된 목표)에 큰 영향을 미치지만, 마케팅에도 효과가 있다. 사람들은 왜 당신 회사의 제품이나 서비스를 구매할까? 당신 회사의 제품이나 서비스는 어떤 더 큰 목적에 이바지하는가? 업종에 따라 이것이 불가능한 기업도 있겠지만, 목적은 표적 선정만 제대로 하면 충성 고객을 끌어모을 수 있는 중요한 동기유발 레버다. 마케팅 게이미피케이션에는 어떤 목적이 있는지 7장에서 자세히 살펴보겠다.

• 5-B 단계: 숙련

'숙련'은 자신에게 중요한 일을 더 잘하고 싶어 하는 욕구다. 핑크는, 우리는 실력이 향상되는 것을 좋아하고 개인적 성취와 발전에서 만족감을 느낀다고 주장한다(이 점에서 존중 욕구와 관련이 있다는 것을 알 수 있다). 문제는 각자에게 적합한 난이도 찾기다. 너무 쉬우면 실력이 향상되지 않을 테고 너무 어려우면 발전할 수 없다. 많은 마케터가 숙련을 적절하게 표적으로 삼는 데 실패하는 이유는 난이도를 잘못 설정하거나 고객이 관심을 기울이지 않는 분야에 숙련을 이용하기 때문이다. 8장에서는 게이미피케이션과 관련된 숙련을 조금 더 자세히 살펴본 다음, 숙련을 효과적으로 표적화하는 방법을 보여준다.

• 5-C 단계: 자율성

끝으로, '자율성'은 자기 삶과 일을 스스로 끌고 가고 싶어 하는 욕구다. 충만한 의욕은 무슨 일을, 언제, 누구와 함께할지 스스로 결정할 수 있을 때 나온다. 핑크는 기업이 자율성을 부여한 사례로 구글의 업무 관행을 든다. 구글은 기술자들이 근무 시간에 개인 프로젝트를 할 수 있게 허용하였고 이들 프로젝트는 회사에 큰 영향을 주었다. 자율성은 마케팅에도 효과가 있다. 고객은 자신에게 통제권이 있다고 느끼고 싶어 한다. 그러니 고객을 억지로 특정한 길(특히 끝이 막힌 길)로 끌고 가면 고객은 불만을 느끼고 다른 곳으로 가버릴 것이다. 반면 자율성을 너무 많이 부여하는 것도 없는 것 못지않게 위험한데 여기에 대해서는 9장에서 자세히 다루겠다.

이 세 가지 욕구가 (기본적 생존 욕구 그리고 생각이 비슷한 공동체를 갈구하는 본능 및 인정받고 싶어 하는 본능과 결합해) 우리의 삶을 지탱하고 발전시키는 요소다.

이 책에서는 이 세 가지 욕구가 게이미피케이션 경험을 창출할 때 우리가 고려해야 할 요소다. 이 추상적인 내적 욕구를 이해해야 하는 이유는, 경험을 게임화하려면 표적 고객의 개인적 목표가 무엇인지 알아야 하기 때문이다.

고객의 개인적 목표를 이해하면 그들의 핵심 레버가 무엇인지, 즉 어떤 욕구에 가장 잘 반응하는지 알 수 있다. 이것을 알면 이 욕구를 자극해 고객이 특정 행동(양쪽 모두에 이익이 될)을 하도록 유도하는 경험 게이미피케이션을 만들 수 있다.

욕구, 습관, 보상의 연결

이제 우리는 고객의 핵심 레버를 알았고 이 핵심 레버가 매슬로의 욕구 위계 이론과 데시와 라이언의 자기결정 이론 또 그것을 확장한 핑크의 드라이브에서 어떻게 설명되는지도 알았다. 신경생물학

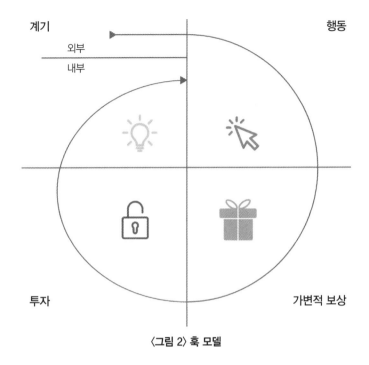

계기   행동

외부

내부

투자   가변적 보상

〈그림 2〉 훅 모델

과 마케팅에서는 이 욕구 위에, 우리가 투자하고 (내적) 보상으로 우리를 사로잡는 습관 형성 고리를 만드는 방법으로 이 셋을 연결한다.

　이 셋을 연결하는 모델 중 하나가 니르 이얄이 개발한 '훅 모델 Hooked Model'[5]이다(그림 2 참조). 이 모델과 매슬로의 욕구 피라미드를 보상이 어떻게 작동하는지 살펴보는 렌즈로 사용하면 매우 유용하다. 훅 모델은 동기가 어떻게 유발되는지 생화학적 수준에서 이해할 수 있게 해주기 때문이다. 고객 마케팅 분야에서 사용하는 이와 유사한 모델인 고객 의사결정 여정Customer Decision Journey을 아는 사람은 이 모델을 알아볼 수도 있을 것이다. 다시 말하지만, 이 모델은 개인의 습관을 형성하는 순환 여정이다.

훅 모델은 습관을 형성하는 고리를 설명한다. 고리의 시작점은 **계기**로 외부 자극 때문에 필요성을 느끼는 외적 계기와 스스로 욕구를 느끼는 내적 계기가 있다. 계기는 원하는 **행동**을 일으키고 행동은 **보상**으로 이어진다. 신경 과학으로 돌아가 말하자면 이얄이 말한 '욕망의 스트레스'(도파민 분비를 일으키는 자극과 기대)가 행동과 보상의 기대를 유발하는 계기다. 행동을 하면 보상을 받고 보상은 자신이 한 행동을 반영한다. 따라서 보상은 '마지막' 단계인 **투자**로 연결된다. 투자란 감정이나 금전, 시간, 지력 등의 투입을 말한다. '마지막'이라고 한 이유는 이 모델이 순환 형식으로 되어 있기 때문이다. 따라서 다음 단계는 앞선 **투자** 단계에서 비롯된 **계기**로 되돌아가는 것이다.

고객 의사결정 여정(그림 3)이 생소한 사람들을 위해 설명하자면 이 여정을 보는 방법도 훅 모델과 비슷하다. 고객의 출발점은 계기다. 계기는 일반적으로 무언가에 대한 욕구의 인식이지만, 욕구는 자극에 의해 생길 수도 있다. 고객은 욕구를 평가한다. 평가를 거친 욕구는 갈망의 수준으로 인식되는데 이것이 욕망의 스트레스다. 행동은 고객의 구매 시점에 일어난다. 다음 단계는 구매한 제품의 경험, 즉 기대한 경험을 인식하는 것이다. 자신의 기대에 비춰봤을 때 긍정적인가, 부정적인가? 이 경험이 다음 의사결정 여정에 정보를 제공한다. 훅 모델에서 말하는 투자다.

이 모든 것을 하나로 묶은 예가 미스터리 상자라는 아이디어다. 이 아이디어는 루트 크레이트Loot Crate, 루트 박스Loot Box, 긁는 복

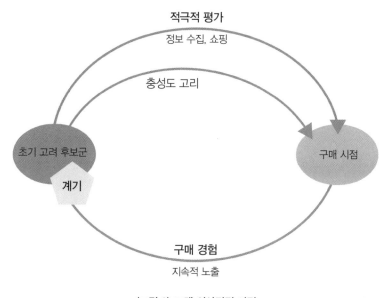

〈그림 3〉 고객 의사결정 여정

권 등 다양한 형태로 활용되고 있다. 여기에 참여할지 말지는 전적으로 개인의 자율적 선택에 달렸다. 투자하는 돈의 액수가 적고 하는 방법이 매우 쉽고 뜻밖의 행운을 기대할 수 있으며 자신이 좋아하는 보상을 받을 수도 있기에 사람들은 일반적으로 여기에 참여한다. 참여 이유는 경험이 제공하는 최고의 순간을 맛보기 위해서일 수도 있고 경험이 제공하는 새로운 흥미와 지속적 투자 때문일 수도 있다. 어느 쪽이 되었든, 한 번 참여한 사람은 자신의 '운'을 시험해보기 위해 다시 돌아온다. 중독 행동이나 강박 행동도 이런 식으로 생기니 조심하는 편이 좋다. 카지노의 슬롯머신을 생각해보라.

지금까지 우리는 주로 인간의 욕구, 즉 동기유발 요인의 긍정적인 면만 살펴보았다. 하지만 단기적으로는 이들 동기유발 요인이 뒤집힐 수 있다는 사실도 알아야 한다. 그리하여 매슬로의 욕구 위계이론 하위 4개 계층에서 언급한 신뢰, 안전, 소속감 등의 상실을 회피하는 방향의 격렬한 욕구를 불러일으킬 수도 있다.

이 말이 부정적으로 들린다고 생각하는 사람도 있겠다. 우리도 앞에서 각 계층을 설명할 때 부정적인 표현을 사용했다. 그 생각이 맞지만 우리가 이 말을 하는 이유는 장기적 혜택과 단기적 스트레스의 차이점을 확실하게 이해시키기 위해서이다.

게이미피케이션에서 단기적 스트레스는 강력한 동기유발 요인이 될 수 있다. 단기적 스트레스는 플레이어가 경험에 참여하도록 하는 초기의 압박 수단으로 사용되기도 한다. 플레이어는 배타적 단체의 일원이 되지 못하는 것을 회피하고 장기적 혜택을 위해 그 단체의 일원이 되기를 바랄 수도 있다. 심지어 누군가와 의미 있는 장기적 관계를 맺기 위해, 주사위를 굴려 자신의 운을 시험해보려는 압박감까지 느끼기도 한다.

이처럼 욕구를 자극하는 모든 요소에는 단기적 스트레스와 장기적 혜택이 있어야 한다. 그런데 어떤 결과를 달성하기 위해 '부정적인' 면을 너무 밀어붙이면 해당 요소가 장기적 불이익으로 뒤집힐 위험이 있고 그렇게 되면 동기 감퇴와 참여도 하락으로 이어진다.

마케팅 게이미피케이션과 연계하기

마케팅의 주요 기본 목표 중 하나는 고객이 회사가 제공하는 제품이나 서비스를 원하게 만드는 것이다. 기업은 고객이 마케팅 깔때기나 판매 깔때기(혹은 그 밖의 어떤 마케팅 용어를 사용하든)의 어느 단계에 있는가에 따라 브랜드 인지도 높이기, 제품 재설계, 메시지 수정 등의 방법으로 특정 고객에게 매력적으로 다가가려 한다.

하지만 대부분의 마케터는 고객이 무엇을 원하는지 제대로 이해하지 못하고 있다. 고객에게 잘못된 제품이나 서비스를 제공할 때도 많지만, 그보다는 제대로 된 제품이나 서비스를 잘못된 방식으로 제공할 때가 더 많다.

이것이 우리가 직전 3장에 걸쳐 동기부여 심리학을 간단히 살펴본 이유다. 우리는 인간이 무엇을 원하고 왜 원하는지에 대한 기본적인 내용을 훑어보았다.

많은 사람이, 특히 마케팅 분야 종사자라면 이미 이 내용을 알고 있을 것이다. 하지만 내용을 정확하게 이해하고 그것을 마케팅 전략에 응용할 수 있는 사람은 많지 않다. 이 책이 제공하려는 것은 고객의 욕구를 실행에 옮길 수 있는 도구다. 지금까지 우리가 경험한 예를 한번 보자.

- '우리는 명품 자동차를 판매합니다.' 아니다, 당신은 지위를 판매하는 것이다. 이것은 소속 및 존중 욕구와 연계된다.
- '우리는 운동시설을 제공합니다.' 아니다, 당신은 건강을 판매

하는 것이다. 이것은 숙련 및 존중 욕구와 연계된다.

- '우리는 청정에너지를 판매합니다.' 아니다, 당신은 지속가능
성을 판매하는 것이다. 이것은 목적 및 소속 욕구와 연계된다.

위의 예시에서는 모두 명확한 '제품'이 있다. 하지만 우리가 보아야
할 것은 그 제품이 충족시키려는 욕구다. 매슬로의 욕구 피라미드
나 핑크 모델의 어떤 계층을 공략해 고객의 문제를 해결할 것인가?

2부에서는 다양한 고객의 이런 욕구를 확인(매슬로의 욕구 피라미
드나 핑크 모델의 여러 계층을 고객의 욕구와 연결)하는 방법과 이런 욕구
를 효과적으로 공략할 도구를 사용하는 방법을 알아보겠다.

우리의 방법은 어떻게 하면 고객과 의미 있게 관계 맺을지에 관
한 것이다. 이 말은 적절한 고객 욕구를 확인한 다음, 게이미피케이
션 기법을 이용해 당신 회사의 제품이나 서비스를 이 욕구에 맞게
조정하라는 뜻이다.

이것을 잘하면 당신이 자신을 이해한다고 느끼는 고객의 참여
가 이어져 이들은 충성 고객화될 것이다. 이들은 자신의 이해관계
에 가장 잘 맞고 자신의 욕구를 충족시켜주는 당신과 거래를 이어
갈 수밖에 없다. 하지만 이것을 잘못하면 당신을 따르던 고객은 자
신이 조종당한다고 느끼고 당신 회사를 불사르려 들 수 있다(당연한
일이다). 이들은 자신이 특정 행동을 하도록 당신이 의도적으로 부추
긴다는 사실을 꿰뚫어 보고 당신 회사를 응징한다.

2부에서 살펴볼 도구는 이미 세계의 여러 기업이 활용해 성공을 거
두었다. 우리는 어떻게 하면 당신도 그렇게 할 수 있는지 보여주겠다.

──────────────(Summary)──────────────

매슬로의 욕구 피라미드는 하위의 두 계층에서 우리가 가지고 있는 기본적인 동물적 욕구(생리적 욕구와 안전 욕구)를, 세 번째 계층에서는 공동체 욕구(소속 욕구)를 잘 보여주고 있다. 매슬로는 그 위에 존중 욕구와 자아실현 욕구라는 두 계층을 더했다. 핑크는 자아실현 욕구를 목적, 숙련, 자율성으로 나눈 모델을 제안했다.

피라미드의 각 '계층'은 우리의 다양한 욕구와 동기유발 요인을 설명해준다. 마케터는 고객이 가진 이런 욕구를 확인해, 그 욕구를 충족시킬 수 있도록 회사의 제품이나 서비스를 맞춰나가야 한다.

다음 장에서 우리는 다양한 게이미피케이션 도구와 방법을 이런 동기유발 계층별로 분류할 것이다. 그래야 고객에 맞춰 적절히 활용할 수 있기 때문이다.

Next steps

— 당신 회사의 주요 목적을 적어보라. 그 목적이 고객에게 어떤 의미가 있는가? 매슬로 피라미드의 각 계층을 훑어본 뒤 당신 회사가 충족시키는 계층은 어디인지 찾아보라(여러 개일 수도 있다).

— 당신 회사의 주요 경쟁사에도 위와 같이 해보라. 경쟁사는 마케팅이나 제품을 통해 당신 회사와는 다른 계층을 표적으로 삼고 있는가? 경쟁사의 메시지는 당신 회사가 충족시키지 못하는 욕구를 충족시켜주겠다고 약속하는가? 우리가 조사한 바로는, 경쟁사가 자사보다 목적 및 소속감과 관련해 고객의 욕구에 더 잘 호소하고 있다고 느끼는 회사가 많았다.

인간의 동기를 유발하는 6가지 욕구

Tools

□△○✕

이제 여러분은 게이미피케이션과 게임이 무엇인지 알았다. 또 이 책에서 우리가 이용할 동기부여 심리학의 기초도 알게 되었다. 그중에서도 중요한 것은 매슬로의 욕구 위계 이론과 그 이론을 발전시킨 핑크의 드라이브 이론이다.

2부에서는, 게이미피케이션이 기본적인 인간의 욕구와 마케팅을 일치시키는 방법이자 툴세트(도구 모음)임을 보여주겠다. 동시에 게이미피케이션은 재미있으면서 플레이어의 도전 의식도 불러일으킨다. 왜냐하면 우리는, 우리가 즐기고 우리를 몰입시키고 우리를 가치 있는 경험으로 끌어당기는 것과 우리를 더 잘, 더 효과적으로 연결하기 때문이다.

각 장에서 우리는 매슬로 욕구 피라미드의 각 계층을 살펴보고 그것이 우리가 활용할 게이미피케이션 마케팅 및 게임 메카닉스와 어떤 관계가 있는지 알아본다.

이것을 알아야 하는 이유는 3부와 관련 있다. 각 장에서 보여줄 전략은 게이미피케이션 탑을 만드는 데 사용할 구성단위다(게이미피케이션 탑을 만드는 방법은 3부에서 다룬다).

그렇다면 왜 탑일까? 기본적으로는, 우리가 달성하려고 하는 것을 보여주는 유용한 시각적 은유이기 때문이다. 탑은 다양한 분야에서 활용된다. 탑이라고 하면 머릿속에 바로 떠오르는 이미지가 있을 것이다.

예컨대 피사의 사탑 말이다. 혹은 레고로 쌓아 올린 재미있는 이미지가 떠오를 수도 있다. 레고 탑은 나이와 관계없이 누구나 떠올릴 수 있는 이미지다.

탑은 게임과도 관계가 깊다. 〈디아블로〉나 〈캐슬바니아〉 같은 롤플레잉 던전 게임을 해본 사람은 알겠지만 그런 게임을 해보지 않은 사람이라도, 탑이 게이미피케이션 여정을 멋지게 비유한 표현이라는 것을 바로 느낄 수 있을 것이다.

이런 탑을 머리에 떠올리며 다음과 같이 상상해보자. 당신은 지금 당신의 플레이어가 오를 탑을 쌓고 있다. 탑은 여러 층으로 되어 있다. 당신이 플레이어를 어떻게 사로잡고 싶은가에 따라, 각 층에는 서로 다른 도전 과제와 보상이 배치된다. 당신이 할 일은 원자재, 즉 구성단위를 이용해 사람들이 모이도록 이 탑을 설계하고 구축하는 것이다. 여기서 구성단위란 고객과 플레이어를 끌어들이는 데 필요한 게이미피케이션 요소를 말한다.

2부를 읽어나가는 동안, 언제나 모든 요소와 모든 메카닉스를 집어넣어야 할 필요는 없음을 염두에 두어야 한다. 플레이어가 여정을 진행해나감에 따라 동기유발 요인과 욕구가 바뀔 것이므로, 탑 안의 각 단계를 거치는 동안 달라지는 문제에 맞추어 해결책도 달라져야 한다.

탑 꼭대기에 오르기 시작할 때 계단보다 더 나은 방법이 있을까? 우리는 이것을 '목적의 계단'이라고 부른다. 그 밖의 다른 방법으로 어떻게 올라갈 수 있겠는가?

7장

. . .

목적의 계단

보수가 없어도 위키피디아에 정보를 제공하는 이유

게이미피케이션에서 말하는 목적은 무엇이고
그것이 어떻게 동기를 유발하는가?

목적은 모든 사람이 자신의 삶에서 간절히 바라는 그 무엇이다. 목적은 사람들에게 앞으로 나아갈 힘을 준다. 목적은 사람들이 매일 하던 일로 다시 돌아오는 이유이고 지칠 줄 모르고 그 일을 계속하는 이유이며 심지어 어떤 외부적 유인이 없어도 그렇게 하는 이유이다. 내적 동기유발 요인이기 때문이다. 목적은 앞으로 우리가 살펴볼 동기유발 요인 가운데 가장 강력한 요인이다.

당신 회사의 제품을 정말로 신뢰하는 고객과 그저 그런 상품 중

하나로 보는 고객의 차이점을 생각해보라. 당신은 어느 쪽이 더 마음에 드는가? 이런 차이가 생기는 이유는 목적이 개인의 삶에 의미를 부여하기 때문이다. 개인이 느끼기에 의미가 크고 자신에게 가치 있는 것일수록, 그 사람은 그 제품과 더 깊이 연결되어 있다고 느낀다. 목적은 자신 말고 다른 무언가에 기여하고 싶어 하는 욕구이고 자신을 둘러싼 무언가에 오래 지속되는 영향을 미치고 싶어 하는 욕구이며 혼자 있기보다는 더 큰 무언가의 일원이 되고 싶어 하는 욕구이다. 목적이 효과적이기 위해, 우리 행동이 우리 목적에 직접 영향을 끼칠 필요도 없다. 방향만 일치하면 된다.

목적에 맞는 행동은 사람마다 다르다. 회사 일을 열심히 하는 것일 수도 있고 자선단체에 기부하는 것일 수도 있고 자녀를 양육하는 것일 수도 있다. 그뿐만 아니라 사람은 동시에 '여러 개의 목적'을 가질 수도 있고 시간이 지남에 따라 목적이 바뀔 수도 있다.

우리는 목적을 게이미피케이션 탑의 첫 번째 동기유발 레버로 선정했다. 모든 사람의 핵심 욕구이기 때문이다. 당신이 목적만 올바로 설정한다면 그 밖의 결함은 플레이어들이 모두 용서한다.

하지만 조심해야 할 것이 있다. 목적은 게이미피케이션에서 올바로 설정하기 가장 어려운 요소다! 목적은 조작할 수 없는 것이어서 그렇다고 생각할 수도 있다. 당신 회사에 도움이 되는 '목적'을 받아들이라고 사람들을 설득할 수는 없지 않겠는가? 그 말이 맞다. 하지만 당신 회사 목표의 방향을 플레이어의 목적에 맞출 수는 있다.

주지하다시피 위키피디아는 얼마나 많은 사람이 목적을 향한 공통의 욕구에 이끌려 서로 협력할 수 있는지 잘 보여주는 사례다. 위키피디아는 지금까지 우리가 살펴본, 어떤 활동이나 캠페인의 목적을 설정할 때 필요한 요건을 대부분 만족시킨다.

하지만 잘 생각해보면 위키피디아는 참으로 이상한 예다. 이런 개념이 먹히리라고 생각한 사람은 없었을 것이다. 매일 전 세계에서 수천 명이 아무런 보수도 받지 않고 작업하는, 오픈 소스의 무료 온라인 백과사전이라니…. 사실은 위키피디아도 그 가치를 인정하는 사람들에게 기부를 요청하고 있긴 하다. 어찌 되었건, 만약 20년 전(20세기 후반)에 당신이 누군가에게 이런 시스템을 제안했다면 아마도 미쳤다는 소리를 들었을 것이다.

사람은 다른 사람에게 의미 있는 일을 하고 싶어 한다는 사실을 위키피디아가 보여주었다. 자신보다 더 큰 어떤 대의에, 그것도 자신의 선택으로 기여하고 싶어 한다. 이것은 삶의 모든 면에 적용되고 당신의 게이미피케이션 마케팅 캠페인도 포함된다.

대니얼 핑크는 자신의 책 『드라이브』에서 이렇게 말했다.

"(과학이 밝혀낸) 고성과의 비결은 우리의 생물학적 드라이브나 상벌 드라이브 때문이 아니라 우리가 가진 제3의 드라이브 때문이다. 제3의 드라이브란 자신의 삶을 스스로 끌고 가고 싶고, 자신의 능력을 신장시키고 싶고, 목적 있는 삶을 살고 싶은, 우리 내면 깊숙이 자리 잡은 욕구를 말한다."[1]

목적은 우리에게 내적 가치를 제공한다. 우리는 이 가치를 어떤 행동 이면에 있는 의미에서 느낀다. 그러므로 행동은 그 자체로 본인과 본인을 둘러싼 사람들에게 가치를 창출하고 있는 것이다. 이렇게 해서 행동의 지위는 높아지고 행동의 당사자를 넘어서 그보다 더 높은 목적에 기여하는 지위로 올라선다.

이것이 우리가 탑의 모델에서 목적을 표현하기 위해 계단의 비유를 이용하기로 한 이유다.

한 번에 한 걸음씩

그런데 계단과 목적은 어떤 관계가 있을까?

플레이어가 목적을 발견하면 한 단계 성숙해진다. 그래서 계단 이미지를 이용한 것이다. 탑의 모델을 이용해 캠페인을 게임화할 때, 목적을 첫 번째 동기유발 레버로 삼은 이유도 그래서이다.

플레이어가 당신이 만든 게이미피케이션 경험을 해나간다고 상상해보라. 탑은 층마다 수준이 다르다. 플레이어는 층이 바뀔 때마다 다른 도전 과제를 만날 테고 당신 회사 브랜드의 새로운 요소나 측면을 발견할 것이다. 그리고 당신 회사 브랜드와 자신의 새로운 연결성도 발견할 수 있을 것이다.

그런데 플레이어를 어떻게 움직이게 할 것인가? 무엇으로 바닥에서 탑 꼭대기까지 올라가게 할 것인가? 목적이 플레이어가 캠페인의 여러 계층을 오르게 하는 틀이다. 그래서 우리는 계단을 만들었다.

단단한 틀이 없으면, 즉 자신이 하는 행동 뒤의 의미가 확실하지 않으면 플레이어는 게임을 계속할 이유가 없다. 위키피디아의 예를 들자면 거기에 참여하는 모든 사람은 위키피디아 플랫폼에 대한 자신의 기여 뒤에 설득력 있는 의미가 있다는 사실을 알고 있고 느끼고 있다. 외적 보상에 대한 아무런 약속이 없는데도 매일 수천 명이 위키피디아의 수많은 항목을 검토한다. 그들이 이렇게 하는 이유는 자신이 취하는 하나하나의 조치가 위키피디아의 집합적 가치를 더해준다고 믿기 때문이다. 자신의 행위가 하나씩 더해질수록, 우리가 사용한 은유적 표현으로 말하자면 계단을 하나씩 오를수록 이들의 목적의식은 점점 커진다.

기본적으로 당신 회사의 플레이어는, 자신이 당신 회사와의 여정을 지속하게 하는 목적이 그럴 만한 가치가 있다고 느껴야 한다. 당신은 플레이어가 당신 회사와 관계를 맺을 때 여정의 어떤 면이 플레이어에게 의미와 목적을 가장 잘 전달하는지 파악해야 하고 그러기 위해 회사의 브랜드를 평가하고 되돌아봐야 한다.

여기에 대해서는 3부에서 자세히 다루겠지만 그 전에 미리 생각을 가다듬을 수 있도록, 목적을 향상시키기 위해 당신이 이용할 수 있는 일부 게이미피케이션 메카닉스를 살펴보겠다.

목적이 성공을 거둘 때

목적은 성공하면 기막히게 좋은 도구다. 목적이 '일반인들 사이에서' 성공을 거둔 사례는 워싱턴대학교에서 개발한 〈폴드잇FoldIt〉이라는 퍼즐 게임이다. 〈폴드잇〉을 잘 모르는 사람을 위해 설명하자면 〈폴드잇〉은 웹 기반의 퍼즐 풀이 게임이다. 플레이어가 풀어야 하는 퍼즐은 어떻게 하면 단백질 가닥을 올바르게 접느냐fold이다. 그래서 이름이 〈폴드잇〉이다. 다행스러운 점은 단백질을 올바로 접는 방법이 제한적이라는 것이다. 그래서 과학자가 아닌 일반인도 게임에 참여할 수 있다.

게임을 통해 새로 발견된 접힘 구조는 의학자들에게 많은 질병의 치료제와 해결책을 찾을 수 있는 답을 주어, 해당 질병의 표적 의약품 개발을 가능하게 했다. 이것이 비전문가인 우리가 할 수 있는 설명이다. 보다 과학적인 설명이 필요하다면 〈폴드잇〉 웹사이트에 들어가 스스로 찾아보기를 권한다.

퍼즐을 푸는 사람은 자신이 도전적인 문제에 몰입하고 있다고 느낄 뿐만 아니라 인류에 도움이 되는 착한 일을 한다고도 느낀다. 〈폴드잇〉은 플레이어가 플랫폼과 상호작용할 때 '서사적 의미'의 개념과 연결되는 드문 예다. 게다가 실제적이기도 하다. 그래서 사람들은 그 서사의 일부가 되려고 기꺼이 자신의 시간을 아무런 대가 없이 바친다.

기죽을 필요는 없다. 모든 조직이 세상을 구하려고 하는 것은 아니니까 말이다. 〈폴드잇〉의 교훈은 온라인 소매상이나 IT 서비스 회사 또는 그 밖의 다른 조직에도 똑같이 적용될 수 있다. 단지 제품과 고객의 목적 사이의 연결성만 찾으면 된다.

당연한 이야기지만, 〈폴드잇〉은 사람들을 끌어들이기 위해 그 밖의 여러 게이미피케이션 메카닉스와 동기유발 요인도 이용한다.

근저에 깔린 이야기는 단순하다. 퍼즐을 풀어서 인류를 구하는 일을 도우라는 것이다. 여기에는 숙련(다음 장에서 다룬다.)의 기본 원리도 적용된다. 각 퍼즐은 한 단계씩 올라갈수록 어려워지고 그에 따라 인류를 돕는다는 플레이어의 목적의식과 점점 어려워지는 도전 과제를 해결하는 플레이어의 능력도 증진된다.

이제 목적의 유용성에 대해서는 충분히 이해했으리라 생각한다. 그런데 게임에서 이것을 어떻게 구현할 것인가? 어떤 게임 메카닉스를 이용해야 게이미피케이션 솔루션에 목적을 주입할 수 있을까?

목적 게임 메카닉스

이야기narrative와 주제

이야기는 당신 회사가 어떤 회사인지, 플레이어와 무슨 관계가 있는지에 대해 당신이 하는 말이다. 그리고 그 이야기에서 반복적으로 언급되는 내용이 주제다. 당신이 플레이어와 연결되고 싶다면 꼭 있어야 하는 것이 이 이야기와 주제다.

유럽의 음료수 회사 이노센트 드링크Innocent Drinks는 축제가 벌어지는 곳에서 스무디를 만들다가 시작된 기업이다. 그 이후 윤리적으로 공급받은 원료를 사용해 다양한 제품을 생산하기 시작했고 여러 자선 재단을 설립했으며 자원 재활용 운동에서 중요한 역할을 하는 기업이 되었다. 이것은 대단히 흥미로운 이야기이긴 하지만 보통 음료수 브랜드와 연관지을 수 있는, 제품의 맛과는 별 상관이 없는 이야기이다.

하지만 이노센트 드링크는 특정 주제를 중심으로 사람의 마음을 끄는 이야기를 만들어냈다. 착한 일을 한다는 이 주제 덕분에 이노센트 드링크는 경쟁사를 제치고 많은 충성 고객을 끌어모았다. 비슷한 품질의 스무디야 다른 곳에서도 찾을 수 있겠지만 이 브랜드의 이야기가 고객의 개인적 목적과 딱 맞아떨어졌던 것이다.

이야기와 주제는 탑에 목적을 심어 넣을 때 쓸 수 있는 강력한 메카닉스다. 이야기와 주제를 캠페인에 활용할 때는 당신이 하려는 이야기나 선택한 주제가 전체적인 브랜드 이미지 및 아이디어와 일치해야 한다. 회사의 실제 모습이나 회사가 내세우는 회사의 모습과도 맞아야 한다. 또 시간이 흘러도 변함이 없어야 한다. 이노센트 드링크는 브랜드 이야기에서 벗어나는 짓을 해 고객들로부터 두 번이나 맹비난을 받았다. 한 번은 맥도널드와 제휴하기로 했을 때고 다른 한 번은 코카콜라에 지분의 90%를 매각했을 때다.

이야기와 주제는 틀을 만든다. 플레이어는 그 틀에 몰입하고 그 틀 안에서 당신 회사나 브랜드 또는 당신이 디자인한 경험에 공감한다.

계단과 마찬가지로, 목적은 그 자체만으로는 게임의 동기유발 요인이 될 수 없다. 계단만 있는 탑을 생각해보라. 목적은 동기유발 요인이라기보다 다른 동기유발 레버의 증폭기로 보는 편이 더 낫다. 높이 올라갈수록, 눈에 띄는 다른 모든 요소에 더 몰입하게 된다는 뜻이다.

그래서 이야기 메카닉스가 목적과 연계되는 것이다. 이야기는 전후 맥락을 만들어 이해를 돕기 때문이다. 목적을 추가하는 것은 의도적인 행위지만, 그 효과는 눈에 보이지 않는다. 목적은 배경, 즉 환경이라는 구조물의 일부다.

이야기를 메카닉스로 사용할 때는 회사의 참모습이 일정 부분 플레이어에게 전달되도록 구체적인 조치를 취해야 한다. 그러기 위해 당신이 게임화하려는 비즈니스나 프로세스에 이미 어떤 목적이 있는지 확인할 필요가 있다. 회사의 미션을 다시 한번 읽어보고 확인하라. 나중에 생각해낸 목적이나 회사의 목적과 다른 것을 덧붙이기보다 기존에 있던 자생적 목적을 찾아내 게임에 융합시키는 것이 좋다.

예컨대 당신 회사의 비즈니스가 아마존의 삼림 벌채를 막는 것과 관련이 있거나 암 퇴치를 하려는 것이라면 이미 사람들이 동참하려고 할 만한 분명한 목적이 있다. 그런데도 다른 목적을 기반으로 게이미피케이션 환경을 구축한다면 바보 같은 짓이 될 것이다.

만약 당신 회사의 비즈니스가 종이나 판지 또는 냄비나 프라이팬 판매처럼 단순한 것이라면 어떨까? 그래도 당신은 플레이어가 어떻게 느꼈으면 좋겠는지 생각해볼 필요가 있다. 만약 당신 비즈니스에 참된 목적이 있다면 처음부터 그 목적을 게이미피케이션 작업에 융합시켜라.

하지만 목적을 지어내서는 안 된다. 플레이어는 이것을 알아볼 것이고 조종당했다고 느끼면 바로 떨어져 나갈 것이다. 게임에 목적을 더하고 이야기를 활용할 때 반드시 기억하자. 언제나 모든 것은 회사의 관점이 아니라 플레이어의 관점에서 이루어져야 한다.

플레이어가 주인공이라는 사실을 잊으면 안 된다. 여정을 진행하는 사람은 플레이어고 과업을 완수할 사람도 도전을 물리칠 사람도 플레이어다. 당신의 플레이어가 삼림 벌채를 막을 것이고 암을 퇴치할 것이며 당신이 파는 종이 위에 베스트셀러를 쓸 것이고 당신이 파는 냄비나 프라이팬을 이용해 미슐랭 추천 요리를 만들 것이다. 당신이 게임화한 환경은 이런 것들을 위한 수단에 지나지 않는다. 만약 플레이어가 당신 회사 브랜드의 목적에 동의하지 않거나 그 목적과 방향이 일치하지 않는 사람이라면 그 목적에 참여할 동기가 생기지 않을 것이다.

목적 설정에서 이야기가 가진 힘

어떤 이야기든 그 이야기를 끌고 가는 이면의 힘은 대부분 목적이다. 목적으로 인해 이야기에 서사적 의미가 부여된다.『천의 얼굴을 가진 영웅』[2]의 저자 조지프 캠벨Joseph Campbell은 이야기와 목적을 말할 때 가장 많이 인용되는 사람일 것이다. 당신이나 당신의 플레이어가 즐기는 수많은 책이나 영화, 게임에는 캠벨이 말한 '영웅의 여정'이 일정 부분 반영되어 있다.

'영웅의 여정'은 이야기 속에서 영웅이 거치는 각 단계를 보여주는데 여정은 크게 '부름', '입문', '귀환'의 세 단계로 이루어져 있다.

1) '부름'은 영웅이 평범한 일상에서 불려 나와 삶을 바꿀 모험을 떠날 임무를 부여받고 이 모험을 끝마치기 위해 고난의 여행을 떠나는 과정이다.

2) '입문'은 영웅이 자기 앞에 놓인 도전 과제와 시련을 극복하는 과정이다. 헤라클레스가 열두 가지 과업을 수행하는 것과 같다.

3) '귀환'은 영웅이 마지막 도전 과제를 완수하고 보상을 받는 과정이다. 보상은 자기 목숨을 구하는 것일 수도 세상을 구하는 것일 수도 있다. 사랑을 찾는 것일 수도 있고 부귀영화를 누리는 것일 수도 있으며 이 모든 것을 다 합한 것일 수도 있다.

영웅의 여정이 어떻게 진행되는지 보려면 〈스타워즈〉 오리지널 3부작을 감상해볼 것을 권한다.

캠벨의 연구는 신화나 전설, 종교에서 기원한 이야기를 바탕으로 한 것이다. 이들 이야기는 대대로 전 세계의 수많은 사람의 마음속에 목적의식을 강하게 불어넣었다.

영웅의 여정에서 기본적 필요조건은 독자(혹은 시청자나 플레이어)가 영웅에게 감정 이입을 하는 것이다. 그래서 영웅은 평범한 사람으로 출발한다. 이것이 중요한데, 나와 다른 세계의 사람에게 감정을 이입할 수는 없지 않겠는가? 하지만 이야기가 진행될수록 평범한 사람이 비범해진다. 그에게 목적을 부여하는 것은 이야기의 환경과 경험이다. 평범함에서 비범함으로 발전하는 것은 우리 모두의 바람이고 그래서 우리는 이야기에 감정을 이입한다.

목적은 언제 실패하는가?

첫 번째 함정은 **거짓**이다. 당신이 말하는 내용이 사실과 다르면 플레이어의 동기는 사라져버린다. 얼마 전 유명한 패스트푸드 체인점에서 자기네 '건강' 메뉴를 강권하다시피 한 일을 떠올려보라. 당신은 그 말을 믿었는가, 아니면 눈살을 찌푸렸는가? 당신 회사 브랜드도 마찬가지다. 실제가 아닌 모습을 연출하지 말라. 당신의 플레이어는 바로 당신을 사기꾼으로 보든지, 아니면 나중에 그 사실을 알고는 실망할 것이다.

두 번째 함정은 **방향 일치**다. 플레이어가 자동으로 당신 회사의 목적에 방향을 맞출 것으로 기대하면 안 된다. 사람은 모두 지향하는 가치가 다르다. 먼저 플레이어를 관찰한 뒤 그들의 가치와 당신 회사의 가치 사이에 일치하는 부분이 있는지 찾아보라(여기에 대해서는 3부에서 자세히 다루겠다). 일치하는 부분을 찾지 못해도 실망할 필요는 없다. 게이미피케이션에 목적이 꼭 필요한 것은 아니기 때문이다. 목적은 단지 게이미피케이션을 더 낫게 만들어줄 뿐이다.

우리가 살펴봐야 할 마지막 함정은 **선택**이다. 선택은 참모습과 연계되어 있다. 어떤 게이미피케이션이든 그 프로세스에서 가장 중요한 개념은 자발적 선택이라는 아이디어다. 자발적 선택은, 목적이라는 동기유발 레버를 사용할 때 플레이어를 억지로 끌고 가지 않는다는 점에서 굉장히 중요한 개념이다. 플레이어에게는 언제나 참여할 선택권이 있어야 한다. 그렇지 않다면 목적이 존재하지 않는 것이다. 앞에서 언급했듯이, 플레이어에게 주어진 선택 대상이 플레이어의 믿음이나 가치와 방향이 일치한다면 더 좋다. 이것은 선택이 환상일 때도 마찬가지다.

목적이 실패해 당신이 위에서 말한 함정 중 하나에 빠진다면 당신의 플레이어는 다음 세 가지 반응 중 하나를 보일 것이다.

1) 탈퇴
2) 순응
3) 저항

탈퇴는 플레이어가 보이는 가장 흔하지만 제일 해롭지 않은 반응이다. 탈퇴는 플레이어가 게이미피케이션 솔루션 이면의 목적에 관심이 없어 게임을 그만두기로 했을 때 일어난다. 당신은 플레이어를 잃었지만, 이들이 게임에 부정적인 영향을 끼치지는 않는다. 고객이 당신 회사의 게임을 더는 하지 않거나 당신 회사 제품을 구매하지 않는 것이 탈퇴의 예다.

탈퇴가 위험도가 상당히 낮은 반응인 데 비해, 순응이나 저항은 그보다 훨씬 위험한 반응이다. 에드워드 데시는 자신의 저서 『마음의 작동법』에서 이 두 가지 해로운 반응을 소개했다. 이 두 가지 반응은 목적이 사실이 아니거나 선택이 비자발적일 때 일어난다.

순응은 탈퇴와 마찬가지로 플레이어가 게임에 흥미를 잃었을 때 일어나지만, 플레이어가 게임을 그만두지는 않는다. 이들은 계속 남아 전체적인 이야기나 추세의 흐름에 몸을 맡기고 그냥 따라간다. 이들이 흐름에 몸을 맡기기로 한다면 부작용은 그다지 크지 않다.

그저 당신이 만든 경험에 몰입하지 않는 것으로 끝나기 때문이다. 물론 이런 몰입도 저하 때문에 긍정적인 일은 일어나지 않는다.

만약 이들이 다른 플레이어가 하는 행동의 추세를 따르기로 한다면, 플레이어들은 보다 부정적인 요소에 동조할 가능성이 있다. 예컨대 다른 플레이어나 공동체가 협조적으로 행동하든 말든 상관하지 않는 것이다. 이렇게 되면 순응이 강화되어 다음 단계인 저항으로 넘어갈 수 있다.

마지막으로 **저항**은 가장 해로운 반응이다. 플레이어가 적극적으로 당신이 만든 경험에 반대하는 태도를 취하기 때문이다. 이들은 자신이 속았다고 느끼거나 아니면 그 밖의 다른 부정적인 감정이 생겨, 당신 회사에 분풀이하는 것이 자신의 의무라고 생각한다.

자신이 속았다고 생각해 그러는 것이라면 그럴 만한 이유가 있겠지만, 만약 오해에서 생긴 문제라면 플레이어 공동체 전체와 의사소통해 어디에 문제가 있는지 찾아내야 한다. 그것이 저항을 극복하는 가장 좋은 방법이다. 그래야 저항 의식이 통제를 벗어나 들불처럼 번지는 것을 막을 수 있다.

이런 부정적인 현상은 거짓으로 홍보하는 게임에서 많이 일어난다. 최근 유명한 예로는 f2p free-to-pay(부분 유료) 또는 일시불 선지급 모델이라고 홍보하는 게임에서 일어나는 일을 들 수 있다. 홍보 내용을 믿고 게임을 시작한 플레이어가 자신이 기대한 대로 게임을 즐기려면 게임 중에 계속해서 소액 결제로 돈을 지불해야 했다.

비즈니스에서 이런 부정적인 현상은 주로 소셜미디어에서 일어난다. 이야기가 탄탄하고 헌신적인 팔로워를 보유한 브랜드일수록 위험하다. 화가 난 팬들이 소셜미디어를 통해 한때 자신이 사랑하던 브랜드를 전 세계에 대고 비난할 것이기 때문이다.

이런 일이 2014년 애플이 최신 아이폰을 출시했을 때 일어났다. 애플은 세계에서 강력한 브랜드 중 하나다. 이 브랜드는 오랜 시간에 걸쳐 쌓아온 흥미진진한 이야기와 주제로 수백만 명의 마음을 사로잡았다. 그런데 애플은 아이폰 6를 출시하며 모든 고객에게 U2의 최신 앨범을 강제로 내려받게 했다. 이 일로 소셜미디어를 통한 항의가 오랫동안 이어졌다. 애플은 고객의 선택권을 빼앗았고 많은 사람이 느끼기에 브랜드의 이야기에서 크게 벗어난 방식으로 행동했다. 그래서 고객이 응징한 것이다.

Summary

목적은 플레이어가 게이미피케이션 시스템을 계속 진행하게 하는 잠재적 동인이다. 목적은 게임을 만든 회사가 말하는(특히 마케팅 게이미피케이션의 경우), 게임 내의 이야기 및 주제와 연계되어 있다. 당신은 당신 회사의 목적을 이해해야 하고 회사의 목적이 플레이어의 목적과 같은 방향을 향하는지 알아야 한다. 또한 목적을 어떻게 게이미피케이션 마케팅에 녹여 넣을 것인지 생각해야 한다.

이것을 잘하면 플레이어는 게이미피케이션 탑의 계단을 뛰어올라 탑 꼭대기에 당신이 설정해놓은 최종 목표까지 갈 것이다. 하지만 이것을 잘못하면 플레이어는 게임을 그만두거나 최악의 경우 당신 회사를 상대로, 그것도 공개적으로 싸움을 벌일 것이다.

— 당신 회사와 브랜드는 무엇을 내세우는가? 당신 회사의 목적은 무엇인가? 그 목적을 설명하는 이야기는 어떻게 되는가? 당신 회사가 지금의 일을 하는 이유는 무엇인가?

— 고객은 무엇을 바라고 당신 회사로 오는가? 당신이 제공하는 제품이나 서비스의 특징을 말하지 말고 최종 소비자가 받는 혜택이 무엇인지 생각해보라. 그 혜택은 그보다 높은 목적과 어떻게 연결되어 있는가?

— 당신 회사가 하는 일 이면의 목적과 고객의 목적 사이에 관련성이 있는가? 둘 사이의 관련성을 최대한 많이 찾아보라. 이것이 당신의 게이미피케이션 솔루션이 내세워야 할 것의 핵심이자 해야 할 이야기의 핵심이다.

8장
· · ·
숙련의 관문
발전하고 있다는 느낌을 주어야 한다

게이미피케이션에서 말하는 숙련은 무엇인가?

게이미피케이션의 다음 동기유발 레버는 숙련이다. 숙련은 목표를 추구하는 과정에 거치는 단계적 발전이자 기량의 습득으로, 특정 목표와 연계되어 있을 때가 많다.

단계적 발전이란 한 걸음 한 걸음 앞으로 나아가는 것이다. 그렇다면 우리는 왜 계단 비유를 숙련에 쓰지 않고 목적에 썼을까? 관문은 계단보다 훨씬 느낌이 강한 시각적 비유다. 목적과 숙련이 가진 동기유발 효과를 생각해보면 알 수 있을 것이다.

목적이 동기를 유발하는 이유는 플레이어에게 장기 목표, 즉 달성하기 위해 애쓸 무언가를 갖게 하기 때문이다. 이에 비해 숙련은 최종 목표로 가는 경로일 뿐만 아니라 그 목표를 추구하는 과정에 극복해야 할 장애물이기도 하다. 그래서 숙련이 플레이어의 동기를 더 많이 유발하는 것이다. 이런 관문이 없다면 숙련은 성장이나 즐거움이 거의 혹은 아예 없는, 머리를 쓸 필요가 없는 똑같은 일의 반복으로 대치될 것이다.

게이미피케이션 숙련의 좋은 예는 〈듀오링고Duolingo〉[1]다. 〈듀오링고〉는 외국어를 배울 때 이용하는 앱이자 웹사이트다. 외국어 학습이 〈듀오링고〉를 이용하는 수많은 사람이 공유하는 최종 목표인 셈이다. 서비스 이용자는 주제별(예컨대 음식, 동물, 물건 등)로 만들어진 연습문제를 푸는 과정에 서서히 어휘력을 향상해나간다. 한 번 배운 단어와 숙어는 새로운 문장을 통해 반복해서 제시되고 시간이 지나며 학습자의 머릿속에 각인된다.

어쩐지 익숙하게 들리지 않는가? 많은 학교에서 어린이들이 처음 외국어를 배울 때 이용하는 바로 그 방식이기 때문이다. 그래서 많은 학생이 그렇듯 〈듀오링고〉 이용자도 암기식 학습 방법 때문에 따분해하거나 학습 동기가 생기지 않을 수 있다.

만약 이것이 〈듀오링고〉의 전부라면 〈듀오링고〉는 실패했을 것이다. 마치 가난한 학생들의 프랑스어 학년 말 성적처럼. 학습자는 어느 정도 발전했는지 명확한 피드백을 받지 못해 자신의 실력이 어느 정도인지도 모른 채 공부할 것이다. 이렇게 되면 대부분의 사람은 금방 지루해하고 학습 의욕을 잃는다. 다행히 〈듀오링고〉는 이런 사실을 알고 자사의 핵심 제품 디자인에 숙련을 가미했다.[2]

게이트키퍼

숙련도 향상을 유도하기 위해 〈듀오링고〉가 도입한 주요 레버는, 이용자가 필수적으로 받아야 하는 수업을 끝마치지 않거나, 현재 난이도의 문제를 모두 푸는 식으로 필요한 양의 '경험'을 쌓지 않으면 다음 단계 진입을 막는 것이다. 이 말은 음식에 관한 기본 외국어 모듈을 먼저 끝마치지 않으면 고급 음식 모듈의 수업을 들을 수 없다는 뜻이다.

〈듀오링고〉는 콘텐츠 사이에 게이트키퍼(테스트)를 둠으로써, 이용자에게 다음 단계로 넘어가기 전에 전 단계에서 배운 것에 대한 숙련도를 증명하게 했다. 이런 조치는 플레이어에게 성취감을 느끼게 하고 학습 여정을 지속할 동기를 준다.

〈듀오링고〉는 플레이어가 어떤 부분을 끝냈고 어떤 부분을 아직 끝내지 못했는지 계속 기록한다. 그래서 플레이어는 자신의 진도를 확인할 수 있다.

실시간 피드백

〈듀오링고〉는 성적을 알리려고 코스가 끝나기를 기다리지 않는다. 심지어 한 과의 연습문제를 모두 풀 때까지 기다리지도 않는다! 한 문제를 풀면 바로 피드백을 준다.

문제를 맞게 풀었으면 맞았다는 표시를 받고 다음 문제로 넘어갈 수 있다. 답이 틀렸으면 정답과 함께 왜 틀렸는지 그 이유도 가르쳐준다. 틀렸어도 다음 문제로 넘어갈 수 있다. 연습문제를 모두 끝내면 앞에서 틀렸던 문제가 다시 뜬다. 학습자에게 배운 것을 써

먹을 기회를 줘 학습 효과를 높이는 것이다. 연습문제를 끝마치면 학습자는 그에 합당한 양의 '경험'을 부여받는다. 학습자가 점수를 더 높이고 싶다면 문제를 다시 풀 수도 있다.

이렇게 즉각적인 피드백은 강력한 동기유발 도구이자 플레이어의 숙련도를 향상시키는 가장 중요한 방법이다. 피드백은 보통 구체적인 행동에 따르는 결과다. 결과라는 이 보상 또는 처벌 자체가 동기를 유발할 수도 있지만, 그보다는 성공했는지 혹은 실패했는지에 대한 인식이 숙련도 향상을 추구하게 하는 가장 강력한 동기유발 요인일 때가 많다.

효과적인 피드백 루프는 플레이어의 과제 처리 역량을 향상시키고 게임을 지속할 동기를 유발해, 플레이어가 상황에 대처할 수 있는 성공적인 전략을 세울 수 있게 한다.

최적 난이도의 법칙

플레이어가 계속해서 피드백을 받으면 과제 수행의 숙련도가 향상되어 더는 실수를 저지르지 않을 것이다. 그런데 플레이어에게 똑같은 '효과적인' 피드백을 지속해서 제공하면 어떤 일이 일어날까?

플레이어가 〈듀오링고〉에서 같은 연습문제를 반복해서 푼다면 당연히 똑같은 실수를 저지르지 않을 것이다. 이들은 아마도 틀림없이 숙련의 최대치에 도달할 테고 이 상태가 되면 더는 반복이 기량 향상으로 이어지지 않는다. 이렇게 되면 플레이어는 〈듀오링고〉가 제공하는 경험에 흥미를 잃을 것이다. 이때가 플레이어가 떨어져 나가기 시작하는 시점이다. 더는 기량이 향상되지 않는다는 것을 느끼기 때문이다.

데시는 이런 상황을 다음과 같이 묘사한다.

"역량이 있다는 느낌은 플레이어가 자신의 관점에서 최적이라고 생각하는 도전 과제를 마주할 때 생긴다. 여기서 핵심 개념은 최적의 도전 과제다. 아주 쉬운 과제는 잘 수행해도 역량이 있다는 자각으로 이어지지 않는다. 유능하다는 느낌은 목표를 달성하려고 노력할 때 저절로 생겨나는 것이기 때문이다."[3]

역량이 있다는 이 느낌, 즉 숙련이 우리가 추구하는 동기유발 요인이다. 개인의 기량과 숙련을 높여주는 도전 과제가 있어야 한다. 도전 과제가 너무 쉬우면 동기를 유발하지 못한다. 도전 과제가 너무 어려우면 해결할 수 없을 것처럼 보이므로 이것도 도전자의 의욕을 꺾는다.

레프 비고츠키Lev Vygotsky는 난이도 사이의 미세한 이 부분을 '근접발달영역zone of proximal development'[4]이라고 이름 붙였다. 숙련이 플레이어에게 동기유발 요인으로 작동하게 하는 매우 중요한 부분이다. 플레이어의 의욕이 떨어지지 않게 하려면 적절한 때에 적절한 수준의 난이도를 제공해 이용자에게 맞는 시험과 평가를 할 필요가 있다. 그렇게 하지 않으면 자기도 모르게 플레이어의 의욕을 떨어뜨릴 것이다.

〈듀오링고〉는 신규 이용자에게 기량 수준을 점검하는 초기 시험을 치르게 하는 방법으로 이 문제에 대처한다. 〈듀오링고〉는 초기 시험을 통해 이용자가 해당 언어를 얼마나 아는지 평가한 뒤 단계별 학습과정 내의 적당한 지점에 배치한다. 이용자는 적절한 수준의 도전 과제가 있을 만한 이 지점에서 시작해 새로운 어휘를 배워나간다.

〈듀오링고〉의 사례를 통해 우리가 알 수 있는 것은, 숙련은 개인이 오랜 시간에 걸쳐 (동기를 유발하는) 어떤 활동을 통해 연마하고 발휘하는 기량의 향상이라는 것이다. 활동에 따라 기량 향상이 눈에 띄지 않을 수도 있다. 그래도 주기적으로 숙련도를 시험해봐야 한다. 그래야 성공을 지속하게 하든 실패를 극복하게 하든, 플레이어를 앞으로 나아가게 하는 숙련의 동기유발 능력이 효과적으로 발휘된다.

숙련 게임 메카닉스

숙련의 원칙을 마케팅에 어떻게 적용할 것인가? 지금부터 효과적인 세 가지 게임 메카닉스를 소개하겠다.

퀘스트와 도전 과제 부여하기

숙련이 동기유발 기제로 작용하려면 플레이어가 극복해야 할 단기적이고 소규모인 장애물이 계속해서 나와야 한다. 게임에서는 일반적으로 이것을, 플레이어가 전진하는 도중에 해결해야 할 사이드 퀘스트나 사이드 목표를 넣는 방식으로 구현한다. 정해진 수의 괴물을 죽이거나 새로운 장소로 이동하거나 잠긴 문을 열기 위해 퍼즐을 푸는 것 등이 여기에 해당한다.

이런 작은 도전 과제는 새로운 기술을 익히는 과정에서 나올 때가 많고 튜토리얼과 적응 과정의 일부로도 이용된다. 이에 따라 플레이어는 위험도가 낮은 환경에서 기술을 배울 수 있다. 시간이 지남에 따라 작은 도전 과제의 난이도가 높아지고 그것을 극복하려면 여러 기술을 동시에 사용해야 한다.

우선 회사의 입장에서는 플레이어가 어떤 행동을 하기 원할지 생각해보자. 플레이어가 회사 웹사이트에 자신의 프로필을 작성하고 메일 수신자 명단에 자기 메일 주소를 등록하고 이용 방법 안내문을 전부 읽는 것을 원하지 않을까?

그럼 이제 플레이어가 무엇을 숙련하고 싶어 할까를 생각해보자. 피트니스 센터 고객이라면 보기 좋은 몸을 만들거나 체중을 줄이는 방법을 숙련하고 싶어 한다. 마케팅 에이전시 고객이라면 명확한 메시지와 에이전시 이용 수수료 대비 높은 투자수익률을 원한다.

명심해야 할 것은, 플레이어가 해결해야 할 어떤 도전 과제를 만들더라도 그 도전 과제는 플레이어가 숙련하고 싶어 하는 것이어야 한다는 점이다. 그렇지 않으면 플레이어의 동기를 유발할 수 없거나, 더 심각하게는 아예 의욕을 꺾어버릴 것이다. 플레이어는 이것을, 아무런 가치도 없는 행동을 하도록 자신을 조작하는 뻔한 시도로 볼 것이기 때문이다.

피트니스 센터를 예로 들자면 숙련을 이용하는 좋은 방법은 난이도를 계속 바꿔가며 훈련하는 루틴을 도입하거나, 연속해서 며칠 혹은 몇 주 동안 운동에 참석했는지를 알려주는 것이다. 이런 방식은 '피트니스 센터의 뉴스레터 구독 서비스에 등록'하게 하거나 '피트니스 센터 웹사이트에 자신의 프로필을 작성'하게 하는 것 등에 초점을 맞춘 과거의 마케팅 방식보다 훨씬 효과가 좋다.

그런데 이것이 어째서 회사에 도움이 될까? 간단하다. 회사가 하는 일과 플레이어의 지향점이 같은 방향을 향하기 때문이다. 플레이어의 숙련 여정에 초점을 맞춰 마케팅하면 당신 회사의 서비스나 제품을 더 자주 이용하고자 하는 동기를 유발할 수 있다. 그런 다음 웹사이트나 뉴스레터같이 좀 더 비즈니스에 초점을 맞춘 과제를 부차적 흐름으로 집어넣어도 된다. 비즈니스에 초점을 맞춘 과제를 도입하는 것도 플레이어의 숙련도 향상에 도움을 줄 수 있는데, 가장 좋은 방법은 어떤 도전 과제를 해결하지 못해 정체 상태에 빠진 플레이어에게 메일로 뉴스레터를 구독하면 이 도전 과제를 해결할 수 있는 정보를 얻을 수 있다고 말하는 것이다.

플레이어의 성취와 진도 기록하기

앞에서 말했듯이 숙련은 각자가 목표를 추구하는 과정에 거치는 단계적 발전이다. 여기서 단계를 하나씩 밟을 때마다 플레이어가 어떤 식으로든 배우거나 성장한다는 것이 중요한데 이것은 피드백을 통해서만 가능하다.

진도를 측정하고 보여주는 데 사용되는 주요 게임 메카닉스는 포인트, 그중에서도 특히 경험 포인트다. 플레이어가 어떤 바람직한 행동을 하면 경험 포인트를 얻는데, 경험 포인트가 충분히 쌓이면 플레이어의 레벨이 올라간다.

하지만 이런 1차원적 경로만으로 플레이어의 동기를 유발하기에 충분할까? 쉽지 않다. 게임에서 경험 포인트가 성공적으로 이용될 때는 경험 포인트가 플레이어의 진도를 결정하기 위해 사용될 때이다. 즉 게임에서 보여준 노력과 숙련의 보상으로 플레이어가 어디에 접근할 수 있는지 결정하기 위해 경험 포인트가 사용될 때이다.

〈듀오링고〉에서 플레이어는 외국어 모듈을 하나 끝마치면 경험을 획득한다. 그러다 필요한 양의 경험을 모두 획득하면 다음 단계의 모듈 세트로 올라간다. 〈듀오링고〉는 플레이어에게 지금까지 끝마친 모든 모듈도 보여준다. 플레이어가 다음 모듈을 학습하려면 그 전에 화면을 스크롤 해 자신의 진도를 확인해야 한다. 이렇게 플레이어에게 자신의 여정과 숙련도를 보여주는 것은 엄청난 동기유발 레버가 된다.

또 다른 예는 항공사의 보상 포인트다. 같은 항공사의 비행기를 많이 탈수록 더 많은 '경험' 포인트를 얻는다. 그러다 정해진 경험 포인트에 도달하면 상위 등급의 회원으로 레벨이 올라간다. 항공사마다 차이는 있지만 보통 회원 등급에 따라 탑승 우선권 부여, 무료 라운지 이용, 운임 할인, 좌석 업그레이드 등의 혜택이 주어진다. 이것은 항공사가 자사 비행기를 자주 이용하는 고객에게 주는 흥미로운 보상의 조합이다. 고객은 이 보상을 받기 위해 적극적으로 노력한다.

당신 회사의 비즈니스와 관련된 행동은 어떤 것이 있는지 생각
해보라. 플레이어가 어떤 행동을 해야 보상할 것인가? 그 이유는 무
엇인가? 보상할 행동은 플레이어가 숙련하고 싶어 하는 것과 관련
이 있어야 한다.

플레이어의 경로에 어려운 게이트키퍼(보스) 배치하기

게임에서 플레이어가 해결해야 할 최종 과제는 '보스전boss-fight'이
다. '보스'는 플레이어를 해당 단계 기술의 한계까지 밀어붙여 플레
이어가 익힌 기술(혹은 여러 기술의 조합)의 숙련도를 보여주게 하는
사건을 묘사하는 게임 용어다.

'보스'는 보통의 퀘스트나 도전 과제보다 훨씬 어려워야 한다.
보스는 플레이어가 자신의 숙련도를 증명하기 위해 겪어야 할 통과
의례다. 플레이어는 보스를 물리치기 위해 온갖 노력을 다해야 한
다. 하지만 그 와중에 자신이 이기기 위해 사용한 기술을 통해 성취
감과 숙련도를 느껴야 한다. 자신의 승리가 요행이었다고 느끼거나
어떤 식으로든 속았다는 느낌이 들게 해서는(특히 플레이어가 졌을 때)
안 된다.

플레이어는 자신의 실력이 향상되고 있다고 느끼고 싶어 한다.
그 점을 이용해야 한다. 플레이어의 진행 경로에 문을 설치하라. 그
러면 플레이어는 그 문을 통과하고 싶어 할 것이다. 이것이 핵심
이다.

게임이 진척되어 더 높은 단계로 올라간 플레이어의 눈에는 이
전 단계의 보스가 평범한 도전 과제로 보일 테고 이것은 경험이 쌓

인 플레이어를 계속 붙잡아두고 지속해서 새로운 기술로 무장시키는 뛰어난 방법이다.

〈듀오링고〉에서는 플레이어가 한 세트의 학습을 모두 끝마치면 마지막에 다음 세트로 넘어가기에 필요한 만큼 어휘를 숙달했는지 확인하는 시험을 치른다. 어휘는 며칠 혹은 몇 주에 걸쳐 주기적으로 사용하고 연습해야만 숙달할 수 있고 정해진 시간, 즉 경험을 채워야 다음 학습 '단계'로 올라갈 기회를 부여받는다. 시험을 통과하면 다음 세트에서는 지금까지 배운 모든 내용이 평범해 보일 것이다.

보통 레벨이 올라간 플레이어는 자긍심과 성취감을 느낀다. 이들은 더 높은 수준의 과제에 도전할 준비가 되었고 의욕도 충만할 것이다. 이 방법은 플레이어나 학습자의 동기를 유발하는 강력하고도 입증된 시스템으로, 마케팅이나 비즈니스 시나리오에도 쉽게 적용할 수 있다.

당신의 비즈니스에는 어떤 '보스' 도전 과제를 적용할 수 있을까? 당신 회사는 플레이어의 숙련도를 어떻게 평가할 것인가?

숙련은 언제 실패하는가?

숙련은 자주 이용되면서도, 제대로 적용하지 않으면 빠질 수 있는 함정을 고려하지 않고 쓰이는 게임 메카닉스다. 마케팅 게이미피케이션에 숙련을 적용할 때 저지르기 쉬운 실수로는 다음 세 가지를 들 수 있다.

동기가 일치하지 않을 때

당신 회사의 마케팅팀이나 영업팀에는 구체적인 목표가 있다. 하지만 이 목표는 고객이나 플레이어의 목표와 다를 수도 있다. 숙련을 고려할 때는 플레이어의 관점에서 생각해야 한다. 따라서 도전 과제나 피드백 루프, 보스 등은 플레이어가 관심을 기울이는 분야를 중심으로 만들어야 한다. 만약 회사의 비즈니스 목표나 잘못된 목표를 기준으로 숙련 과제를 만들면 플레이어는 참여하지 않을 것이다.

예컨대 많은 소매사업자가, 고객이 뉴스레터 구독 신청을 하거나 자사 웹사이트에 계정을 만들거나 멤버십 가입을 하도록 퀘스트를 설정한다. 이 퀘스트를 수행한 고객에게 돌아오는 보상은 어쩌다 한 번씩 주어지는 할인 혜택과 (대개) 다량의 스팸 메일이다!

이것이 고객의 이익에 부합하는가? 많은 플레이어가 할인 혜택을 한 번 받고 나면 바로 탈퇴한다. 마케팅팀 입장에서는 다시 원점인 셈이다. 이렇게 되는 이유는 목적이 서로 일치하지 않기 때문이다.

만약 소매사업자가 어떤 삶의 목표와 연계된 퀘스트를 생성하면 어떻게 될까? 예컨대 주방용품 소매업자라면 플레이어가 더 수준 높은 요리사가 되기 위해 특정한 조리 기구를 사도록 퀘스트라인을 만드는 것이다. 플레이어가 어떤 조리 기구를 사면 그 기구를 이용해 요리할 수 있는 레시피를 무료로 보내주고 보상으로 나머지 세트의 추가 할인 혜택과 그에 따른 레시피, 거기다 필요하면 '보스' 과제까지 주는 식이다.

여기서 비결은 뉴스레터나 고객우대 서비스 등과 같은 비즈니스 목표를, 주요 이벤트로 이용하는 것이 아니라 플레이어의 숙련도를 높여주는 부가 혜택이나 강화 장치로 인식시키는 것이다.

도전 과제가 너무 쉬울 때

숙련을 게이미피케이션에 적용할 때 저지르는 가장 흔한 실수는 도전 과제를 너무 쉽게 만드는 것이다. 도전 과제가 지나치게 어려우면 플레이어가 참여하지 않을 것이라고 겁을 먹는 기업이 많다. 그렇지만 이것은 사실이 아니다.

플레이어가 통과할 다양한 레벨의 숙련을 확인하고 플레이어가 이 레벨들을 적절한 속도로 통과할 수 있게 해야 한다. 당신이 설정한 도전 과제에 플레이어가 지루해하지 않도록 미리 철저히 시험해 볼 필요가 있다. 지루해진 플레이어는 더 이상 게임을 하지 않을 테고 다시는 돌아오지 않을 가능성이 크기 때문이다.

많은 LMS learning management system(학습 관리 시스템)나 온라인 과정이 이런 문제를 안고 있다. 코스를 마치면 최종 시험이 있기는 하지만 관문이라는 환상에 지나지 않는다. 플레이어는 문제를 푸는 시늉만으로도 쉽게 통과하고는 '이런 시험이 왜 있을까.' 하고 의아해한다. 기량이나 지식의 숙련도를 제대로 평가하지 않은 것이다. 이 모든 것이 시험이 너무 어려우면 플레이어가 코스를 계속 밟지 않고 떠날까 봐 두려워하기 때문에 생기는 현상이다.

도전 과제가 너무 어려울 때

드물기는 하지만 자주 저지르는 실수 중 하나는 도전 과제를 너무 어렵게 만드는 것이다. 플레이어는 설정된 도전 과제를 해결할 준비가 되어 있지 않아 실패하거나, 실패한 원인에 대해 충분한 피드백을 받지 못하면 스트레스를 받거나 화가 나서 게임을 그만둘 수도 있다.

이것은 게임이 너무 쉬울 때 생기는 문제와 유사하다. 플레이어는 자신의 현재 숙련도에 맞는 수준의 난이도를 가진 게임을 해야 한다. 이것을 평가하는 가장 좋은 방법은 역량을 테스트하는 초기 시험이다. 앞에서 살펴본 〈듀오링고〉의 예에서와 같이, 이 시험을 통해 플레이어를 적절한 단계에 배치하면 된다.

―――――――――――（ **Summary** ）―――――――――――

'목적'이 많은 플레이어의 최종 목표이자 게이미피케이션 탑을 오르게 하는 힘이라면 '숙련'은 이것을 가능하게 하는 기술이다. 숙련은 이런 기술의 지속적 향상이고 플레이어의 성장을 돕고 플레이어가 계속 전진하도록 고무하는 잦은 시험과 피드백이다. 당신은 플레이어가 관심을 기울이는, 그리고 당신 회사와도 관련이 있는 기술을 플레이어가 숙달할 수 있도록 도와야 한다!

숙련을 적용할 때는 다음 두 가지가 균형을 잃지 않도록 주의해야 한다.

- **난이도:** 도전 과제는 너무 어려워도 안 되고 너무 쉬워도 안 된다. 너무 쉽거나 너무 어려우면 플레이어가 의욕을 잃는다. 플레이어가 열정을 잃지 않고 지속해서 성장할 수 있을 만큼의 테스트를 받고 있는지 끊임없이 확인해야 한다.
- **피드백:** 우리가 한 일이 잘되었는지 잘 안 되었는지 알지 못하면 우리는 그 일로부터 아무것도 배울 수 없다. 피드백이 이런 정보를 준다. 하지만 너무 많은 피드백을 줘 플레이어가 피드백에 지나치게 의존하게 해서는 안 된다. 반대로 피드백이 너무 적으면 플레이어가 배우는 것이 없어 화를 낼 수 있다.

마지막으로 도전 과제는 플레이어에게 재미있는 것이어야 함을 기억하라. 숙련은 만 시간에 걸친 힘든 노력의 결과라고 생각하는 우를 범해서는 안 된다. 같은 과제를 끊임없이 반복하다 싫증 나서 그만두게 할 것이 아니라, 플레이어가 항상 발전할 수 있도록 적절한 시점에 난이도를 조정하고 피드백을 주는 방법으로, 재미있으면서도 플레이어와 연관된 도전 과제를 만들어야 한다.

Next steps

— 당신 회사와 플레이어의 목적을 다시 떠올려보라. 고객이 이 목적의 최종 목표에 도달하려면 어떤 기술이 필요할까?

— 당신 회사의 제품이나 서비스를 생각해보라. 고객이 그것을 이용하려면 특별한 기술이 필요한가? 아니면 당신 회사의 제품이나 서비스가 고객에게 다른 데서 사용할 수 있는 기술을 제공하는가?

9장

· · ·

자율성의 통로
선택의 기회를 주어라

자율성은 무엇이고 그것이 어떻게 동기를 유발하는가?

우리가 자율성의 은유적 표현으로 통로를 선택한 이유는 간단하다. 자율성은 기본적으로 선택과 관련이 있기 때문이다. 통로는 여러 방향으로 갈라져 훨씬 더 많은 통로와 방으로 연결된다. 자신이 밟을 경로를 선택할 능력과 선택 가능한 경로의 다양성이 자율성의 요체다.

어떤 상황에서 자율성이 있다고 하려면 다음 두 가지가 필요하다.

- 선택의 인식: 플레이어는 이 상황에서 자신에게 선택권이 있다고 생각하는가?
- 선택의 가능성: 이 상황에서 플레이어에게 정말로 선택권이 있는가?

둘 다 없거나 있다는 사실을 플레이어에게 제대로 인식시키지 못했다면 플레이어는 앞뒤가 꽉 막혀 자유가 없다는 느낌이 들 것이다. 이 말은 어떤 상황에서 플레이어에게 선택권이 있다고 해도 플레이어가 그것을 인식하지 못한다면 자신이 제약받고 있다고 느낄 것이라는 뜻이다.

그런데 선택은 자율성의 반쪽에 지나지 않는다. 나머지 반은 선택에 대한 권한과 선택하는 데 걸리는 시간이다.

따라서 개인의 자율성은 다음 두 가지에 달려 있다.

- 선택에 대한 권한: 플레이어는 스스로 선택할 권한이 있는가?
- 선택할 시간: 플레이어는 선택에 필요한 충분한 시간이 있는가?

우리가 말하는 자율성이 개인주의를 의미하는 것이 아니다. 선택에 자율성이 있다는 말은 다른 사람의 선택과 완전히 단절되어 있다는 뜻이 아니라 스스로 결정 내릴 수단과 능력, 자유가 있다는 뜻이다. 하지만 이것을 오해하는 기업이나 게이미피케이션 경험 디자이너가 많다.

기업 환경에서 스스로 시간을 통제한다는 생각과 스스로 선택할 능력이 있다는 생각은 ROWE results-only-work-environment(결과 중심의 근로 환경)[1]으로 알려진 개념을 낳았다. ROWE라는 아이디어를 잘 활용한 대표적인 예로는 오스트레일리아 기업 아틀라시안을 들 수 있다.

아틀라시안은 다양한 업무 영역에서 팀이나 집단이 이용하는 협업 소프트웨어 솔루션에 특화된 소프트웨어 회사다. 자율성이라는 개념과 관련해 이 회사가 유명해진 것은 회사가 만든 소프트웨어가 아니라, 직원의 동기를 유발하기 위해 이 회사가 이용하는 ROWE 때문이다.

이 회사의 모든 직원은 자신에게 요구되는 결과를 내기에 적당하다고 판단하는 대로 자신의 시간을 관리할 자유와 권한과 책임이 있다. 이런 선택의 자유와 권한은 독창성을 키운다. 그리고 우리가 아는 것처럼 이 독창성이야말로 자율성이라는 동기유발 요인의 핵심이다.

이뿐만 아니라 아틀라시안은 ShipIt[2]이라는 이름의 활동으로 이 동기유발 요인을 더욱 자극한다. ShipIt이라는 말을 처음 듣는 사람이라도 다른 글에서 ShipIt과 같은 뜻으로 쓴 페덱스 데이FedEx Day[3]라는 말을 들어본 적이 있을 것이다. 이렇게 이름 붙인 이유는 직원들이 솔루션이나 프로그램이나 새로운 아이디어 등을 24시간 안에 제출해야 하기 때문이다.

ShipIt의 중심 개념은 1년 혹은 분기에 한 번씩, 낮은 직급의 프로그래머부터 CEO에 이르기까지 전 직원이 일상 업무와 전혀 관계

없는 아이디어를 추구한다는 것이다. 이것이 핵심이다. 이들은 자신이 익히 아는 일에서 벗어나 자주 만나지 않는 혹은 전혀 만나본 적이 없는 사람과 함께 일하며 회사와 고객에게 도움이 되는 새롭고 혁신적이며 독창성 있는 아이디어를 발굴한다.

ShipIt이 자율성의 매우 좋은 예라고 하는 이유는, 프로세스를 시작할 때 직원들에게 무엇이 되었든 자신이 하고 싶은 것을 선택할 자유를 주기 때문이다. 그런 다음 직원들은 브레인스토밍을 거쳐 사내에서 비슷한 생각을 하는 사람들을 규합해, 24시간 이내에 아이디어를 개발해 제출한다. 이렇게 제출된 아이디어는 관리자가 아니라 동료들의 평가를 받는다. 이 단순하면서도 재미있는 아이디어에는 강력한 자율성으로 촉발된 경험이 필요로 하는 모든 것이 들어 있다.

자율성과 게이미피케이션

자율성은 플레이어가 자신의 창의성을 탐색해볼 수 있는 능력이자 자기가 생각해낸 아이디어를 추구할 수 있는 능력이다. 그리고 무엇보다 무엇을 할지, 어떻게 할지에 대한 선택권이 있다는 것이 중요하다. 현실적으로 이것은 플레이어가, 게이미피케이션 디자이너가 구현한 경험에 완전히 통제되지 않고 그 경험 안에서 자신을 창의적으로 표현할 (어느 정도의) 자유가 있다는 것을 의미한다.

하지만 경험에는 언제나 한계가 있다는 사실을 기억해야 한다.

디자이너로서 당신이 할 일은 이 한계를 설정하는 것이다. 완전한 자유는 방향성 상실을 의미한다. 아틀라시안의 ShipIt에도 다음과 같은 한계가 있다.

- 프로젝트는 직원의 일상 업무의 일부가 되어서는 안 된다.
- 잘 모르는 사람과 함께 프로젝트를 수행해야 한다.
- 결과물은 24시간 이내에 제출해야 한다.
- 기타 등등.

"사용자가 끊임없이 자신의 창의성을 활용할 수 있고 무제한에 가깝게 가능성을 시험해볼 수 있다면, 게임 디자이너는 더 이상 사용자를 몰입시키기 위해 새로운 콘텐츠를 지속해서 만들 필요가 없다."[4]

위의 글을 통해 위카이 초우가 말하고자 하는 바는, 게이미피케이션 경험에서 달성하려고 하는 최종 목표는 디자이너의 추가 개입이 없어도 플레이어의 자유와 행동의 자율성이 게임을 끌고 가는 환경을 조성하는 것이다. 즉 저절로 계속되는 창의성과 생산의 순환 고리다.

자율성 동기유발 레버가 성공을 거둔 또 다른 예로는 제인 맥고니걸의 저서 『슈퍼베터Superbetter』를 응용해 만든 건강 및 행복 관련 앱 〈슈퍼베터〉[5]를 들 수 있다. 〈슈퍼베터〉는 이용자에게 활동할 명확한 틀을 제공해, 목표와 도전 과제, 보상 등을 스스로 선택하게 하고 이런 다양한 것들을 어떻게 달성할지도 스스로 결정하게 한다.

플레이어는 자신이 원하는 자기 계발 방식대로 이 앱을 이용할 수 있다. 하지만 플레이어가 길을 잘못 들었거나 안내가 필요하다고 요청하면 그에 맞는 내용을 추천해주기도 한다. 〈슈퍼베터〉에서 자유는 한계와 무리 없이 잘 조화되어 있다. 그리하여 플레이어는 자신의 목표를 설정하고 어떤 식이 되었든 목표를 달성하는 방법에 선택의 자유가 있는 단단한 발판을 갖게 된다. 결국 이것은 플레이어의 자아와 건강과 행복에 대한 느낌, 즉 존중으로 더 잘 알려진 느낌의 고양으로 이어진다. 여기에 대해서는 뒤에서 자세히 살펴보겠다.

자율성 게임 메카닉스

자율성 동기유발 레버가 무엇이고 그것이 어떻게 플레이어를 몰입시키는지 알았으니, 이제 게이미피케이션 경험을 설계할 때 어떤 메카닉스를 사용할 수 있는지 살펴보자.

커스터마이징

당신 회사가 만든 경험에서 플레이어가 맨 처음 마주하는 것은 자기가 원하는 이름을 입력하는 필드이다. 그리고는 아마도 자신을 대신하는 '아바타'를 생성할 테다.

이런 유형의 커스터마이징은 플레이어에게 자율과 선택의 자유

(어떤 이름을 쓸 것인지, 어떤 이미지로 인식되고 싶은지를 선택할 자유)를 주는 시작점이다. 또 다른 예는 플레이어의 팀 이름과 팀 깃발이다. 가상 세계에서는 이런 것들이 아바타의 이름과 아바타의 체형 및 외모로 나타난다.

아바타 커스터마이징은 가장 흔히 볼 수 있는 커스터마이징의 예이자 유형으로 플레이어에게 처음으로 선택의 자유를 주는 매우 유용하고도 절묘한 방법이다. 이름을 무엇으로 할 것인지 다른 사람이 자신을 어떻게 인식해줬으면 좋겠는지 선택하게 하는 것은 권한을 이양하는 행위이고 플레이어 입장에서 상당한 가치가 있는 일이다.

커스터마이징은 어떤 결정이든 자신이 내린 결정에 대한 주인의식을 높여준다. 주인의식이 높을수록 플레이어는 자신이 선택한 것에 더 많은 가치를 부여하고 그에 따라 그것을 버리지 않으려고 할 것이다. 보상을 얻는 것은 얼굴 없는 무언가가 아니라 바로 나이기 때문이다!

당연한 일이겠지만, 플레이어에게 제공되는 커스터마이징의 정도는 당신이 만들어내는 게임의 유형이나 당신이 하는 심미적 선택 등에 좌우된다.

게이미피케이션 경험 내의 커스터마이징 경험에 대해 더 깊이 알고 싶다면 모즈[mods, modification(변형)의 줄임말]를 둘러싼 개념에 대해 살펴보는 것이 좋다. 게임에서 모즈는 보통 공동체가 게임의 핵심 경험을 커스터마이징해 변형시킨 것을 말한다. 모즈에는 두 가지 이점이 있다.

- 첫째, 플레이어에게 당신이 애초에 의도한 것보다 더 많이 커스터마이징할 수 있게 허용함으로써, 당신 회사의 제품이나 서비스에 대한 플레이어의 충성도를 높인다.
- 둘째, 당신 회사의 제품이나 서비스를 커스터마이징하려고 공동체가 적극적으로 협업한다. 이것은 당신 회사의 제품이나 서비스를 가치 있게 여기기 때문에 일어나는 일이다.

당신 회사의 제품이나 서비스를 변형할 수 있게 하는 것은 창의성이 계속해서 일어나는 상태를 만드는 첫걸음이다.

탐색

탐색은 플레이어에게 게이미피케이션 경험을 제한 없이 탐색할 자유를 허용하는 것이다. 조금 더 정확히 말하면 제한이 없다고 느끼게 하라는 것이다.(이렇게 말하는 이유는, 어떠한 제한도 없는 게임은 거의 무한한 가능성의 환경을 구축한다는 뜻인데 이것은 아마도 당신의 예산을 초과할 가능성이 크기 때문이다!)

당신이 창출하는 경험에 따라 환경은 문자 그대로 물리적 공간일 수도 있고 추상적 공간일 수도 있다. 추상적 공간이란 예컨대 어떤 물리적 요소나 가상적인 대용물이 아니라 지식으로 이루어진 환경을 말한다.

탐색 메카닉스를 이용할 때, 유용한 부가물을 추가하면 새로운 정보를 발견하게 하거나 드러내게 하는 식으로 호기심이나 놀라움 같은 동기부여 레버를 더할 수 있다. 아니면 '부활절 달걀' 같은 작은 인센티브를 더하는 방법도 있다.

부활절 달걀은 플레이어가 당신이 만든 경험이나 환경의 구석진 부분까지 탐색해야만 발견할 수 있는 숨겨진 보상이다. 숨겨진 보상은 플레이어에게 추가 정보나 보너스 제공부터 아바타에 다른 색채를 쓸 수 있게 하는 것까지 무엇이든 될 수 있다. 보상을 열거하자면 끝이 없겠지만, 한마디로 요약하면 플레이어가 '정해진' 경로만 따라가서는 결코 찾을 수 없는 그 무엇이다.

다른 사람이 찾지 못한 무언가를 찾는 데서 오는 호기심과 놀라움은 강력한 동기유발 요인으로, 놀라울 만큼 다양한 플레이어를 끌어들일 수 있다.

결정

결정은 여러 선택지가 주어졌을 때 플레이어가 내리는 판단이다. 게임에서 가장 흔히 제기되는 질문은 '어떻게 하면 이 보스 혹은 퍼즐을 해결할 수 있나?'이다.

좋은 게임은 플레이어에게 문제를 해결할 수 있는 다양한 옵션을 제공한다. 처음에 플레이어는 옵션이 여러 개 있다는 사실을 모를 수도 있다. 하지만 계속 시도하면 언젠가는 해결할 수 있겠다는 느낌이 들면 의욕을 잃지 않는다. 이것은 플레이어가 게임을 계속하도록 동기를 부여하는 강력한 도구인데 특히 플레이어가 이런 식으로 문제를 많이 풀수록 그러하다.

왜냐하면 인간은 문제 해결을 즐기기 때문이다. 실제로 우리의 삶은 문제 해결의 연속이다. 플레이어는 도전 과제를 해결하기 위해 참신하고 재미있는 방법을 동원해 몇 번이고 계속 시도할 테고 플레이어에게 다른 각도에서 문제에 접근할 수 있는 능력과 자유가 있는 한 이 시도는 계속될 것이다.

다만 다양한 선택 가능성과 결정을 둘러싼 다음과 같은 함정은 중대한 결과를 초래할 수 있다.

1) 문제의 선택지가 별로 없고 있어도 모두 비슷할 때이다. 이렇게 되면 다양한 실험이 필요 없어 게임이 따분해진다.

2) 문제가 너무 쉬울 때이다. 이렇게 되면 한두 번의 시도로 문제가 해결되기 때문에 실험이 필요 없다. 이 경우 역시 따분함으로 이어져 플레이어의 이탈 가능성이 커진다.

3) 선택지가 너무 많을 때이다. 이 경우에는 플레이어가 문제에 압도당해 질리거나 아예 관심을 기울이지 않게 된다.

4) 문제가 너무 어려운 데다 선택지가 충분하지 않거나 명확하지 않을 때이다.

5) 마지막은 특히 게이미피케이션 환경에 들어맞는 말인데, 선택할 것이 하나밖에 없을 때이다.

5번 항목과 관련한 예를 들자면 당신이 어떤 행동을 하거나 어떤 절차를 수행하는 구체적인 방법을 가르치려 한다고 하자. 예컨대 채혈을 하거나, 스캐닝을 하거나, 의료 행위처럼 특정한 한 가지 방법밖에 없는 어떤 절차를 가르치는 것이다. 이것을 게임화한 버전에서 선택과 의사결정의 분기 경로는, 지금까지 플레이어가 배운 기술과 이 기술을 어떻게 다른 과의 연관된 활동에 활용할지를 기반으로 한다.

자율성은 언제 실패하는가?

||||||||||||||||||||||||||||||||||||||||||||||||||||||||||||||||||||||||||

동기유발 요인인 자율성이 기업에 무엇을 제공해줄 수 있을지는 오용되거나 잘못 이해될 때가 많다. 특정 자율성 게임 메카닉스 내에 생길 수 있는 함정은 이미 살펴보았다. 여기서는 이 동기유발 요인이 잘못 쓰였을 때 빠질 수 있는 함정에 대해 알아보기로 하자.

자율성이 환상에 불과할 때

자율성의 환상은 플레이어에게 주어진 선택권이 실은 아무 의미가 없거나 가치가 없을 때 일어난다.

이름 빼고는 다른 모든 것이 거의 똑같은 두 종류의 상품을 내놓는다면 선택권은 아무런 의미도 가치도 없다. 이런 예는 동일한 원료로 만든 동일한 상품을 고급 슈퍼마켓에서 할인 슈퍼마켓보다 20% 비싸게 팔 때 일어난다. 유일한 차이점이라면 브랜드 이름이다. 하지만 본질적으로 상품의 질은 같다.

이런 사실을 안다면 사람들은 불쾌함을 느끼고 속았다는 사실을 깨닫는다. 의식적이든 무의식적이든 이런 사실을 깨달은 사람은 순응이나 저항 중 하나의 반응을 보일 것이다.

과도하게 복잡한 선택을 부여할 때

탐색할 환경을 구축하거나 플레이어에게 선택지를 줄 때 디자이너가 신경 써야 할 함정 중 하나는 선택지를 너무 다양하게 혹은 너무 많이 만들지는 않았는가이다. 지나치게 많은 선택지는 플레이어를 질리게 한다.

탐색을 즐기는 대다수 사람은 주어진 시나리오 내에 3~4개의 옵션이 있는 것을 좋아한다. 그보다 수가 많으면 플레이어가 압도당할 가능성이 크다.

조심스럽지만 이 함정의 예로는 처음 출시되었을 때인 2003~2004년의 비디오 게임 〈이브 온라인EVE Online〉을 들 수 있다. 이 게임은 처음 출시되었을 때 사실상 무한한 수의 선택지와 탐색할 공간을 제공했고 아직도 이것은 이 게임의 고유한 강점으로 남아 있다.

하지만 출시 당시 이브 온라인은 많은 플레이어를 질리게 했다. 의도치 않게 많은 캐쥬얼 게이머*의 의욕을 꺾는, 너무 힘든 게임 적응 경험을 만들었기 때문이다. 해결책은 게임을 안내하는 사용 지침을 만드는 것이었다. 이로 인해 처음에는 신규 플레이어가 줄었지만, 시간이 지나면서 플레이어가 흥미를 잃지 않을 정도의 속도로 탐색할 수 있는 사용 지침으로 바뀌었다.

선택의 균형을 잡는 것은 까다로운 일이다. 선택지가 너무 많으

---

* 장르 구분 없이 게임을 비교적 가볍게 즐기는 게이머 혹은 게임에 대한 특별한 지식 없이 누구나 할 수 있는 게임을 즐기는 게이머를 뜻한다.

면 플레이어가 질려 할 위험이 있고 선택지가 너무 적으면 플레이어가 따분함을 느낄 위험이 있다. 어느 정도가 적당한지 아는 방법은 시험해보는 것뿐이다.

자율성의 균형 유지

자율성을 염두에 두고 게임을 설계할 때 자주 부딪히는 문제는 자유와 체계 사이의 균형이다. 게임에 제한이 너무 많으면(예컨대 플레이어의 손을 잡고 도전 과제를 해결해 선택권을 주지 않는 것) 자율성이 주는 혜택을 잃게 된다.

플레이어가 통제할 수 있는 것이 아무것도 없어 자유가 환상에 지나지 않을 때 첫 번째 함정에 빠졌다고 본다. 하지만 체계가 거의 혹은 아예 없으면 더는 게임을 하는 것으로 보기 어렵고 그냥 '노는' 상태에 불과하다. 이런 자유로운 형식의 경험은 어떤 형태든 취할 수 있고 당신이 의도한 것과는 아무 관계도 없는 형태까지도 가능하다. 플레이어가 그냥 '논다면' 더 이상 어떤 형태의 체계나 목표를 향해 노력하지 않을 것이고 당신이 원했던 일을 하지 않고 있을 가능성이 크다.

이런 상태는 테이블탑 롤플레잉 게임TRPG(예컨대 〈던전 앤 드래곤〉 같은 게임)에서 예를 찾아볼 수 있다. TRPG에서는 게임 마스터가 이야기를 이끌어가며 플레이어를 특정 단계로 안내한다. 이때 각 단계에 어떻게 도달할지는 전적으로 플레이어에게 달려 있다. 플레이어에게 완벽한 선택의 자유가 있는 것이다.

이것이 잘못 적용된 예는 게임 마스터가 특정 경로를 지정하는 것이다. 흔히 '레일로딩railroading'*으로 불리는 방식인데, 이 경우 플레이어는 선택권이 전혀 없어 마스터가 정해준 길을 따라갈 수밖에 없다. 거꾸로 체계가 전혀 없는 것도 문제다. 이렇게 되면 게임 마스터는 통제권을 상실하고 플레이어는 자신이 원하는 것이면 무엇이든 할 수 있다. 하지만 마스터가 원하는 게이미피케이션 경험의 목표에는 절대 도달할 수 없다. 그러니 당신이 목표로 삼아야 할 곳은 그 둘 사이의 중간 지점이다.

자율성과 외부 시스템

자율성을 권장하고 자율성이 녹아든, 그런 '늘 참신한' 체계를 만들 때 다른 시스템을 덧붙이는 것을 조심해야 한다. 특히 이 체계에 외부적 가치를 더하는 시스템을 덧붙일 때 주의해야 한다. 외부적 가치란 금전적 가치나 활동에 따라 양이 늘어나는 성질을 가진 그 밖의 가치를 말한다. 아틀라시안의 ShipIt의 경우 이 체계에 덧붙여진 외부 가치 시스템이라고는 인정과 동료들의 존중밖에 없다. 직원들이 ShipIt에서 찾을 수 있는 가치는, 참가한다는 것, 무언가 다른 것을 할 수 있는 자유가 있다는 것, 다른 사람들이 이것을 가치 있게 생각한다는 것이다. 이 경우에는 목적과 자율성이 융합되어 있다고 볼 수 있다.

---

* 철로를 따라가는 기차처럼 다른 길로는 갈 수 없다는 뜻이다.

외부 가치 시스템과 자율성에 관련하여 자율성 이면의 동기유발 요인이 외부 가치 시스템과 충돌하는 문제가 있다. 이렇게 되면 외부 가치 시스템은 결국 그 의미를 잃게 된다. 플레이어가 더는 그 가치를 가치 있게 생각하지 않기 때문일 수도 있고 그 가치를 늘리기가 너무 쉽기 때문일 수도 있고 플레이어가 투입한 투입물을 그 가치가 제대로 반영하지 못하기 때문일 수도 있다. 동기유발 레버로서의 자율성은 이런 시스템을 뛰어넘어야 한다. 그리고 가치는 플레이어에게 내면화되어야 한다. 여기서 선택의 자유가 가치를 발휘한다.

핑크가 자신의 저서 『드라이브』에서 언급한 것처럼, 외부 가치 시스템(예컨대 급여)으로 견인되는 분야인 일터는 자율성을 중시해 당근과 채찍이라는 동기부여 방식에서 서서히 벗어나고 있고 또 벗어나야만 한다. 아틀라시안과 그 기업이 이용하는 ROWE라는 개념에서처럼 개인의 동기는 자유와 책임이어야 한다. 외부 가치 시스템은 그런 내부적 동기유발 가치를 인정해주는 것일 뿐이다.

Summary

자율성은 게임 내에서 플레이어에게 허용되는 자유를 말한다. 바꿔 말하면 기본적으로 플레이어에게 얼마나 많은 선택 가능성이 주어지는가 또 플레이어에게 이런 선택을 할 자유가 있는가라는 뜻이다. 하지만 플레이어가 과부하에 걸리지 않도록 주의를 기울여야 한다. 선택지가 너무 많으면 과부하로 이어질 수 있다!

플레이어에게 자유를 주면 플레이어는 당신이 만든 게임을 탐색하고 싶은 동기가 유발된다. 이 탐색은 비즈니스의 결실로 이어질 수 있다. 탐색을 통해 당신의 비즈니스에 대한 플레이어의 이해도가 높아질 것이기 때문이다.

Next steps

— 고객은 당신 회사와 상호작용할 때 어떤 선택을 할 수 있는가?

— 당신 회사가 만든 고객 여정에서 고객이 선택 마비를 겪을 수도 있는 순간이 있는가?

제2부 | 인간의 동기를 유발하는 6가지 욕구

10장

존중의 거울과 창
검은 띠에 숨겨진 비밀

게이미피케이션에서 말하는 존중은 무엇인가?

우리는 거울과 창窓이라는 용어를 택했다. 왜냐하면 첫째, 존중은 플레이어가 자신을 어떻게 인식하는가와 관련이 있기 때문이다. 그래서 거울이라는 말을 사용했다. 둘째, 존중은 플레이어의 실제 모습 및 자신이 다른 사람에게 어떻게 인식되기를 바라는가와도 관련이 있다. 그래서 창이라는 용어를 썼다.

거울아, 거울아

거울 측면에서의 존중은 자아 인식과 관련이 있고 목적 동기유발 레버 및 숙련 동기유발 레버와 연계되어 있다.

플레이어의 자긍심[자아 존중, 이 장에서 말하는 존중은 자긍심과 같은 개념이다.]은 자신이 선택한 목표에 얼마나 가까워졌는가 및 해당 분야에서 얼마나 숙련되었는가와 직접적으로 관련이 있다. 자신이 적절한 속도로 발전하고 있지 못하다는 느낌이 들면 플레이어의 자긍심이 떨어지거나 원래 수준에 그대로 머물 것이다.

플레이어에게, 특히 플레이어의 숙련과 관련해 적절한 피드백을 주는 게이미피케이션 기법은 플레이어의 기량을 내부적으로 인정해주고 플레이어의 자긍심을 높여준다. 그리하여 게임을 계속할 동기를 유발한다.

정량적 피드백, 예컨대 어워드나 배지 같은 것을 플레이어가 가치 있게 생각하면 이것은 상당한 효과를 발휘한다. 이런 피드백은 발전에 대한 보상일 뿐만 아니라 플레이어가 발전했다는 사실과 숙련도를 상기시켜주는 '물리적' 기념물이기 때문이다. 이런 기념물은 플레이어의 자긍심을 높여주는 역할을 한다.

무술, 특히 띠로 등급을 나누는 무술에서 이런 예를 찾을 수 있다. 수련자는 기량이 발전하면 자신의 기량을 증명하는 시험(숙련의 관문)을 통과해야 한다. 시험을 통과한 수련자에게는 새로운 등급을 나타내는 물리적 징표, 즉 띠가 주어진다. 이 띠는 수련자의 성취와 직접적으로 엮여 있고 수련자의 자긍심을 높여준다. 다른 사람들에게도 가치를 인정받을 수 있는 보상(피드백)이기 때문이다.

마음의 창

창 측면에서의 존중은 외부의 인식과 관련 있다. 외부의 인식이란, 다른 사람이 나를 어떻게 생각하기를 원하는지 다른 사람이 나를 어떻게 생각한다고 믿는지와 연관 있다.

사람들은 다른 사람이 자신을 어떻게 인식하고 어떻게 인정하는가에 관심을 기울인다. 물론 관심을 기울이는 정도는 구체적인 상황이나 개인의 경험, 가치관, 성장 환경, 문화 등의 영향을 받는 가변 요인이다.

존중의 창은 플레이어를, 자신이 생각하기에 자신이 해야 하는 역할에 맞는 방식으로 행동하게 한다. 플레이어가 널리 알려진 사람일수록 스스로 그 역할에 충실하고 싶어 한다.

탑에 '창'을 낸다는 것은 플레이어가 게임을 어떻게 하고 있는지 다른 사람들이 다 볼 수 있게 허용한다는 뜻이다. 이것을 효과적으로 하려면 다른 사람이 볼 수 있게 또 플레이어에게 의미 있게 설정해야 한다. 또한 공동체로부터 인정받을 수 있도록 플레이어의 진도와 성취를 정량화할 수 있는 게이미피케이션 요소를 집어넣어야 한다.

플레이어가 공동체와 공동체 내에서 자신의 위치(소속감에 대해서는 11장 참조)에 신경 쓰는 사람이라면 이렇게 정량화된 자신의 진도와 성취를 통해 공동체 내에서 인정받고 싶은 동기가 생긴다. 그리하여 다른 사람 눈에 보이는 자기 모습을 띄우기 위한 행동을 하게된다.

이런 예는 사용자에게 자신의 최근 달리기 기록이나 몸무게를 소셜미디어에 올리도록 허용하고 권장하는 여러 달리기/다이어트 앱에서 찾아볼 수 있다. 이런 행위로 사용자는 자신의 기록을 여러 사람에게 인증받고 자긍심도 높일 수 있으며 앱 입장에서는 무료 마케팅의 이점을 누릴 수 있다.

게임을 어떻게 설계하느냐에 따라 플레이어가 접할 수 있는 창의 숫자를 제한해 사적 경험 또는 단독 경험을 만들 수 있다. 반면에 탑 전체를 유리로 덮어 플레이어의 모든 행위가 '다 보이게' 만들 수도 있다. 플레이어와 플레이어의 자긍심 요소에 따라 이 양극단 사이의 어느 지점에 게임을 위치시킬지 결정해야 한다. 위치를 어디로 정하느냐에 따라 플레이어의 동기와 성과에 미치는 영향은 크게 달라진다.

하지만 당신이 탑에 창을 몇 개나 설치할지와 관계없이 플레이어는 언제나 개인 '거울'을 가지고 다닌다는 사실을 잊으면 안 된다. 당신이 탑 안에 거울을 하나도 비치하지 않았는데도 말이다.

존중의 가치 계산

이미 언급했듯이 존중에 영향을 미치려면 피드백이 매우 중요하다. 플레이어가 특정 과제를 점점 잘 수행한다(숙련)는 사실을 알게 해 주기 때문이다. 배지나 트로피 같은 정량적 피드백은 플레이어나 공동체가 가치를 인정하면 자긍심을 높여주는 수단으로 이용될 수 있다. 가치 있는 피드백을 제공하는 것은 플레이어의 자긍심을 높여주고 당신이 원하는 특정 행동을 계속하도록 플레이어의 의욕을 고취하는 데 매우 중요하다.

그런데 플레이어가 무엇을 가치 있게 생각하는지 어떻게 알 수 있을까? 무술의 검은 띠를 예로 들어 이것이 어떤 가치가 있는지 살펴보기로 하자.

개인적 가치(내적 가치)

수련자가 인식하는 검은 띠의 가치는 이 띠가 자신의 목적과 얼마나 깊이 연관되어 있는지에 달려 있다. 검은 띠가 자신의 목적을 향해 가는 여정에서 주요 경유지를 통과했다는 증거가 될 수도 있고 자신의 목적에 도달할 수 있게 돕는 보조물일 수도 있다. 예컨대 수련자의 목적이 최고 수준의 띠를 따는 것이라면 검은 띠는 그 목적 달성의 여정에서 매우 중요한 경유지다.(하지만 실질적으로는 다음 단계로 넘어가는 데 그다지 크게 유용하지 않을 수도 있다. 바지가 내려가지 않게 잡아주는 역할이라면 몰라도!)

만약 보상이 플레이어의 목적과 관련이 없다면 플레이어는 이것을 개인적으로 가치 있게 여기지 않는다. 예컨대 최고 수준의 띠를 따는 것이 목적인 수련자라면 검은 띠를 직접 땄을 때만 이것을 가치 있게 생각하지, 이베이에서 돈 주고 샀을 때는 가치 있게 여기지 않는다.

인식된 가치(외적 가치)

인식된 가치는 다른 플레이어나 플레이어 공동체가 평가하는 가치다. 이 가치는 대상물의 희소성과 대상물을 획득하는 비용(노력)을 기반으로 산출될 때가 많다. 물론 '멋짐' 같은 사회적 요인에 의해 왜곡될 수도 있다. 이런 사회적 요인은 소속감 및 사회 공동체에 주로 초점을 맞추는 사회 규범과 추세에 좌우된다. 플레이어의 목적이 다양하고 숙련에 이르는 경로가 다기多岐할 때는 외부적으로 인식된 가치를 산출하기 어려울 때가 많다.

예컨대 검은 띠 따기를 원하는 사람이나 이미 검은 띠를 딴 사람은 검은 띠를 가치 있게 생각하겠지만, 무술에 전혀 관심이 없는 해당 영역 밖의 사람은 검은 띠에 큰 가치를 부여하지 않는다. 게이미피케이션에서는 이보다 더하다. 그러니 당신이 속한 공동체 밖의 사람들도 당신만큼 보상에 관심이 있으리라고 기대해서는 안 된다.

실제 가치(균형 가치)

흥미롭게도 소유는 종종 가치에 왜곡 효과를 일으킨다. 어떤 물건을 소유한 사람과 그 물건을 소유하지 않은 사람은 그 물건의 실제 가치를 달리 평가할 때가 많다. 그 물건의 실제 가치는 이런 개인적 가치와 인식된 가치 사이의 균형점을 기반으로 산출되어야 한다.

종종 게임이 존중과 가치에 초점을 맞추지 않을 때 게임 내 경제(또는 실제 경제)가 생긴다. 플레이어가 조금 더 빨리 자기 목적에 도달하려고 할 때, 다시 말해 아이템을 거래해 인위적으로 발전을 앞당기고 싶어 할 때 게임 내 경제가 생긴다. 앞에서 예로 든 검은 띠의 실제 가치는 사범이 구매하느라 지불한 비용(여기에다 사범에게 줄 수수료를 더할 수도 있다.)이다. 하지만 이 비용은 인식된 가치와 다를 것이다.

자긍심과 자긍심을 높이는 데 도움이 되는 피드백의 가치는 손상되기 쉽다. 피드백이 외부적으로 인정될 때 가치는 산출되고 자긍심은 이 가치를 기반으로 하기 때문이다. 이런 인식된 가치는 플레이어들 사이에서 또는 공동체 내부에서 쉽게 바뀔 수 있는데 그래서 이 가치를 기반으로 한 개별 플레이어의 자긍심을 깨뜨릴 수도 있다. 이런 이유로 우리는 플레이어에게 한 가지 피드백이 아니라 다양한 피드백을 줄 수 있도록 게임을 설계할 것을 추천한다. 그리고 플레이어가 인식된 가치에만 초점을 맞출 것이 아니라, 개인적 가치를 기반으로도 자긍심을 가질 수 있게 해야 한다.

존중 게임 메카닉스

존중은 플레이어를 게임에 붙잡아두는 데 매우 중요한 역할을 한다. 플레이어는 자신이 적절한 속도로 발전하고 있다고 느껴야 하고 특정 행동을 하면 피드백을 통해 보상받아야 한다. 이런 것이 잘 이루어지면 플레이어는 지속해서 발전하기 위해 노력할 것이고 잘 이루어지지 않으면 아무것도 하지 않을 것이다.

플레이어에게 어떻게 자긍심을 불어넣을 수 있나? 구글에서 게이미피케이션을 검색해보면 두 가지 종류의 검색 결과가 뜬다. 하나는 포인트나 배지, 리더보드의 중요성을 설명하는 내용이고 다른 하나는 그런 것들은 초보 디자이너가 실패하는 원인이라며 비난하는 내용이다. 둘 다 맞는 말이다. 포인트나 배지, 리더보드는 플레이어가 얼마나 발전했는지 보여주는 중요한 피드백 메커니즘이다. 하지만 이것이 잘못 사용될 때도 많다.

포인트

포인트는 우리가 측정하기를 원하는 무엇에도 적용할 수 있는 일반적인 측정 단위다. 웹사이트에서 플레이어가 누른 클릭 수, 댓글을 달 때 쓴 글자 수, 당신 회사의 제품에 쓴 돈의 액수 등등.

포인트는 플레이어에게 피드백을 주는 쉽고 빠른 방법이다. 플레이어가 뭔가 잘한 일이 있으면 포인트를 주면 된다! 플레이어가 뭔가 잘못한 일이 있으면 포인트를 뺏으면 된다! 바로 이런 일을 하는, 게임에서 가장 흔히 쓰이는 형태의 포인트는 경험 포인트(플레이어의 기량과 숙련도를 보여준다.)와 게임 머니(다른 것과 교환할 수 있는, 플레이어가 받는 보상)다.

포인트의 가장 눈에 띄는 장점은 적용하기 쉽고 간단하다는 것이다. 플레이어가 어떤 일을 하도록 권장하고 싶으면 그 일을 할 때마다 포인트로 보상하면 된다. 고객이 당신 회사 제품 사용 후기를 쓰기를 바라는가? 아니면 당신 블로그에 댓글을 남기기를 바라는가? 아니면 매일 당신 회사 웹사이트에 로그인하기를 바라는가? 그렇다면 이런 일을 할 때마다 포인트를 줘서 계속하도록 부추기면 된다.

포인트를 효과적으로 사용한 예는 토론 웹사이트 레딧Reddit의 카르마 시스템이다. 레딧의 카르마는 이 웹사이트에 글을 게시한 이용자에게 주는 포인트로 게시 글 하나당 1포인트가 주어진다. 이에 더하여 레딧을 이용하는 모든 이용자에게는 다른 사람이 올린 글에 찬성 또는 반대 투표를 할 수 있는 권리가 주어지는데, 찬성표를 받으면 카르마 포인트가 하나 올라가고 반대표를 받으면 카르마 포인트가 하나 내려간다.

위에서 설명한 것처럼 레딧에서 포인트를 얻는 방법은 명확하다. 이렇게 받은 포인트는 변환 비율에 따라 게임 머니(카르마)로 변환된다. 그런데 이 카르마의 용도는 무엇일까? 아무것도 없다! 다른 게이미피케이션 시스템에서는 이것이 부정적인 요소로 작용하지만, 레딧에서는 그렇지 않다. 레딧은 포용적인 글로벌 온라인 커뮤니티로, 구성원들은 카르마 시스템으로 자신과 자신의 댓글을 단속한다. 카르마는 레딧 밖에서 거래하거나 팔거나 사용할 수 없는 가상의 인터넷 포인트이지만, 레딧 이용자 및 커뮤니티 구성원들에게는 믿을 수 없을 만큼 높은 가치를 인정받고 있다.

이렇게 보면 포인트는 빠르고 쉬우면서도 성공적인 방법으로 보인다. 하지만 그렇지 않다. 많은 디자이너가 명확한 목적도 없이 게임에 포인트를 도입한다. 예컨대 회사 블로그에 댓글을 남긴 플레이어에게 10포인트를 주는 식이다. 우와! 그런데 이 포인트로 뭘하지?

많은 시스템이 포인트의 용도가 무엇인지, 포인트를 왜 쌓는지 설명하지 않는 경향이 있다. 포인트에 아무런 실제적 기능이 없다면(다른 것과 교환할 수 없거나, 플레이어의 목적이나 숙련과 무관하게 지급된다면), 플레이어에게 동기를 유발하는 데 어떤 영향도 미치지 못할 것이다.

또 하나 고려해야 할 요소는 시간이 지날수록, 포인트가 많이 쌓일수록 포인트의 가치가 떨어질 때가 많다는 점이다. 게임이 진행됨에 따라 그에 맞춰 포인트의 유용성을 조정하지 않는 게임이 너무 많다. 이렇게 되면 포인트는 영향력을 잃고 쓸모없이 짜증스럽기만 한 것으로 전락하고 만다.

그렇다면 포인트를 어떻게 마케팅에 적용해야 할까?

첫째, 플레이어가 당신 회사의 게임과 상호작용할 때 반복적으로 하는 작은 행동으로 어떤 것이 있는지 생각해보라. 댓글을 달거나 사용 후기를 남기거나 특정 버튼을 클릭하거나 단계를 끝마치거나 보스를 물리치는가? 이런 것이 포인트를 적용할 수 있는 행동이다.

둘째, 포인트의 용도를 어떻게 할지 생각해보라. 게임 보너스와 교환하는 용도로 쓰게 할 것인가 아니면 다른 플레이어와 자신을 비교하는 용도로 쓰게 할 것인가(리더보드를 참고하라.) 아니면 게임을 끝내려면(숙련도의 최고 단계나 자신의 최종 목적에 도달하는 것) 얼마나 남았는지 보여주는 표시물로 쓰게 할 것인가? 바꿔 말해 포인트를 무의미하게 만들면 안 된다는 뜻이다.

마지막으로 플레이어에게 포인트를 어떻게 소개하고 설명할지 생각해야 한다. 포인트를 어떻게 디스플레이 할 것인가? 본인만 보게 할 것인가 아니면 대중에게 공개할 것인가? 어떻게 하면 플레이어의 기량이 향상되더라도 포인트가 의미를 잃지 않게 만들 것인가?

포인트를 커스터마이징과 등급 상승 같은 다른 게임 메커닉스와 결합한 스타벅스 리워드 프로그램은 포인트를 효과적으로 사용한 훌륭한 예다. 스타벅스에서 상품을 구매하면 포인트를 적립할 수 있고 이렇게 모은 포인트는 음료나 케이크 등 스타벅스에서 파는 물건과 무료로 교환할 수 있다. 이 정도만으로도 자연스럽게 최소 수준의 충성도는 강화할 수 있다. 사람들은 대부분 공짜 물건을 좋아하기 때문이다. 여기까지라면 스타벅스의 포인트 시스템은 평범한 리워드 프로그램으로 끝났을 것이다.

스타벅스 프로그램이 다른 리워드 프로그램과 다른 점은 여기에 등급을 추가해 등급별로 보상에 차이를 둔 것이다. 자주 찾는 고객이나 충성 고객은 개인 맞춤형 보상을 받을 수 있는 등급까지 상승할 수 있다. 정말 기가 막힌 아이디어다. 고객은 처음에 공짜 선물을 받다가 그것을 통해 개인 맞춤형 선물을 받는, 스타벅스에 충성도가 높은 배타적 공동체에 진입해 브랜드에 대한 개인적 유대를 강화하기 때문이다.

배지

배지(및 성과물)는 보통 플레이어가 게임의 여정 도중에 도달한 마일스톤을 나타내는 시각적 혹은 물리적 표시물을 말한다. 플레이어가 특정 행동을 할 때마다 이루어지는 잦은 피드백 메커니즘인 포인트와 달리, 배지는 어떤 임계점에 도달했거나 특별한 일을 성취했을 때 한 번 주어진다는 점에서 포인트보다 훨씬 의미가 있다. 예컨대 100만 포인트를 달성했다든가, 첫 번째 보스 혹은 마지막 보스를 물리쳤다든가, 일정한 시간 내에 게임을 끝마쳤을 때 주어진다.

배지와 성과물은 흔히 볼 수 있는 게이미피케이션 요소다. 적용하기 쉽고 플레이어의 동기유발 정도에 신속하게 영향을 미칠 수 있기 때문이다. 배지와 성취는 플레이어가 지금까지 달성한 것을 구체적으로 계속해서 상기시키는 표시물로서, 목표를 향해 걸어온 자신의 발자취나 목표를 달성하는 길에 빠진 것이 무엇인지를 보여준다.

예컨대 보이스카우트는 기량이 검증된 단원에게 배지를 수여하는 시스템을 운용한다. '우즈맨woodsman' 배지를 받으면 숲속에서 나무를 다루는 일에 숙달되었다는 사실이 검증되었다는 식이다. 단원들은 어떤 종류의 배지가 있는지, 그것을 따려면 어떻게 해야 하는지 알고 있다. 그래서 자기가 가지고 있지 않은 배지를 따기 위해 거기에 맞는 특정한 일을 하려고 한다.

배지가 효과적인 또 다른 이유는 가르쳐주지 않아도 사람들이 이미 배지를 알고 있기 때문이다. 게임이나 스포츠에 익숙한 사람은 자동으로 배지나 트로피를 알고 있다. 이 말은 이들에게는 적응 과정이나 설명이 거의 필요 없다는 뜻이다.

하지만 이런 익숙함은 배지에 대한 경멸로 이어질 수도 있다. 많은 기업이 게이미피케이션 밴드왜건*에 편승해, 개인적 가치나 인식된 가치, 실제 가치에 대한 이해도 없이 맹목적으로 배지를 적용하려고 한다. 이런 기업은 플레이어와 유리된 배지나 성취를 도입

---

* 유행에 따라 상품을 구입하는 소비현상을 뜻한다.

하고는(예컨대 페이스북에 '좋아요'를 눌렀다고 주는 배지, 제품을 구매했다고 주는 배지 등) 왜 그 배지가 플레이어의 동기를 유발하지 못하는지 모르고 있다. 배지와 관련된 끔찍한 사례를 들자면 끝도 없겠지만, 우수 사례로는 이베이의 스타 어워드를 들 수 있다.

이베이에서는 판매자가 긍정적인 피드백을 받으면 판매자에게 포인트를 준다. 포인트가 어느 정도 쌓이면 스타 배지를 주는데(10포인트가 쌓이면 노란 배지, 50포인트가 쌓이면 파란 배지 등) 이 스타 배지는 판매자의 프로필에 표시될 뿐만 아니라 물리적 증명서로도 발송된다.

구매자는 누구를 신뢰할 수 있는지 알고 싶어 하고 판매자는 자신이 믿을 만한 사람이라는 사실을 보여주고 싶어 하므로 이것은 매우 효과적인 방법이다. 이 스타 배지는 양 당사자가 지향하는 목표와 완벽하게 같은 방향을 향하고 있으므로 양 당사자 모두 이베이에 남아 있을 유인을 제공한다. 그뿐만 아니라 자신의 행위로 인해 실제로 가치 있는 트로피를 받았다는 사실과 다른 사람들에게 가치 있는 이용자로 인정받았다는 사실이 플레이어의 자긍심과 이베이를 계속해서 이용할 동기에 지속적으로 영향을 미칠 것이다.

그렇다면 배지를 어떻게 마케팅에 적용할 것인가? 당신의 비즈니스에서 플레이어가 얻고자 하는 것이 무엇인지 생각한 뒤 플레이어가 밟을 단계를 하나씩 떠올려보라. 중요한 순간이나 난관이라고 판단되는 곳에 배치된 배지나 성취가 의미가 있을지 생각해보라. 당신이라면 그것을 자랑스러워하겠는가? 당신이라면 친구나 동료에게 배지를 받았다고 말하겠는가? 일반적으로 이것이 가장 좋은 테스트다. 이 질문에 솔직하게 예라고 대답할 수 있으면 배지를 도입하면 된다.

당신의 비즈니스 목표와 연계된 마일스톤과 배지의 로드맵을 만들어라. 여기서 주의해야 할 점이 있다. 마케팅이나 돈을 목적으로 한 마일스톤을 도입하면 플레이어는 멀리서부터 그것을 알아보고 피하거나 희롱할 것이다.

배지를 어떻게 디스플레이할지도 생각해야 한다. 플레이어가 배지를 딸 때만 보이게 했다가 그다음부터는 보이지 않게 할 것인가? 플레이어의 소장품 목록에 배지를 표시할 것인가? 다른 사람에게도 배지가 보이게 할 것인가? 플레이어가 이룰 수 있는 성취를 모두 보여줄 것인가? 플레이어의 게임 달성도를 보여줄 것인가? 성취는 플레이어가 게임을 하는 데 도움이 되는가? 배지에 실제적 가치를 부여할 것인가 다시 말해 배지를 거래 수단으로 쓸 수 있게 할 것인가?

리더보드

게임에 포인트를 도입하면 플레이어는 누적 포인트를 비교하기 시작한다. 이 대목에서 리더보드가 등장한다. 이론적으로 리더보드는 동기유발 수단이 될 수 있다. 플레이어가 자신의 순위를 높이려고 서로 경쟁할 것이기 때문이다. 이 말은 리더보드가 플레이어에게 자신의 순위를 높이기 위해 더 많은 포인트를 받는 행동을 할 동기를 유발한다는 뜻이다.

여기서 비결은 플레이어에게 어떻게 하면 자신의 순위를 끌어올릴 수 있는지 왜 그래야 하는지를 분명히 알 수 있게 해주는 것이다. 포인트와 마찬가지로 리더보드에도 어떤 목적이 있어야 한다는 뜻이다. 예컨대 순위가 높으면 더 많은 보상을 받는다든가(대학 리그 전 순위표를 생각해보라. 순위가 높은 대학에는 실력 있는 지원자가 더 많이 몰린다.) 혹은 일정 순위를 유지하면 자긍심이 생기거나 성취감을 느끼는 식이다(친구들을 모두 꺾고 동네 오락실에서 1등의 자리에 오르는 것).

비즈니스 소셜미디어 웹사이트 링크트인은 리더보드를 통해 이용자에게 자기 프로필 조회 수가 얼마나 되는지 네트워크 내에 있는 다른 사람과 비교해 보여준다. 이 리더보드는 바로 눈에 띄지 않는다. 하지만 자신의 프로필에서 통계로 들어가면 볼 수 있게 되어 있다.

이용자가 네트워크에 편입돼 다른 사람들에게 노출되려고 하는 플랫폼에서 이렇게 한 것은 대단한 통찰이다. 이것으로 이용자를 플랫폼에 더 몰입하게 할 수 있다. 이용자는 더 많은 노출을 통해 자신의 순위를 끌어올리려 노력하기 때문이다. 링크트인은 리더보드에 쓸 수 있는 측정 기법을 잘 찾아냈다(순위가 높다고 직접적인 보상이 따르는 것은 아니지만, 이용자는 리더보드에 신경 쓴다). 이 리더보드는 이용자를 링크트인에 더 몰입시키는 역할을 한다(이것이 링크트인의 목표다).

링크트인이 리더보드에 쓴 접근방법은 이용자에게 추가적인 보상 없이 의미 있는 정보를 제공하는 것이다. 하지만 비즈니스 세계에서 볼 수 있는 게이미피케이션 리더보드의 전형적인 예는 영업부서의 리더보드다. 영업직원들은 이 리더보드 위에서 상대적인 순위가 매겨지고 금주/이달/올해의 영업왕 경쟁을 통해 상을 받거나 더 많은 보너스를 챙긴다.

　이런 형태의 리더보드 시스템은 처음으로 자체 게이미피케이션을 시도하는 회사에서 주로 이용한다. 이 시스템의 문제는 다음 세 가지 유형의 플레이어 행동을 유발할 수 있다는 점이다.

- **선택받은 자:** 지속적 반복이 고착화된다. 최고의 영업직원은 최고의 자리에 있다는 이유로 추가 혜택을 받기 때문에 계속 그 자리를 유지한다. 최고의 플레이어에게는 이것이 크나큰 동기 유발 요인이지만 나머지 플레이어에게는 의욕을 떨어뜨리는 요인이다.

- **속임수:** 시스템을 상대로 장난치는 것은 리더보드 시스템의 큰 문제가 될 수 있다. 순위가 높은 플레이어에게 보상이 주어지고 속임수에 대한 제한이나 억제 수단이 없다면 상당한 수의 플레이어가 시스템을 상대로 장난질을 해 당신이 의도하지 않은 방법으로 순위를 끌어올리려 할 것이다. 게임만의 관점에서 보면 훌륭한 방법이라 할 수도 있지만 실제로는 장기적 관점에서 생산적이지 않은 방법으로 게임을 하는 것이다.

- **엘리트 대 루저:** 뛰어난 플레이어들이 상위권을 꽉 잡고 있으면 그 간극을 메꿀 방법이 없는 다른 플레이어들은 의욕을 잃게 된다. 이런 현상은 뛰어난 플레이어가 보통의 플레이어는 닿을 수 없는 수준에 도달한 온라인 게임에서 자주 볼 수 있다. 많은 게임이, 플레이어가 높은 수준에 있는 플레이어를 보고서 의욕을 잃지 않도록 가까운 경쟁 상대만 볼 수 있게 리더보

드에 칸막이를 설치하는 방법으로 이 문제를 해결한다. 링크트인은 이용자가 전 세계의 경쟁자가 아니라 국내 경쟁자와만 자신을 비교할 수 있게 하는 방법을 쓰고 있다. 거기에 더하여 리더보드의 바로 위 및 바로 아래 이용자의 스냅샷을 제공하는 방법으로 경쟁자에 대해 더 잘 알게 해 자신의 순위를 끌어올릴 동기를 부여한다.

그렇다면 리더보드를 어떻게 마케팅에 적용할 것인가?

먼저 리더보드가 당신의 게임에 적합한지 확인해봐야 한다. 당신은 탄탄한 포인트 시스템를 갖추었는가? 포인트를 게임화할 수 있는가? 플레이어가 그 포인트 시스템에 관심을 기울이는가? 만약 그렇다면 리더보드를 플레이어의 눈에 띄게 만들고 그것에 대해 설명하라. 그런 다음 플레이어의 동기를 유발할 만큼 정보를 제공하라. 그렇다고 의욕을 상실할 만큼 제공해서는 안 된다. 플레이어가 최고 수준과 얼마나 떨어져 있는가를 보여줄 것이 아니라 한 단계 올라가려면 무엇을 해야 할지 보여주려고 하라.

존중은 언제 실패하는가?

인센티브의 방향이 잘못되었을 때

많은 게이미피케이션 시스템이 포인트나 배지, 리더보드의 초점을 플레이어의 관심 분야가 아니라 회사의 관심 분야에 맞추고 있다.

플레이어가 자신의 목적으로 여기는 것과 자신의 숙련도를 향상시킬 행동으로 생각하는 것에 초점을 맞춰야 한다. 초점이 잘 맞을수록 플레이어의 동기를 잘 유발할 수 있다.

잘못된 인센티브의 예로는 택시 앱 〈리프트〉를 들 수 있다. 〈리프트〉는 신용카드로 결제하는, 빠르고 쉬운 택시 예약 서비스를 제공한다. 그러다 일정 기간이 지나면 이용자가 서비스를 얼마나 자주 이용했으며 운전자로부터 어떤 등급을 받았는지 알려주는 이메일을 발송한다. 리프트는 특정한 날에 서비스를 이용하면 배지를 주는 배지 시스템도 운용한다.

여기까지는 더할 나위 없이 좋게 들린다. 하지만 사람들은 필요해야 택시를 이용한다. 택시를 탈 필요도 없는데 '화요일 탑승'이라는 배지를 받으려고 화요일에 택시를 탈 사람은 거의 없다. 플레이어의 본질적 가치가 배지의 (공허한) 가치와 상충된다. 배지가 플레이어의 동기를 유발하지 못한다는 뜻이다.

과소/과대평가할 때

행동이나 결과에 균형을 맞춰 적절한 가치를 부여하는 것은 균형을 맞추기 어려운 일이다. 회사에 큰 도움이 되지 않는 단순한 행동을 과대평가하거나 회사에 큰 도움이 되는 복잡한 행동을 과소평가한다면 플레이어에게 왜곡된 행동을 하라고 유도하는 것과 같다.

예컨대 100포인트를 받으면 공짜 커피를 주겠다고 말한 뒤 플레이어가 당신 회사 메일을 열어볼 때마다 1포인트씩 준다면 무슨 일이 일어날까? 아마 당신 회사 메일을 열어보는 사람은 많이 늘어나겠지만, 메일을 실제로 읽어보는 사람은 거의 없을 것이다!

만약 플레이어가 당신이 평가하는 가치와 자신이 평가하는 가치가 일치하지 않는다고 생각하면 해당 캠페인은 실패로 이어질 수 있다. 자신이 높은 개인적 가치를 부여하는 일을 당신이 과소평가한다는 사실을 알면 방향 불일치로 인해 당신 회사와 상호작용할 동기가 생기지 않을 것이기 때문이다.

플레이어에게 통제권이 없을 때

앞에서 언급한 대로 존중은 목적 및 숙련과 직접적인 관련이 있다. 만약 플레이어가 자신이 발전하고 있다고 느낀다면 자긍심이 생겨 게임을 계속하고 싶어 할 것이다.

하지만 이 과정에 플레이어에게 통제권이 없다면 일이 잘못 돌아갈 수도 있다. 플레이어가 목적과 숙련 측면에서 어떤 성취를 이루었더라도 스스로 이룬 성취가 아니라고 느낀다면 자긍심을 거의 느끼지 못할 것이기 때문이다.

예컨대 당신이 〈듀오링고〉 같은 외국어 학습 앱을 이용해 프랑스어를 공부하고 있는데, 느리지만 꾸준히 각 모듈을 밟아가며 실력이 늘고 있다고 하자. 그런데 프랑스어를 잘하는 친구가 당신의 〈듀오링고〉에 들어와 당신의 어학 수준을 쭉 끌어올려 놓는다면 당신은 아마 기분이 나빠 공부할 의욕이 생기지 않을 것이다. 앱에 로그인할 때마다 가짜 성취 기록이 눈에 띌 것이고 그러면 의욕이 떨어져 실력을 늘릴 생각이 들지 않을 것이기 때문이다.

이런 일을 피하려면 게임을 만들 때 플레이어가 받는 보상이 무엇이 되었든 자신의 직접적인 행동으로 보상을 받도록 해야 한다. 이뿐만 아니라 게임을 진행할수록 플레이어의 자율성도 꾸준히 많아지게 만들어야 플레이어의 자긍심을 높일 수 있다.

플레이어가 자신이 바보라고 느낄 때

이것은 게임의 난이도와 직접적으로 관련 있다. 만약 플레이어가 당신이 만들어놓은 도전 과제를 해결하지 못한다면 게임에 좌절감을 느껴 자긍심도 무너질 것이다. 왜 그 도전 과제를 해결하지 못했는지 또 어떻게 하면 해결할 수 있는지 알 수 없다면 게임을 계속할 의욕을 상실할 수밖에 없다.

이것은 보통 어떤 단계에서 게임을 너무 쉽게 또는 너무 어렵게 만들었든지, 도전 과제를 극복할 수 있을 만큼 플레이어를 충분히 훈련시키지 않은 게임 디자이너의 잘못이다.

〈듀오링고〉의 예를 계속 들어보겠다. 플레이어가 처음 학습을 시작한 모듈이 너무 어렵다면 게다가 그 모듈에 '난이도 하'라는 딱지까지 붙어 있다면 플레이어는 자긍심에 손상을 입을 것이다. 플레이어를 게임에 계속 붙잡아두려면 플레이어가 해결할 수 있는(혹은 능력 범위 안에 있는) 도전 과제에만 매달릴 수 있게 게임을 만들어야 한다.

$$\boxed{\text{Summary}}$$

목적과 숙련이 플레이어의 로드맵이라면 존중(자긍심)은 경로를 따라 플레이어를 움직이게 하는 로켓 연료다. 존중은 내가 나를 어떻게 생각하느냐와 다른 사람이 나를 어떻게 생각한다고 느끼느냐이다. 우리는 존중에 이끌려 자신을 가치(내적 가치 및 외적 가치) 있게 느끼게 만드는 식으로 행동하고 이 가치를 보여줄 수 있는 피드백을 찾는다.

포인트는 존중을 보여줄 수 있는 유용한 게임 메카닉스다. 플레이어에게 어떤 활동을 잘하고 있다는 것을 알려주는 신속한 피드백 메커니즘이기 때문이다. 배지는 플레이어가 자랑할 수 있고 거기에 가치를 부여할 수 있는, 보다 오래가는 버전의 포인트라 할 수 있다. 리더보드는 플레이어에게 자신과 다른 사람을 바로 비교할 수 있게 해준다.

포인트와 배지는 플레이어에게 가치를 줄 수 있어야 한다. 그렇지 않으면 존중에 아무런 영향도 미치지 못할 것이다!

Next steps

— 고객은 당신 회사의 서비스나 제품의 어떤 면에서 가치를 느끼는가? 고객이 가치 있게 생각하는 것이 당신 회사의 서비스나 제품에 어떻게 반영되어 있는가? 당신 회사의 브랜드는 지위를 느끼게 하는 브랜드인가 아니면 특별한 생활양식을 가능하게 하거나 구체화하는 브랜드인가?

— 고객의 어떤 행동에 보상이나 인센티브를 주고 싶은가? 당신이 줄 수 있는, 고객에게 가치 있는 보상은 어떤 것이 있는가?

11장

소속감의 방
인간은 동질감을 원한다

게이미피케이션에서 말하는 소속감은 무엇인가?

소속감은 생각이 비슷한, 상호 보완적인 사람들을 찾아 관계를 맺고 싶어 하는 욕구다. 달리 말해 그런 사람들이 모인 집단의 일원이 되고자 하는, 모든 사람이 가진 욕구다.

어떤 집단의 일원이 되면 구성원의 지위를 유지하기 위해 특정한 행동을 할 동기가 유발된다. 이것은 집단의 규칙 때문일 수도 있고 집단 기반의 새로운 정체성에 맞추기 위한 플레이어의 무의식적 노력 때문일 수도 있다.

사람들은 집단의 규범에 맞추기 위해 자기 행동을 바꾸기까지

한다. 학교에 입학한 뒤 갑자기 지역 스포츠팀에 관심을 갖게 된 아이를 떠올려보자. 그 아이가 그러는 이유는 다른 아이들이 모두 지역 스포츠팀에 관심을 보이기 때문이다. 사람들은 자신이 원하는 사회 집단의 일원이 되기 위해 필요한 것이라면 무엇이든 기꺼이 하려고 한다.

왜 사람들은 하지 않아도 될 일까지 해가면서 이러는 것일까? 우리는 이런 자연적 특성 덕분에 번성한 부족 기반의 종種이라는 사실을 기억하라. 집단을 이루면 안전하고 다양한 기술을 이용할 수 있고 분업이 가능하고 목적을 가질 수 있으며 동료애를 느낄 수 있다. 여기에서 소속감이 생긴다. 집단을 구성하고 유지하는 데 뛰어날수록 생존과 성공의 가능성은 커진다.

게임에서는 집단이 플레이어에게 지원 메커니즘을 제공해, 혼자서 게임할 때보다 훨씬 뛰어난 성취를 이루게 해준다. 지원 메커니즘은 직접적인 팀워크나 자원 공유 또는 게임 내에서의 조언일 수도 있고 정서적 또는 심리적 지원일 수도 있다.

소속감은 많은 게임이나 기업에서 고객을 더 많이 확보하거나 고객의 참여도와 충성도를 끌어올리려고 자주 이용하는 강력한 동기부여 레버다. 하지만 소속감의 기본 원칙을 간과해 이것을 제대로 하지 못하는 게임이나 기업이 많다. 그 결과는 고객 확보 실패, 부정적 공동체, 게임 포기 비율 증가 등으로 이어진다.

지금부터 소속감과 관련된 여러 요소와 메카닉스를 알아보고 소속감이 잘못 적용되면 어떤 문제가 발생할 수 있는지 살펴보기로 하자.

나와 같은 사람 구하기

소속이라는 동기유발 레버는 '자신이 동질감을 느낄 수 있는 공동체 또는 집단이 존재하고 자신이 그 집단의 일원이 되는 것'이라고 말할 수 있다.

다중 사용자 게임에서는 플레이어가 서로 의사소통할 수 있는 방법만 있으면 이런 공동체가 금방 자생적으로 생겨난다. 의사소통 채널은 매우 중요하다. 그것을 통해 플레이어 사이에 신뢰를 쌓을 수 있을 뿐만 아니라 그보다 더 중요하게는 서로 자신이 누구인지, 무엇을 하려고 하는지 알려줄 수 있기 때문이다.

플레이어는 보통 다음을 기반으로 집단과 그 구성원을 평가한다.

- **인구통계학적 특성:** 위치, 지리적 근접도, 언어, 성, 나이, 직업, 인종, 종교 등을 말한다. 플레이어는 관심이 있는 다른 플레이어나 집단을 평가할 때 이들 요소의 일부 또는 전부를 고려할 수 있다. 상황에 따라 이들 요소가 중요할 수도 있고 그렇지 않을 수도 있지만, 위치와 지리적 근접도는 중요할 때가 많다. 플레이어들끼리 만날지 말지, 만난다면 언제 어디서 만날지에 영향을 미치기 때문이다.
- **실력:** 게임을 얼마나 잘하는가? 어느 단계에 와 있는가? 어떤 기술이나 자원을 가지고 있는가? 이런 질문의 중요성은 질문하는 플레이어가 어떤 유형의 플레이어인가와 게이미피케이

션 경험의 어느 단계에 와 있는가에 따라 달라진다.

어떤 플레이어는 기량이 떨어지거나 경험이 없는 플레이어의 멘토가 되고 싶어 하는가 하면 어떤 플레이어는 자신의 도움이 필요한 플레이어를 피하고 비슷한 수준의 플레이어를 찾는다. 어느 쪽이 되었건, 대부분의 플레이어는 교류하고 싶은 플레이어 실력의 범위가 정해져 있어 자신이 원하는 범위 밖의 실력을 가진 플레이어를 걸러내려고 한다.

• **지위:** 실력과 깊은 관계가 있는 지위는 플레이어가 다른 플레이어로부터 어떤 대우를 받는가를 말한다. 지위는 실력뿐만 아니라 플레이어가 다른 구성원과 어떤 관계를 맺고 있는가와 플레이어의 이력이나 얼마나 게임에 적극적인가 등과 관련이 있다. 바꿔 말하면 플레이어가 다른 사람에게 얼마나 알려져 있는가, 오랫동안 집단의 일원으로 활동해왔는가, 주기적으로 경험과 상호작용하는가와 관련이 있다는 뜻이다.

실력과 마찬가지로 플레이어는 자신의 기대치에 맞는 지위를 가진 사람을 선호한다. 이것을 기준으로 어떤 플레이어는 적극적으로 찾고 어떤 플레이어는 피할 것이다.

• **목표:** 플레이어가 궁극적으로 달성하려는 것이 무엇인가를 말한다. 게임에서 느끼는 재미처럼 단순한 목표를 추구할 수도 있지만, 게이미피케이션 프로세스에서는 특별한 기술을 개발하는 것, 돈을 모으는 것, 자신이 활동하는 영역의 전문가를 만나는 것, 승진에 도움이 될 수 있는 시험에 합격하는 것 등이 플레이어의 목표가 될 수도 있다.

이 중에서 소속감 동기유발 레버를 게이미피케이션 경험에 적용할 때 가장 중요한 요소는 목표다. 그 이유는 무엇일까?

인구통계학적 특성이나 실력, 지위가 미치는 영향은 플레이어마다 다르다. 이 말은 다양한 플레이어의 입맛에 맞춰 이런 것을 범주화하기 어렵다는 뜻이다. 모든 플레이어는 말로 명확히 표현할 수 없는 자기만의 선호가 있다. 이런 이유로 위의 요소를 중심으로 '소속감 전략'을 써서 게임을 설계하는 것은 거의 불가능하다.

하지만 목표는 다르다. 대부분의 플레이어는 전체 게임에서의 최종 목표(이기는 것, 재미를 추구하는 것, 사람을 만나는 것 등)가 되었든, 게임 내의 과제와 관련된 특정 목표(보스를 꺾는 것, 포인트를 모으는 것, 시험을 통과하는 것 등)가 되었든, 게임에서 달성하고자 하는 자신의 목표를 명확히 말할 수 있다.

플레이어가 자신의 최종 목표를 말로 명확히 표현할 수 없다고 해도 게임에서 하는 행동이나 선택을 보면 저절로 드러난다. 예컨대 플레이어의 진짜 목표가 게임 내의 세계를 완전히 탐색하는 것이라면 게임 내에서 보이는 플레이어의 행태가 상당히 정확하게 그런 사실을 보여준다.

이런 이유로 우리는 게이미피케이션 프로세스를 설계할 때 목표를 기준으로 플레이어를 분류할 것을 추천한다. 이것은 플레이어를 그룹별로 분류하기에 가장 쉬운 방법일 뿐만 아니라 플레이어가 서로 교류하기 쉬운 방법이기도 하다. 플레이어를 그룹별로 분류하는 구체적 방법에 대해서는 14장에서 자세히 살펴보겠다.

소속감 형성의 3단계: 탐색, 구축, 비교

탐색 단계: 편입할 집단 찾기

탐색은 능동적일 수도 있고 수동적일 수도 있지만, 보통은 두 개가 결합되어 있다. 능동적 탐색자는 자신이 집단에 편입하고 싶어 한다는 사실을 알기에 자신에게 맞는 게임 내부나 게임 외부의(현실 세계의) 집단을 찾는다. 이런 플레이어는 자신이 집단으로부터 원하는 것에 대한 구체적인 생각이 있고 플레이어로서 자신의 위치도 알고 있다.

능동적 탐색자의 예로는, 게임을 하는 사람들로 이루어진 팀이 많이 있다는 사실을 알고 몇몇 팀에 적극적으로 손을 뻗어 자신을 초대해 달라고 요청하는 플레이어를 들 수 있다.

이에 반해 수동적 탐색자는 보통 자신만의 방식으로 자신만의 목표에 도달하기 위해 혼자 게임을 한다. 그러다 자연스럽게 자신과 같은 목표를 가진 사람을 만나고 그것을 기화奇貨로 집단의 일원이 된다.

수동적 탐색자의 예로는, 혼자 하는 게임을 즐기다 점수를 올릴 요령을 알려고 온라인에 접속했다가 시간이 지나며 게임 관련 온라인 토론에 적극적으로 참여하는 플레이어를 들 수 있다.

능동적 탐색자든 수동적 탐색자든, 플레이어는 자신이 집단 내에서 찾는 것을 나열한 무의식적 체크리스트(인구통계학적 특성, 실력, 지위, 목표를 기반으로 한)를 가지고 있어서 자신과 잘 어울리는 사람에게 접근하기 위해 까다롭게 따지는 경우가 많다.

구축 단계: 집단에 편입하기

플레이어가 일단 어떤 집단에 소속되면 그 집단은 해당 플레이어 정체성의 일부가 된다. 그러면 플레이어는 그 사실을 자신과 다른 사람들에게 재확인시키는 식으로 행동하기 시작한다.

이런 행동은 자동으로 이루어질 때가 많다. 사람들은 시간이 흐르면서 자연스럽게 집단 특성을 띠게 되고 사회 규범에 대한 개인의 기준이 집단의 기준과 같아지기 때문이다.

제임스 폴 지 교수는 이것을 개인이 이익 집단의 기호記號 영역에 빠져드는 것(자신이 받아들인 집단의 용어와 방법론이 자신의 정체성으로 들어오는 것)이라고 말한다. 이것은 시간이 흐름에 따라 비침해적 방식으로 개인에게 다른 행동과 태도를 받아들이게 하는 효과적인 행동 변화 도구다.[1]

하지만 이 단계의 실질적 활동은 집단 구성원 신분을 유지하는 것이다. 집단마다 구성원으로 남아 있고 싶어 하는 사람에게 요구하는 것(명시적인 것도 있고 묵시적인 것도 있다.)이 다르다. 게임 내에서 일정 수준의 활동을 하는 것일 수도 있고 주기적으로 회비를 내는 것일 수도 있으며 집단 구성원의 토론에 적극적으로 참여하는 것일 수도 있다.

눈치챘을 수도 있겠지만 이 부분이 소속감이라는 동기유발 요인을 최대로 이용할 수 있는 지점이다. 당신의 비즈니스에 도움이 되는 행동을 요구하는 집단에 플레이어가 들어가면 집단의 자기 규제적 성격 때문에 그 행동을 계속할 수밖에 없다. 하지만 플레이어에게 이런 행동만 하게 집단을 조종해서는 안 되고 그런 집단을 만들어서도 안 된다. 플레이어와 목표를 가진 집단만 유지하면 된다. 당신의 비즈니스에 도움이 되는 나머지 행동은 집단 역학에 의해 자연스럽게 생기도록 놓아두라.

비교 단계: 집단 정체성으로 빚어진 '그들 대 우리' 사고 방식

처음부터 이런 심리는 플레이어에게 어느 정도는 있다. 자신의 내부 체크리스트에 맞지 않는 사람은 걸러내려고 하기 때문이다. 하지만 집단에 편입되면 이런 심리가 더 강화된다.

'그들 대 우리'라는 심리는 집단 사이에 긴장 상태를 조성해 플레이어를 서로 어울릴 수 없게 만들 수 있어 게임에 해로울 때가 있다. 하지만 집단 간의 경쟁을 부추겨 당신 회사의 제품이나 서비스를 더 많이 혹은 다양한 방법으로 이용하게 하는 매우 긍정적인 동기유발 요인이 될 수도 있다. 여기서 핵심은 균형이다. 집단을 면밀히 모니터링해 우호적인 경쟁을 유도해야 한다.

이 비교 단계를 없앨 수는 없다. 소속감은 그 성질상 플레이어에게 다른 사람을 찾게 하고 모든 사람을 아우르지 않는 집단을 형성하게 하기 때문이다. 그래서 '그들 대 우리'라는 심리는 피할 수 없는 현상이다.

또 플레이어가 당신이 만든 게임 내에서 집단을 형성할 수도 있지만, 게임 밖에서 공동체를 구성하거나 찾을 수도 있다(특히 게임 내에서 자신이 원하는 것을 찾지 못했을 때)는 사실을 염두에 두어야 한다.

사람은 모두 강한 소속 욕구가 있다. 따라서 당신이 만든 게임을 적극적으로 이용하는 플레이어가 많아지면 당신이 만든 게임 생태계 내부에서든(회사 블로그나 토론방) 외부에서든(소셜미디어, 외부 토론방 등) 자연스럽게 집단이 생겨날 것이다.

이렇게 생겨난 집단이 어떤 종류든 관계없다. 플레이어가 당신 게임과 관련이 있는 어떤 집단의 일원이 됨으로써 자신의 소속 욕구가 충족된다면 당신 회사에 대한 충성도가 높아질 것이기 때문이다(비록 집단에 대한 충성도의 부차적 결과일지라도). 이렇게 되면 고객 이탈률이 낮아질 것이고 플레이어에게 특정 행동을 하도록 유도하는 데에도 도움이 된다.

소속감 게임 메카닉스

길드와 팀

그룹, 길드, 클랜, 하우스, 팀 등은 플레이어에게 게임 내에서 조금 더 공식적으로 뭉칠 수 있는 공간을 허용하는 한 가지 방법이다. 이름을 붙이는 그 밖의 다른 규칙도 있지만, 모두 플레이어를 공식적으로 단일 깃발 아래 뭉치게 만드는 수단이다.

이것을 통해 플레이어는 소속감을 느낀다. 하지만 집단이 자신의 정체성이나 목표와 일치할 때만 그러하다. 집단은 플레이어에게 게임을 계속하게 하고 정보와 자원의 공유 및 상호 지원 체계를 통해 혼자 힘으로는 달성하기 벅찬 목표를 추구하게 한다.

하지만 소속감 게임 메카닉스가 모두 그런 것처럼, 집단도 플레이어가 참여해야만 돌아갈 수 있다. 구성원이 많지 않거나 활성화되지 않은 집단이라는 느낌이 들면 플레이어는 적극적으로 참여하기를 꺼릴 것이다. 그러다 보면 집단의 탈퇴로 이어질 것이고 더 나아가 게임 자체에서 탈퇴할 수도 있다.

이런 사태를 막으려면 초기에 집단을 안착시켜야 한다. 그러기 위해서는 직원이나 이런 공동체를 만들고 이끌어가는 것이 목표인 플레이어를 몇 사람 선정해 집단 활동에 활력을 불어넣어야 한다. 이 대목에서 공동체의 관리자 역할이 등장한다.

계층별 공동체의 관리자 역할

공동체의 관리자 역할에 따라 플레이어에게 허용되는 것이 달라진다. 공동체의 관리자 역할을 맡은 플레이어는 집단의 규칙을 정하는 방법을 통해 적극적으로 집단을 관리할 수 있다. 예컨대 누구를 집단에 받아들이고 누구를 받아들이지 않을지 결정한다든가, 보상과 처벌을 결정하는 것이다.

커뮤니티 웹사이트 레딧이 이것을 잘하고 있다. 각각의 서브레딧(레딧 내에서 특정 주제에 집중하는 소집단)에는 그 집단의 모든 면을 통제할 수 있는 소수의 관리자(어드민)가 있다. 관리자는 보통 처음에는 자기가 알아서 역할을 맡지만(서브레딧을 만든 사람인 경우가 많다), 시간이 지나면서 그 역할에 관심을 보이고 해당 집단의 이상과 규칙의 전범을 보여주는 적극적인 이용자를 중심으로 공동체가 선택한다.

이것은 훌륭한 동기유발 요인이다. 관리자는 자신이 관리하는 집단의 주인이라는 의식이 있어 헌신적인 이용자가 되기 때문이다.

그뿐만 아니라 해당 집단의 옹호자 역할도 하고 자신의 마음에 들기 위해 특정 방식으로 행동하는 신입 회원이나 기존 회원의 롤 모델이 되기도 한다.

채팅 기능

채팅 기능은 플레이어가 문자나 음성 또는 영상을 통해 의사소통할 수 있게 해주는 도구다. 의사소통 방법으로는 문자 채팅, 이모티콘, 토론 마당, 댓글 달기, 음성 및 영상 채팅 등이 있다.

많은 게임이 이런 기능을 갖추지 못했거나 어느 정도 제한하고 있어, 플레이어가 의사소통을 위해 소셜미디어나 외부 토론방 등 게임 밖의 방법으로 눈길을 돌리는 경향이 있다.

의사소통은 관계를 형성하고 강화하는 주요 수단일 뿐만 아니라 관계를 통해 더 큰 의미를 찾는 수단이기도 하다. 우리는 플레이어가 서로 의사소통할 수 있게 게임 생태계에 채팅 옵션 추가를 권한다. 이런 채팅 기능을 가능케 하는 방식은 게임 맞춤형 애플리케이션도 좋고 게임과 연계된 외부 애플리케이션(예컨대 토론방)이라도 괜찮다.

의사소통은 플레이어에게 지식을 공유하고 신뢰를 쌓고 관계를 형성할 수 있게 해준다. 지식의 공유는 플레이어끼리 서로 배울 수 있게 해 게임 수행 능력을 향상시키므로 커다란 혜택이 될 수 있다. 게임의 목표와 기업의 목표가 같은 방향을 향하고 있다면 이것은 결국 기업의 성과 향상으로 이어진다.

게임 내에 의사소통 기능을 추가한다면 그것을 모니터링할 수 있는 충분한 역량도 갖추는 것이 좋다. 불량 플레이어는 어쩔 수 없는 현실이다. 하지만 불량 플레이어가 없어도 의견 충돌이나 불화는 주기적으로 일어날 수 있다. 그러니 가능한 한 적극적으로 대화를 모니터링하도록 하라. 또 플레이어의 부적절한 행태를 신고할 수 있는 길도 열어두라.

기본적인 소속감의 구성요소로 채팅 기능을 추가하는 것은 좋지만, 그렇게 해서 가치를 더할 수 있어야 한다. 그래서 의식적으로 채팅 기능 중 일부를 포함시키지 않는 게임이 많다. 이런 게임의 대표적인 예가 팀 기반의 게임 〈히어로즈 오브 더 스톰Heroes of the Storm〉이다. 이 게임은 같은 팀원 사이에서는 채팅을 할 수 있지만, 상대 팀원과는 의사소통할 수 없도록 막아놓았다. 만약 어떤 의사소통 채널이 오용되거나 외면받거나 플레이어 공동체에 가치를 더하지 않으리라고 판단되면 그런 채널은 포함시키지 않는 것이 좋다.

그렇다면 채팅 기능을 어떻게 마케팅 게이미피케이션에 적용할 수 있을까? 아마도 당신 회사 웹사이트에는 이미 블로그 댓글이나 토론방 등의 형태로 채팅 기능이 구현되어 있을 것이다. 하지만 회사를 중심으로 한 적극적 공동체가 형성되어 있지 않으면 이런 기능은 충분히 활용되지 않을 수 있다.

여기서 핵심은 당신 회사에는 어떤 플레이어 집단이 있는지 아는 것이다. 그런 다음 이들 플레이어(또는 고객) 유형별로 관심을 끌 수 있는 방법을 찾아보라. 일단 플레이어를 유형별로 분류해놓으면 각각의 유형에 맞는 콘텐츠를 만들어 표적별로 공략할 수 있다. 이렇게 하는 것이 무차별적 접근 방법보다 훨씬 성공 가능성이 크다.

플레이어가 채팅 기능을 쓰지 않는다면 이렇게 자문해보라. 왜 쓰지 않을까? 우리 채팅 기능은 가치를 더하고 있을까?

투표와 순위 매기기

모든 콘텐츠와 정보는 그 가치가 서로 다르다. 플레이어는 이런 사실을 알기에 자신만의 가치 판단 방법으로 공동체와 다른 플레이어의 가치를 평가한다. 하지만 가치를 추정하기 어려울 때도 많고 가치를 판단하는 능력이 '목소리 큰 사람'의 영향으로 흐려질 때도 있다. 그 결과 공동체로부터 왜곡된 인상을 받을 수 있다.

플레이어는 상대방이 한 행동의 가치를 기반으로 상대방을 칭찬하거나 보상(또는 처벌)하고 싶어 한다. 플레이어가 다른 사람을 또는 다른 사람의 행동에 투표하거나 순위를 매길 수 있게 해주는 것은 이것을 가능하게 하는 아주 좋은 방법이다. 이렇게 되면 플레이어 사이에 주고받은 정보의 가치가 바로 정량화될 테고 집단이 적절(또는 부적절)하다고 판단하는 유형의 행동이 장려(또는 기각)될 것이다. 그뿐만 아니라 투표나 순위 매기기에 참여한 플레이어는 집단과 그 집단의 미래에 애착심을 더 많이 갖게 될 텐데 이것은 공동체와의 유대 강화나 주인의식 강화로 이어진다.

이런 행동이 집단과 그 집단의 사회 규범을 강화하는 긍정적인 영향만 끼치는 것은 아니다. 이런 시스템을 적극적으로 깨뜨리려고 하는 파괴적 집단이나 플레이어가 나타날 수도 있다. 엘리트 의식도 문제가 될 수 있다. 엘리트 의식에 젖은 집단은 '규칙'을 모르는 신규 플레이어를 받지 않으려 하고 당신이 설계한 게임보다 투표

시스템에 더 매달린다.

그렇다면 투표와 순위 매기기는 어떻게 마케팅에 적용할 수 있을까? 투표를 게임에 잘 적용한 좋은 예로는 쿼라Quora와 스택익스체인지StackExchange를 들 수 있다. 이들 사이트는 이용자에게 커뮤니티 내에 있는 많은 사람에게 질문할 수 있게 하고 커뮤니티 내에 있는 사람이 답변하면 답변의 질을 기반으로 서로 '좋아요'나 '싫어요'를 누를 수 있게 한다.

이런 유형의 메카닉스를 비즈니스에 적용하면 플레이어에게 스스로 커뮤니티를 조정할moderate 역량이 생긴다. 또 어떤 것이 가치 있고 어떤 것이 그렇지 않은지 스스로 결정할 역량도 생긴다. 이 메카닉스를 적용해 고객이 실제로 어떤 정보를 가치 있게 생각하는지 알게 되면 많은 기업 오너가 깜짝 놀랄 수도 있을 것이다. 우리는 이 메카닉스를 적용해 플레이어가 서로를 조정할 수 있게 하기를 추천한다.

또한 회사의 비즈니스 의사결정에 관해 투표하게 할 수도 있다. 예컨대 다음번 동영상은 어떤 내용으로 할 것인가, 어떤 기술에 우선순위를 둘 것인가 등이다. 고객의 소리에 귀를 기울이면 고객이 회사와 더 가까워질 것이다.

하지만 소원을 빌 때는 조심해야 한다! 이 방법이 잘못된 유명한 예로는 그린피스를 들 수 있다. 그린피스는 회원들에게 자기네가 보호하려는 혹등고래의 이름을 제출하게 하고 이것을 투표에 부쳤다. 아마 그린피스는 '튀는 바지씨Mr. Splashy Pants'라는 이름이 78%의 득표율을 올릴 것으로 기대하지는 않았으리라.

포괄적 공동체와 배타적 공동체

집단을 만들 때 고려해야 할 마지막 요소는 포괄적으로 갈 것이냐 배타적으로 갈 것이냐는 문제다.

포괄적 공동체는 원하는 사람이라면 누구에게나 문이 열려 있다. 이때 개인은 자신의 선택에 따라 집단의 일원이 되는데, 일반적으로 자신이 현재 상태의 집단과 얼마나 잘 맞는가가 선택 기준이 된다. 이런 집단은 시간이 흐르면서 저절로 성격이 바뀔 수 있다. 구성원이 새로 들어오고 나가면서 의제도 바뀌고 다수를 점하는 사람도 바뀌기 때문이다. 설계 관점에서 볼 때, 이런 자유로운 이동 때문에 포괄적 공동체는 배타적 공동체보다 조정이나 모니터링이 더 많이 필요하다. 파괴적 구성원에게 부정적인 영향을 받지 않도록 시간과 노력을 더 많이 기울여야 한다는 뜻이다.

배타적 공동체는 초청받아야만 가입할 수 있는 집단으로, 보통 특화된 집단이 많다. 예컨대 시간과 노력을 쏟아부은, 실력이 뛰어난 플레이어만 받아들이는 식이다. 이런 집단의 구성원이 되는 것은 가치 있는 지위의 상징이 될 수 있으므로 가입 요구 조건이 까다롭거나 자격을 유지하는 데 비용이 많이 들 수 있다. 따라서 여기에 드는 비용보다 집단 구성원으로서 누리는 혜택이 크거나 최소한 같게 해줘야 한다. 이런 혜택은 플레이어의 동기를 유발하는 강력한 방법이기 때문이다. 다만, 혜택이 회사의 비즈니스 니즈와 같은 방향을 향해야 한다.

이 두 가지 유형의 공동체를 잘 보여주는 예가 링크트인이다. 링크트인 이용자는 그룹을 구성할 수 있는데, 폐쇄형(배타적)으로 구성할 수도 있고 개방형(포괄적)으로 구성할 수도 있다. 링크트인에는 이렇게 만든 다양한 그룹이 존재한다. 이 그룹은 보통 특정 관심 유형을 기반으로 테마를 정한다. 예컨대 소셜미디어 전문가, 회계사 식이다. 이 그룹의 활동 성과는 그룹 구성원이 자신의 그룹 구성원 자격에 부여하는 가치에 따라 상당히 차이가 난다. 이 가치는 그룹 내에 포스팅되는 글의 양이나 질과 직접적으로 관련되어 있을 때가 많다. 여기서는 배타적 그룹이 우위에 있다. 신규 회원을 받아들일 때 심사할 수 있고 그룹 규칙을 따르지 않는 회원을 쉽게 쫓아낼 수 있기 때문이다.

그렇다면 집단을 어떻게 마케팅 게이미피케이션에 적용할 것인가? 먼저 플레이어를 목표 유형별로 분류한 뒤 해당 목표에 초점을 맞춘 공동체를 만든다. 그런 다음 고객에게 가입할 수 있는 적절한 집단을 알려주고 그와 동시에 가입함으로써 얻을 수 있는 혜택도 가르쳐준다. 중요한 것은 집단이 항상 활성화 상태여야 한다는 점이다. 더 나아가 집단 유형별로 특화된 콘텐츠를 만들거나 각 집단의 목표를 기반으로 메시지를 세분화하는 방법으로 이것을 더 발전시킬 수도 있다.

소속감은 언제 실패하는가?

의사소통을 지나치게 제한할 때

의사소통을 원하는 정도는 게임이나 플레이어에 따라 다르지만 대부분의 플레이어는 어떤 방식으로든 의사소통할 수 있기를 바란다. 특히 게임 내에서 서로 상대를 볼 수 있을 때 그러하다. 대부분의 플레이어라고 말한 이유는 이런 기능을 원하지 않는 플레이어도 상당수 있기 때문이다. 그렇다고 두 가지 서로 다른 경험을 만들 필요는 없다. 플레이어에게 의사소통 참여 여부를 선택할 수 있게 하면 된다.

이것이 중요하다. 시간이 흐르며 플레이어가 당신이 만든 경험의 다양한 측면을 거치다 보면 소속의 필요성도 느낄 수 있기 때문이다. 특히 지식 전달이 필요한 상황이라면 더욱 그러하다.

일반적으로 플레이어 사이의 의사소통을 지나치게 제한하면 플레이어의 불만을 초래해 결국 플레이어가 게임 밖에서 의사소통할 방법(예컨대 소셜미디어 등)을 찾게 된다. 어디에서 의사소통이 일어나면 좋을지 자문해보라.

사회적 성장을 지원하지 않을 때

집단을 형성할 수 있게 하고 채팅 기능을 넣고 그 밖에 우리가 추천한 다른 메카닉스를 모두 적용했는데 아무도 대화를 하지 않는다면…. 집단을 만들어놓으면 플레이어가 가입해 바로 대화를 시작하고 죽기 살기로 공동체를 형성할 것이라는 기대가 게이미피케이션 프로세스에서 소속감이 실패하는 가장 흔한 유형이다.

첫 번째로 당신은 플레이어가 어떤 사람인지, 그들의 목표가 무엇인지 확인하는 작업을 해야 한다. 이 작업을 마치면 플레이어를, 당신에게 가치를 주는 것에 초점을 맞추는 적절한 집단으로 분류할 수 있다. 플레이어의 확인 및 분류와 관련한 자세한 내용은 14장에서 다루겠다.

다음 단계는 당신이 나서서 대화의 시동을 거는 것이다. 처음부터 앞장서서 말하고 싶어 하는 사람은 별로 없다. 그러므로 누군가 나서서 대화의 물꼬를 트고 특별한 인센티브 없이 맨땅에서 시작해 공동체를 성장시켜야 한다. 시간이 지나 공동체가 자력으로 돌아가기 시작하면 발을 뺄 수 있다.

여러 플레이어가 이미 몰입하고 있는 콘텐츠를 중심으로 대화를 시작하는 것이 좋다. 또 다른 사람보다 적극적이며 공동체를 위해 중책을 맡는 것을 좋아할 핵심 플레이어를 찾아야 한다.

부정적 요소에 대처하지 않을 때

'트롤에게 먹이를 주지 마시오.'라는 말은 온라인에서 많이 쓰이는 관용구로, 공동체 내의 해로운 요소는 상대하지 말라는 뜻이다. 그래봤자 그들을 더 강하게, 더 시끄럽게 만들 뿐이기 때문이다. 플레이어야 이런 말을 해도 된다. 하지만 게임 오너인 당신은 고객에게 겁을 줄 수도 있는 이런 해로운 요소에 어떻게 대처할 것인가?

안타깝게도 대부분의 게임 디자이너는 이런 사실을 무시한다. 이렇게 되면 PR*재앙으로 발전해 플레이어가 게임뿐만 아니라 당신 회사와의 상호작용을 그만둘 수도 있다.

---

* 불특정 다수를 대상으로 이미지 제고나 제품 홍보 등을 목적으로 전개하는 커뮤니케이션 활동을 말한다.

이와 정반대의 방식은 해로운 행동을 하는 플레이어를 쫓아내는 것이다. 게임에 '제로 트롤 정책'을 쓸 때는 이것이 효과적인 방법이겠지만, 그래도 게임하는 방식에서 혹은 다른 제삼의 공동체에서 해로운 요소가 다시 수면으로 떠오를 수 있다. 게다가 플레이어를 당신의 서비스에서 영원히 쫓아내는 것은 고객을 영원히 잃는다는 뜻이기도 하다.

그래서 우리는 중도적 접근방법을 추천한다. 예컨대 플레이어에게 해로운 행동을 신고할 권한을 준다든가, 관리자에게 일시 퇴출이나 그 밖의 다른 처벌(포인트 삭감 등)을 할 권한을 주는 것이다. 사회 규범을 만들어 플레이어가 자율적으로 규제할 수 있게 하면 공동체에 가치가 더해지고 개입의 결과에 신빙성이 부여된다. 그래도 회사는 상황을 계속 모니터링해야 한다. 그리고 어떤 경우에 회사가 직접 개입할지, 개입한다면 어떤 형태로 할지에 대한 명확한 정책이 있어야 한다.

트롤이나 부정적인 행동에 창의적으로 대처한 예로는 블리자드의 FPS*게임 〈오버워치Overwatch〉를 들 수 있다. 블리자드는 플레이어에게 해로운 행동을 신고할 수 있는 권한을 주었을 뿐만 아니라 게임에서 자주 사용되는 모욕적인 표현을 자동으로 칭찬이나 우스갯소리 또는 자기 비하적인 메시지로 바꾸는 도구를 설치했다.

---

* 1인칭 슈팅 게임을 말한다.

진실하지 않은 개발자가 지나치게 엄격하게 통제할 때(신뢰 상실)

소속감은 공동체를 당신 회사의 브랜드 및 당신이 만든 게이미피케이션 솔루션에 몰입하게 하는 강력한 동기유발 요인이다. 하지만 소속감은 깨지기 쉽다. 공동체와 의사소통하거나 공동체에 개입할 때는 진실과 신뢰가 필수 요소다. 공동체에 개입한 당신의 의도가 자신의 경험을 향상시키기 위한 것이 아니라 상업적 목적 때문이라는 의심이 들면 플레이어는 떠나버릴 것이다. 그렇지 않다 해도 저항이나 반란에 가까운 분위기가 형성될 가능성이 크다.

그보다 더 큰 문제가 생길 수도 있다. 당신의 거짓된 판단이 마음에 들지 않는 공동체가 적극적인 행동에 나서 당신의 비즈니스를 망가뜨리려 드는 것이다. 공동체 팬층이 두꺼운 게임에서 소액 결제 시스템을 도입해 공동체로부터 돈을 더 많이 우려내려고 할 때 이런 일이 발생한다. 이럴 경우 공동체는 결연히 일어나 모든 소셜 플랫폼을 해당 게임에 대한 부정적인 댓글로 도배할 것이다.

이런 일이 발생하면 비즈니스나 게이미피케이션 솔루션이 큰 피해를 입는다. 그러므로 언제나 자신의 행동이 공동체의 기대치나 가치와 일치하는지 자문해봐야 한다.

─────────────(**Summary**)─────────────

소속감은 플레이어를 하나로 묶고 게임과 관계를 형성하게 하는 강력한 동기유발 요인이다. 플레이어의 목표를 중심에 두고 공동체를 구상하면 당신이 만들 수 있고 함께할 수 있는 공동체 몇 개가 쉽게 눈에 띌 것이다. 플레이어의 의사소통을 장려하고 헌신적인 플레이어에게 권한을 부여하면 짧은 시간 안에 공동체가 활성화되어 자생력을 갖춘다.

이것이 제휴 마케팅과 어떻게 연계되는지 상상할 수 있기를 바란다.

Next steps

— 당신 회사의 제품이나 서비스를 이용할 때 고객의 목표는 무엇인가? 여러 플레이어가 공유하고 있는 주제나 목표가 있는가?

— 당신 회사의 고객은 당신 회사나 경쟁사에 대해 서로 이야기하는가? 이야기는 어디에서 이루어지는가? 이야기의 내용은 무엇인가?

— 당신이 만드는 공동체에 어떤 부정적 요소나 해로운 요소가 있다고 생각하는가? 어떻게 대응할 생각인가? 최악의 시나리오를 몇 개 상정해 적절한 대응 방법을 생각해보라.

12장
안전 및 생리적 욕구의 난간
최소 손실로 최대 이익을 도모한다

가치 대 위험: 안전이라는 양날의 검

우리는 탑의 비유에서 안전 욕구와 생리적 욕구를 난간에 비유했다. 여느 잘 만든 탑과 마찬가지로 이 난간은 안전과 생리적 욕구를 위협할 수 있는 외력에서 우리를 방어해준다. 방어는 손실 회피의 형태를 띨 수도 있지만, 역으로 지킬 만한 가치가 있는 것에 가치를 부여하는 형태를 띨 수도 있다.

가치와 위험이라는 이 이중성을 알기 위해서는 여러 상업적 게임에 들어 있는 '전리품 상자loot box'라는 게임 메카닉스를 보기만 하면 된다. 전리품 상자의 개념을 잘 모르는 독자라면 어느 카지노에서나 볼 수 있는 슬롯머신의 게임 버전이라고 생각하면 된다. 빛이 번쩍이고 돌림판이 빙빙 돌아가는 등 겉모습마저 슬롯머신과 유사하다.

전리품 상자는 게임에 재미를 더하기 위한 도구다. 플레이어는 '돌림판을 돌려' 무작위로 보너스를 받는다. 게임에 따라 전리품 상자는 (몇 단계 올라갈 때마다 돌림판을 돌릴 기회를 주는) 무상 보너스일 수도 있고 (돈 낸 만큼 즐기는 전통적인 슬롯머신과 같이) 유상 보너스일 수도 있다. 슬롯머신처럼 전리품 상자도 무슨 일이 일어나는지 보고 싶어 하는 우리의 타고난 호기심을 자극한다.

우리 뇌는 (무작위적인) 깜짝 선물을 기대하고 찾는 것에 익숙하다. 그래서 우리는 전리품 상자나 슬롯머신을 즐기는(혹은 집착하는) 것이다. 하지만 전리품 상자가 성공한 비결은 우리의 안전 욕구와 생리적 욕구를 왜곡한 결과이다.

이것은 통계적 가능성(거기에 더하여 마술적 사고)과 관련이 있다. 바꿔 말하면 전리품 상자를 하나 더 가질 수 있다면 게임을 더 잘하게 해줄 바로 그 아이템을 확보할 통계적 가능성이 커지리라는 것이다.

우리는 평균적인 플레이어들이 그들의 이익을 최대화하고 손실을 최소화하기를 원하며 그래서 이것을 위해 어떤 방법이라도 이용하리라고 가정할 수 있다. 게이미피케이션에서 안전 및 생리적 욕구라는 동기유발 레버는 이용자가 당신이 만든 경험에서 얻는 가치를 최대화하고 그 경험에 참여함으로써 발생하는 심각한 손실을 회피하는 것이다.

전리품 상자 같은 시스템이 빠질 수 있는 함정은, 전리품 상자에 화폐적 가치를 부여하면(즉, 돈 낸 만큼 즐기는 식으로 만들면) 게임 경험에서 최대한의 가치를 얻으려는 욕구가 전리품 상자를 확보할 때 지불하는 재무적 손실로 상쇄된다는 것이다.

어떤 경우에는 전리품 상자 안에 순전히 겉모습을 꾸미는 물품만 들어 있을 수도 있지만 그래도 돈은 내야 한다. 그 상자를 살지 말지는 개인의 선택에 달렸다. 선택에 영향을 주는 요소가 있다면 경험의 외관을 즐기느냐 그렇지 않으냐. 일반적으로 이것은 상당히 무해하게 메카닉스를 사용한 경우다. 게임을 한 대가로 주어지는 무료 전리품 상자로 유료 전리품 상자의 약점이 보완될 때가 많다.

전리품 상자와 관련한 진짜 문제는, 상자가 개인뿐만 아니라 공동체 전체의 게임에 부정적인 영향을 끼치는 유일한 유료 아이템일 때 발생한다. 게다가 상자 안에 어떤 보상이 들었는지 전혀 모르는 데다 그것마저 무작위로 받는 것이라, 거기에 화폐적 가치를 부여하면 내재된 문제를 악화시킬 뿐이다.

전반적으로 사람들은 기대 가치와 예상 손실 및 결과를 안다면 위험을 감수할 가능성이 크다. 간단한 예로 강을 건너뛰어 보자. 여기서 기대 가치는 건너편에 도착해 여정을 계속 이어가는 것이다. 알려진 결과는 강물에 빠지는 것이고 알려진 손실은 그래서 옷이 젖는다는 것이다. 많은 사람이 이것을 수용할 수 있는 위험으로 받아들인다. 강 건너편에 도착할 수도 있고 잘못하면 옷이 젖을 수도 있다. 그래도 옷을 버리지 않고 강을 건넌다는 짜릿함과 그럴 수 있을지 없을지에 대한 궁금증은 남아 있다. 그래서 운에 맡기고 위험을 감수하는 것이다(아마도).

위험과 보상의 교환 비율은 플레이어마다 다르다. 어떤 사람은 이 우화를 읽고 "나 같으면 시간이 걸리더라도 다리를 찾아볼 텐데…."라고 말할지도 모른다. 이런 사람은 일단 뛰어보고 나머지는 운에 맡기는 사람보다 손실(위험) 회피 성향이 높다. 둘 중 누가 옳고 누가 그르다고 할 수 없다. 하지만 전리품 상자와 같은 무작위적 메카닉스는 손실(위험) 회피 가치에 대한 우리의 인식을 바꿔놓는다. 환경이나 상황에 따라 많은 사람이 필요 이상으로 큰 위험을 감수하는 쪽으로 내몰릴 수도 있다는 뜻이다. 위험 감수 여부는 각자가 상상하는 보상과 그 보상을 얼마나 원하는가(혹은 필요로 하는가)에 달려 있다.

전리품 상자 같은 메카닉스가 슬롯머신보다 좋은 점은 보상이 언제나 보장되어 있다는 것이다. 항상 자신이 원하는 보상을 받지는 않더라도 어쨌든 뭔가는 받는다. 슬롯머신의 경우에는 99%가 자신이 쓴 시간과 돈을 보상받지 못한다(실제 수치는 다르겠지만 편의상 이 수치로 하겠다). 사람들은 전리품 상자가 있으면 항상 뭔가를 받을 수 있다는 것을 안다. 그래서 이 메카닉스가 사람들을 자신의 고유한 안전지대 밖으로 내모는 데 유용한 것이다.

이 메카닉스를 강화하기 위해 보완적인 다른 메카닉스를 깔아놓을 수도 있다. 예컨대 '포모 증후군FOMO, Fear Of Missing Out' 도구 같은 것을 덧붙이는 것이다. 모르는 사람을 위해 설명하자면 포모 증후군이란 자신이 경험에 참여하지 않으면 뭔지는 모르지만 다른 사람은 모두 누리는 좋은 기회를 놓칠까 봐 불안해하는 마음을 말한다. 이런 소외에서 오는 불안감이 플레이어에게 경험에 참여해야겠다는 동기를 유발하는 행위 주체 의식을 낳는다. 이런 모든 것은 플레이어가 개인적으로 경험에 부여하는 인식된 가치와 자신이 참여하지 않으면 발생할지도 모를 인식된 손실 수준을 기반으로 한다.

인식된 가치

인식된 가치는 안전 및 생리적 욕구라는 동기유발 레버의 중요한 측면이다. 무언가에 인식된 가치를 부여하는 것은 개인이지만, 인식은 그 개인이 외부 정보원(예컨대 공동체)으로부터 받아들이는 지식의 영향을 받는다. 공동체가 무언가의 가치를 정하는 것도 몇 가지 방법으로 결정된다.

그중 희소성을 이용하는 방법이 있다. 희소성은 보통 긍정적 요소로 보이지 않는다. 바람직하지 않은 행동과 부정적 감정을 유발할 때가 많기 때문이다. 하지만 희소성을 제대로 이용하면 건전한 결핍(욕구)을 강화할 수 있고 어떤 물건이나 경험의 실질적 가치를 뛰어넘는 인식된 가치를 만들어낼 수 있다.

전리품 상자를 예로 들면 어떤 아이템의 희소성이 게임에 대한 불건전한 집착을 야기할 수도 있지만, 무언가를 해결하는 데 필요한 아이템의 희소성은 게임에 대한 충성도를 강화할 수도 있다. 당신의 최종 목표에 따라 다르겠지만, 만약 당신의 목표가 각 개인의 경험을 돕고 개선하는 것이라면 희소성을 이용해 당신과 플레이어 모두에게 도움을 줄 수 있다.

이 방법에서 나온 심리적 효과가 '매몰 비용 딜레마'라는 개념이다. 이것은 플레이어가 투입한 시간과 노력 때문에 자신이 소유하거나 경험한 것에 실제보다 높은 가치를 부여하는 것을 말한다. 그 결과로 플레이어가 지키고 싶어 하고 빼앗기지 않으려고 하는 안전지대가 생긴다. 위카이 초우는 그것을 이렇게 표현했다.

"(…) 손실과 회피는, 포기하고 지금까지 한 모든 것이 쓸모없게 되었음을 인정하지 않으려는 모습으로 드러날 때가 있다."[1]

대니얼 카너먼은 이런 심리상태를, 우리 마음을 움직이는 두 개의 시스템이라는 개념으로 설명했다. 이 개념은 시간적 경험의 변화(예컨대 플레이어 마음의 현재 패러다임에 맞지 않는, 가치의 변화)를 거부하고 받아들이지 않으려는 상황을, 현재 활동 중인 시스템(시스템 1)과 백업 시스템(시스템 2)의 충돌로 설명한다.[2] 이런 상황은 (나쁜) 전리품 상자 시스템에 돈을 쓰는 것이 해롭다는 사실을 거부하는 형태로 나타날 수 있다. 전리품 상자를 얻기 위해 쓴 시간도 가치를 인정받아야 하기 때문이다. 그렇지 않으면 그 손실이 감정에 큰 악영향을 미친다.

임의성과 투명성

전리품 상자가 플레이어를 강박적 행동으로 이끄는 것은 그 임의성 때문이다(도박을 보면 알 수 있다). 따느냐 잃느냐를 운에 맡긴 내기는 모든 사람을 사로잡는다. 그렇다, 문자 그대로 모든 사람이다.

누구도 예외일 수 없다. 다만 강박의 정도가 사람마다 다를 뿐이다. 디자이너는 경험을 게임화하는 동안 항상 이 효과를 염두에 두어야 한다. 따느냐 잃느냐의 무작위적 깜짝 선물 메카닉스는 극도로 매력적이다. 따라서 이 메카닉스는 바람직한 행동에 전념할 수 있게, 그것도 가능하면 단기간에, 도와주는 역할만 해야지, 행동 그 자체의 이유가 되어서는 안 된다. 그렇지 않으면 사람들이 헤어날 수 없는 또 다른 슬롯머신을 만든 것과 같고 장기적으로 보았을 때도 플레이어에게나 디자이너에게나 지속가능성이 없다.

디자이너가 이런 결과를 피하려면 투명성을 유지해야 한다. 특히 손실이나 이익과 관련된 결과가 투명해야 한다. 알 수 없는 혹은 예기치 않은 이유로 손실을 경험하면 플레이어는 부정적인 감정이나 반응을 보일 것이다. 이유나 결과가 투명하지 않으면 플레이어는 선택할 것이 없다고 느낀다. 이렇게 되면 플레이어가 이런 부정적인 결과를 바꿀 방법이나 대안이 없다고 생각하여 어떤 행위를 하려는 의도가 사라지고 만다.

선택의 풍부함과 부족함

|||||||||||||||||||||||||||||||||||||||||||||||||||||||||||||||||||

안전하다는 느낌이나 생리적 욕구 또는 선택을 다룰 때는 플레이어에게 제공하는 선택의 풍부함과 부족함 사이의 미묘한 상호 작용을 고려해야 한다. 플레이어는 자신에게 선택권이 있다는 것을 알아야 함과 동시에 그 선택에 수반되는 것이 무엇인지 몰라야 한다. 피터 슈워츠Peter Schwartz의 '창발적 복잡계Emergent Complexity'라는 개념을 빌려 설명하자면 이것은 플레이어의 도전 의식을 지속해서 자극할 수 있도록 경험에 적정량의 선택을 추가할 수 있는 행동 방법론이다.[3]

예를 들어 매슬로의 욕구 위계 피라미드를 보면 단계마다 전제조건이 있다(그림 4). 각 계층의 도전 과제를 해결하면 다음 계층의 새로운 선택지와 도전 과제가 제시된다. 도전 과제마다 거기에 따르는 책임과 결과는 다르다. 이때가 되면 해당 도전 과제는 우리 눈에 선명하게 들어온다. 창발적 복잡계가 바로 그런 것이다. 각 걸음은 이전 경험 위에서 내딛는 것이고 걸음을 내디딜 때마다 새로운 도전 과제가 나타난다. 한꺼번에 너무 많은 도전 과제를 부여하면 플레이어가 마비되어버리지만 선택지와 도전 과제를 점차 늘려가는 점진적 발전은 플레이어의 권한을 신장시킨다.

반대의 경우는 플레이어에게 선택지가 지나치게 부족할 때이다. 선택 가능성이 너무 작으면 플레이어의 권한이 줄어드는데 도전 과제의 난이도마저 높다면 플레이어에게는 대안이 없다. 그 결과 플레이어가 참여하고 있는 활동에서 느끼는 안전감과 편안함은 줄어

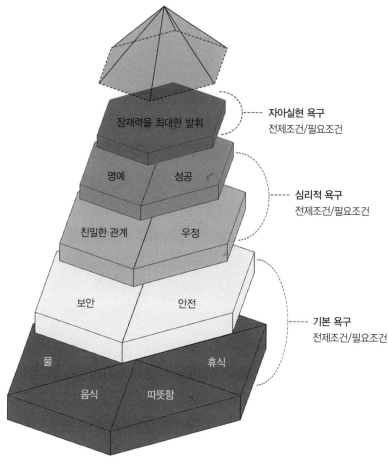

자아실현 욕구
전제조건/필요조건

심리적 욕구
전제조건/필요조건

기본 욕구
전제조건/필요조건

잠재력을 최대한 발휘

명예   성공

친밀한 관계   우정

보안   안전

물   휴식

음식   따뜻함

〈그림 4〉 매슬로의 욕구 위계 피라미드

든다. 따라서 적절한 난이도에서 플레이어의 도전 의식을 자극할 수 있을 만큼 선택지의 풍부함과 부족함 사이에서, 적절한 균형점을 찾아야 한다. 그래야 경험의 참여도와 게임을 다시 할 가능성을 높일 수 있다. 많은 사람이 기량을 연마하고 능력을 키우기 위해 어려운 과제를 몇 번이고 반복해서 시도하려고 할 것이기 때문이다.

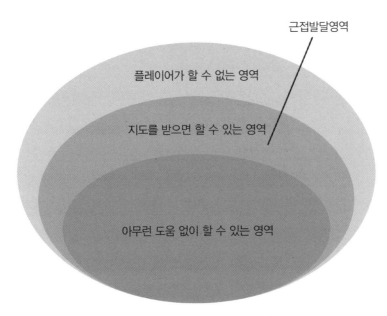

근접발달영역

플레이어가 할 수 없는 영역

지도를 받으면 할 수 있는 영역

아무런 도움 없이 할 수 있는 영역

〈그림 5〉 레프 비고츠키의 근접발달영역

　이 균형을 달성하면 레프 비고츠키가 말한 '근접발달영역'[4]을 발견한 것이다(그림 5). 플레이어는 이 근접발달영역 안에서 미하이 칙센트미하이Mihaly Csikszentmihalyi가 말한 '플로Flow'[5]에 도달할 것이다. 여기서 플로는 플레이어의 능력이 자신에게 주어진 도전 과제의 수준과 거의 비슷한 순간을 말한다. 그래서 플레이어는 그 도전 과제를 해결하고 다음 도전 과제로 나아갈 수 있다. 안전 및 생리적 욕구 이면에 있는 동기유발 요인의 요체는 이 모든 것을 한데 묶은 것으로, 플레이어의 안전 및 생리적 욕구가 도전받아 붕괴될 수 있을 정도를 말한다. 그러면 플레이어는 주어진 위기에 대처해 자신을 재설정할 능력을 키운 뒤 이전에 안전지대라고 생각했던 영역을 넓혀나간다.

안전 및 생리적 욕구 게임 메카닉스

안전 및 생리적 욕구가 그렇게 강력하다면 플레이어 내부에 있는 이 욕구의 동기유발 레버를 효과적으로 (그리고 안전하게) 당기기 위해 어떤 메카닉스를 쓸 수 있을까? 지금부터 조금 더 깊이 들어가 어떤 옵션을 쓸 수 있는지 알아보자.

시간 의존적 보상

시간 의존적 보상이나 기회 또는 결과는 흔히 쓰이는 메카닉스로 적용하기도 쉽다. 이 메카닉스는 플레이어가 특정 행위를 할 때 시간을 재는 카운트다운 타이머의 형태로 나타난다. 예컨대 정해진 시간 안에 행위를 마치면 할인을 받거나 평소보다 더 큰 상을 받는 식이다. 이렇게 되면 플레이어는 참여해야 한다는 강박감을 느끼게 된다. 시간이 계속 흐르고 있기 때문이다.

시간 의존적 보상은 시간이 지나버리면 보상을 받을 수 없다는 점에서 포모 증후군 개념과 잘 어울린다. 이베이의 경매 시스템이 이런 카운트다운 타이머를 이용하는데, 막판에 가서는 광란적인 경매 전쟁이 일어나기도 한다. 이것은 이베이에서 느끼는 재미의 하나이기도 하다.

카운트다운은 어떤 아이템의 인식된 가치를 높이는 데도 유용하므로 그 아이템에 관심이 있는 사람들의 참여도를 끌어올릴 수 있다. 다시 이베이의 예를 들면 가격을 정해놓고 아이템을 등록할 때보다 경매를 통해서 팔 때 더 높은 가격을 받는 경우가 많다.

하지만 이 메카닉스도 조심해서 사용해야 한다. 이 메카닉스를 너무 경솔하게 쓰거나 너무 엄격하게 쓰면 플레이어가 거기에 불건전하게 집착하거나 번아웃에 빠진다. 시간 의존적 보상이 많이 있지만 시간이 부족해 행동을 할 수 없거나, 반대로 쫓아다니며 이런 행동을 하느라 너무 많은 시간을 써서 금방 게임에 싫증을 느끼는 경우가 여기에 해당한다.

시간 의존적 보상을 이용하면서도 이것을 반복적으로 쓰는 예는 국가가 발행하는 복권이다. 플레이어는 시간이 지나기 전에 보상을 받을 복권을 살 새로운 기회를 매주 부여받는다. 이것은 효과적인 시스템이다. 일반적으로 가격이 저렴하고 쉽게 구매 행동으로 이어질 수 있기 때문이다. 참여하는 데 시간이 많이 걸리지도 않는다. 기껏해야 몇 분 정도다. 이렇게 진입 장벽이 낮으니 사람들이 계속 구매하는데 만약 진입 장벽이 높다면 시간 의존성이 결국에는 사람들의 발길을 돌리게 할 것이다.

무작위적 보상이나 처벌, 사건

메카닉스로서의 무작위성은 플레이어의 안전 및 생리적 욕구에 직접적으로 영향을 미친다. 무작위적이며 통제할 수 없는 것보다 더 짜릿하면서도 불안감을 유발하는 것은 없다. 여기서 우리는 무작위적 보상과 함께 무작위적 결과나 처벌, 사건도 생각해볼 필요가 있다.

처벌이나 무작위적 결과를 이용할 때는 플레이어가 당신 회사의 경험에서 발을 뺄 만큼 부정적인 동기유발 영역으로까지 들어가면 안 된다. 처벌은 플레이어에게 충분한 회복력이 있는 영역에서만, 마지막 수단으로 이용해야 한다. 그리고 자주 이용해서는 안 된다. 반면에 무작위적 결과는 제대로 쓰면 동기유발 효과가 크므로 매우 유용하다. 결과는 어디에서나 볼 수 있다. 시간 의존적 메카닉스에는 결과가 내재되어 있고 포모 증후군은 그 자체가 결과다. 여기서 말하는 결과는 일반적으로 말하는 결과보다 엄격한 뜻으로, 당신이 원하는 방식으로 플레이어가 참여하도록 유도하고 동기를 부여할 수 있을 만큼 감정의 무게가 충분히 실린 결과를 말한다.

처벌과 마찬가지로 결과도 자주 이용하면 안 된다. 경험에 지나치게 많은 유사 부정적 결과가 있으면 결국에는 플레이어가 당신이 원하는 행동을 하지 않고 게임에서 떨어져 나갈 것이기 때문이다.

안전 및 생리적 욕구 사례 연구: 루트크레이트[6]

순수 미스터리와 호기심, 발견을 활용한 제품이나 서비스의 예로 들 수 있는 회사가 루트크레이트다. 루트크레이트는 구독 기반의 서비스로, 구독자는 한 달에 한 번씩 아이템 상자를 받는데 상자 안에는 보통 기크geek나 대중문화와 연계된 용품이 들어 있다. 이 서비스의 매력은 내용물을 전혀 알 수 없다는 점이다. 구독자는 자신이 무엇을 받게 될지 절대 알 수 없다.

관심이 있는 고객은 루트크레이트 웹사이트에 들어가 어떤 장르의 아이템 상자가 있는지 혹은 이전에 발송한 상자에서 자신의 흥미를 자극하는 아이템이 있는지 확인할 수 있다. 하지만 그렇게 하더라도 받을 수 있는 아이템의 대체적인 윤곽만 알 수 있을 뿐이다.

유튜브 같은 사이트에 '언박싱unboxing' 동영상을 올리는 하위문화 subculture 덕분에 루트크레이트 추종자와 그런 모델에 흥미를 느끼는 사람의 수가 계속 늘어나고 있다. 루트크레이트는 시각적 마케팅 자료를 만들어 주는 폭넓은 공동체와 이미지를 이용해 많은 사람의 호기심을 사로잡았다. 사람들은 다음번 상자에는 무엇이 들어 있는지 '알 필요가 있다.' 그리고 그럴 수 있는 단 한 가지 방법은 월 구독료를 내는 것이다.

내용물은 대개 어느 정도 사람들이 원하는 것이므로 아이템을 받은 사람들 마음속에 허탈감이나 이질감이 생기지는 않는다. 사람들은 보통 자신이 받은 것에 만족한다. 깜짝 선물로 의도된 것이기는 하지만 대부분의 사람은 어떤 것을 받게 될지 대충은 알고 있다.

제한된 구명보트

구명보트는 플레이어가 질 것 같은 도전 과제에서 살아남아 계속 앞으로 나가게 해주는 도구다. 이것은 필요한 순간에 플레이어를 돕는 조그만 '감옥 탈출' 카드다.

우리는 TV 게임쇼 〈누가 백만장자가 되고 싶은가Who Wants to Be a

Millionaire?〉나 〈받아들일 것인가 말 것인가Deal or No Deal〉에서 구명보트가 사용되는 것을 볼 수 있다. 게임쇼에서는 플레이어가 게임을 계속할 수 없는 상황에 처했을 때 구명보트를 제공해 플레이어를 돕는다. 플레이어(그리고 시청자)의 몰입도를 높이기 위해 구명보트의 수나 효과성은 어떤 식으로든 제한되어 있다.

이것의 좋은 예가 〈누가 백만장자가 되고 싶은가?〉이다. 이 게임쇼는 각 플레이어에게 방청객에게 물어보기, 친구에게 전화하기, 50/50이라는 3개의 구명보트를 준다. 구명보트를 이용하면 어려운 문제를 풀 가능성이 커진다. 하지만 방청객이나 친구가 틀린 답을 주면 효과를 보지 못할 수도 있다.

많은 게임이 구명보트를 오직 한 번만 사용할 수 있게 하는데, 완전히 금지하는 경우도 있고 일정 시간 내에는 다시 쓰지 못하게 하는 경우도 있고 플레이어가 무언가를 해서 재사용권을 획득할 때까지 쓰지 못하게 하는 경우도 있다.

구명보트는 필요한 순간에 플레이어를 돕기 위해 있는 것이지 무임승차권이 아니라는 점을 기억해야 한다. 무임승차권을 주면 게임 몰입도가 떨어진다. 플레이어는 구명보트를 믿고 숙련도를 높이지 않으려 할 것이고 시간이 지나도 자긍심을 느끼지 못할 것이기 때문이다.

이보다 악의적으로 구명보트를 이용하는 방법은 구명보트를 빵부스러기[유인 수단이라는 의미]처럼 이용하는 것이다. 경험의 어떤 순간이 되면 의도적인 외력에 의해 플레이어의 진행이 막혀버린다. 계속 진행할 수 있는 유일한 방법은 구명보트를 이용하는 것이다.

이쯤되면 구명보트는 선택이 아니라 필수가 된다. 플레이어는 경험을 계속하려면 어쩔 수 없이 구명보트를 이용할 수밖에 없다고 느끼고 이렇게 되면 결국 플레이어는 이 메카닉스 때문에 번아웃에 빠진다. 특히 구명보트를 이용하는 데 비용이 들면 더 그러하다.

여러 '무료' 모바일 게임 회사가 이 방법을 쓰고 있다. 플레이어는 여러 단계를 거치며 게임을 계속하다가 어느 순간 깨트릴 수 없는 단계(조작된 단계)에 맞닥뜨리고 이 단계를 깰 수 있는 유일한 방법은 구명보트(대개는 유상이다.)를 이용하는 것이라는 사실을 깨닫는다. 이 단계를 거치면 다음 '조작된' 단계를 만날 때까지 게임은 다시 쉬워진다.

부활절 달걀

부활절 달걀은 별도의 설명이 필요 없겠지만 잘 모르는 사람을 위해 말하자면 플레이어에게 주는 무작위적인 미지의 깜짝 선물이다. 진짜 부활절 달걀 찾기에서처럼 부활절 달걀이 (있다고 해도) 어디 있는지는 알 수 없지만, 만약 찾는다면 그 사람은 매우 기뻐할 것이다.

많은 게임이나 게이미피케이션 경험이 부활절 달걀을 활용한다. 부활절 달걀은 보통 게임 내의 비밀이나 추가 정보, 감춰진 도전 과제, 보상 등으로 찾기가 힘들다.

부활절 달걀을 잘 이용한 사례로 대체현실게임ARG: Alternate Reality Game 장르를 들 수 있는데, 이 장르는 게임과 게이미피케이션 경험의 중간 지대에 놓여 있다. ARG는 보통 현실 세계와 디지털 세계를 가로지르는 몰입형 퍼즐 게임으로 플레이어가 진도를 나가려면 퍼즐을 풀어야 한다.

ARG의 예로 〈히든시티HiddenCity〉[7]를 들 수 있다. 〈히든시티〉는 플레이어의 휴대폰에 텍스트로 입력된 단서를 근거로 퍼즐을 푸는 게임이다. 퍼즐을 풀려면 자신이 사는 도시의 유명한 장소를 샅샅이 뒤져야 한다. 플레이어는 단서를 받을 때마다 새로운 지역으로 이동해 퍼즐을 풀 부활절 달걀을 찾는다. 그렇게 해서 퍼즐을 풀면 플레이어의 휴대폰에 다음 퍼즐을 풀 수 있도록 텍스트가 입력된다.

부활절 달걀을, 추가 노력을 한 플레이어에게 주는 보너스 보상으로 이용하는 게임이나 게이미피케이션 경험도 있다. 예컨대 탐험 게임에서 플레이어가 의도적으로 주목표를 향해 가는 길에서 벗어나 다른 것을 찾느라 별도의 시간을 썼다면 탐험 보너스가 든 부활절 달걀로 보상하는 식이다.

부활절 달걀은 플레이어에게 깜짝 선물이 되고 탐색하느라 게임에 시간과 노력을 들인 데 대한 보상이 될 수 있어 효과적인 메카닉스다. 플레이어는 자신의 행위가 올바른 것이었다는 느낌을 받고 앞으로도 그런 식으로 계속할 동기가 유발될 것이다.

안전 및 생리적 욕구는 언제 실패하는가?

이 메카닉스를 이용함으로써 발생하는 주요 문제는 '중독성 있는' 혹은 플레이어를 완전히 빠져들게 하는 경험을 만들 수도 있다는 점이다. 이것이 바람직한 결과라고 생각하는 사람도 있을 것이다. 완전하게 빠져든다는 것은 경험에 몰입한다는 뜻(플레이어가 당신 회사의 제품이나 서비스에 완전히 집착한다는 뜻)이기 때문이다. 맞다, 단기적으로는 유용하고 득이 될 수 있다. 하지만 장기적으로 보면 플레이어를 극도로 피로하게 해 사실상 고객을 잃게 되는 결과를 초래할 수 있다. 이렇게 되면 당신이 만든 것은 플레이어를 고갈시키는 고객 경험, 다시 말해 장기적으로 해로운 빈껍데기일 뿐이다. 결국 당신은 고객을 잃을 것이고 남는 것은 부정적인 평판일 테다.

엄청나게 많은 '무료' 모바일 게임이 그 좋은 예다. 이들 게임은 쉽고 빠르게 이길 수 있도록 만들어져 있지만, 그 속에 본질적인 가치는 없다. 이들은 '중독성 있는' 게임 메카닉스로 고객층 전체를 불태워버리고 고객이 소진되면 다음 게임으로 넘어간다. 또 다른 예는 플레이어를 완전히 빠져들게 하는 속성이 있는, 도박과 관계가 있는 것들이다. 도박은 안전 및 생리적 욕구 메카닉스를 이용함으로써 발생하는 그다음 문제를 일으킨다. 위험도가 너무 높고 (비)의도적으로 부정적인 결과를 낳는 경험을 만든다.

여기서 말하는 결과는 앞에서 살펴본 무게가 실린 결과와 다르다는 점에 유의하라. 이 경우 위험도가 너무 높으면 결과가 플레이어의 삶에 오래도록 악영향을 미칠 수 있다. 도박을 예로 들면 위험과 그로 인한 결과를 모르는 채 거액의 판돈이 걸린 포커 게임에 끼어드는 사람과 같다. 이 말은 자연스럽게 플레이어를 교육시키고 플레이어에게 결과를 투명하게 알려야 한다는 말로 이어진다.

안전 및 생리적 욕구를 기반으로 한 메카닉스 사용 시 마지막으로 주의를 기울여야 할 때는 희소성이나 부족함, 배타성을 강조하는 도구를 사용할 때다. 최종 단계의 콘텐츠나 경험은 대부분 이 세 가지 개념을 기반으로 한다. 디자이너가 가장 충성도 높은 플레이어만 그 단계에 도달하기를 원하기 때문이다.

배타성이나 희소성, 부족함이 플레이어를 게임에서 멀어지게 할 만큼 지나치게 무작위적이거나 어려워서는 안 되겠지만, 모든 플레이어가 배타적 콘텐츠에 진입할 수 있다면 그 여정은 핵심이 없는 것이나 마찬가지다. 이런 사실은 전리품 상자의 예나 MMORPG*에서처럼(예컨대 〈월드 오브 워크래프트World of Warcraft〉) 드롭률drop rate** 0.01%를 얻기 위해 수많은 반복 동작을 필요로 하는 콘텐츠를 보면 알 수 있다.

제트블루 항공이 동전의 양면을 모두 볼 수 있는 좋은 예다.[8] 제트블루 항공은 충성 고객에게 배타적 보상을 주기 위해 자주 이용하는 승객을 위한 로열티 프로그램을 만들었다. 하지만 이 프로그램을 찾거나 탑승하는 데 너무 힘든 노력과 지나치게 많은 개인 정보가 필요해 프로그램 신청자 수가 줄었다. 게다가 일부 최종 단계의 보상은 먼저 도착한 선택된 소수에게만 주는 일회성 보상이다 보니 처음에 몇몇 효과적인 메카닉스를 사용했음에도 고객 충성도가 떨어지는 유감스러운 결과로 이어지고 말았다.

---

*   Massive Multiplayer Online Role Playing Game의 약자로 대규모 다중사용자 온라인 역할수행 게임을 뜻한다.

**   게임에서 괴물을 무찔렀을 때 플레이어가 아이템을 얻을 수 있는 확률을 뜻한다.

---- Summary ----

안전 및 생리적 욕구 동기유발 레버를 이용하는 것은 섬세한 균형이 필요한 행위다. 플레이어는 당신이 그렇게 만든 경험 안에서 자신이 취하는 행동이 가져올 가치나 위험, 결과를 가늠한다. 포모 증후군이나 구명보트, 부활절 달걀 같은 메카닉스를 이용하면서 선택지를 제한하면 플레이어의 의욕과 행위 주체 의식을 높일 수 있다. 하지만 플레이어가 더 많이 얻는 것에 집착할 수도 있고 경험에서 완전히 떠나버릴 수도 있다.

Next steps

— 어떤 메카닉스가 당신 회사의 가치 및 목표와 잘 어울릴지 생각해보라. 이런 메카닉스가 건전한 플레이어 참여를 가져올지 아니면 부정적인 집착을 유발할지 생각해보라.

— 당신 회사의 캠페인에 사용한 메카닉스 중 가장 효과적인 메카닉스는 무엇인가? 깜짝 선물을 포기하지 않고 어느 정도나 투명성을 유지할 수 있는가?

제3부

게이미피케이션 실천 가이드

Actions

□△○✕

이제 탑 쌓는 데 필요한 모든 재료를 모았으니 실제로 게이미피케이션 탑을 구축하는 다음 단계로 넘어가겠다. 3부는 당신만의 효과적인 게이미피케이션 탑 쌓기를 도와줄 실용적인 단계별 안내서다. 여기서는 사용자층과 표적 고객을 정하는 방법, 게이미피케이션 캠페인의 측정 방법, 당신만의 '이상적인' 게이미피케이션 탑을 구축하는 방법 등을 배우고 발생할 수 있는 문제로는 어떤 것이 있는지를 알아보겠다. 어떻게 하라는 말만 하고 끝내지는 않을 테니 너무 걱정할 필요는 없다. 우리는 가상의 사업체를 이용해 게이미피케이션 탑의 뼈대를 구축하는 방법을 설명할 것이다. 따라서 당신은 각 장이 끝날 때마다 계속 높아질 이 탑의 사례를 당신의 탑과 비교할 수 있다.

가상의 사업체, 선더짐

선더짐The Thunder Gym은 앞으로 우리가 이용할 가상의 사업체다. 당신은 이 사업체를 통해 게이미피케이션 탑을 어떻게 쌓는지 볼 수 있을 것이다. 지금까지 배운 것을 당신 회사에 어떻게 적용할지 보여주기 위해 그 밖의 다른 사례 연구나 보기도 이용하겠다.

체육관을 보기로 이용하는 데는 두 가지 이유가 있다. 첫째, 체육관이 무엇을 하는 곳인지는 모든 사람이 알기에 우리가 하는 말을 잘못 알아듣는 일이 거의 없을 것이다. 둘째, 게이미피케이션 마케팅은 어느 조직에나 적용할 수 있지만, 특히 마케터가 고객 참여를 주요 우선순위로 꼽는 체육관 같은 서비스 기반의 사업체에 가장 효과적이기 때문이다.

선더짐 사례는 3부를 관통하는 줄거리로서, 여러 개념과 이론을 논리정연한 하나의 이야기로 묶어낼 것이다. 우리는 이제 체육관에 새로 부임한 마케팅 책임자의 시각으로 관련된 모든 결정을 내리겠다.

시작하기

지금 바로 자신만의 게이미피케이션 경험 구축에 뛰어들고 싶은 사람과 머리말을 읽은 후 바로 이 부분으로 건너뛴 사람을 위해, 이 책의 다른 부분과 연계해 3부를 가장 잘 활용할 수 있는 방법을 간략히 설명하겠다.

3부는 지금까지 쌓은 지식을 단계적으로 확장하도록 구성되었다. 탑 쌓는 방법에 대한 실질적인 안내, 즉 효과적으로 경험을 게임화하는 데 필요한 여러 단계는 16장에 그 내용이 들어 있다. 여기서 우리는 2부에서 배운 다양한 계층과 동기유발 레버를 이용할 것이다.

다른 장의 내용은 16장을 보완하여 당신이 누구인지, 플레이어에게 전달하고자 하는 것이 무엇인지를 찾고 배우도록 도와준다. 플레이어에게 게이미피케이션 경험을 제공하면서 당신이 해결하고자 하는 문제는 무엇인가? 당신의 플레이어는 누구이고 그들을 어떻게 찾아 올바른 경험을 제공할 것인가? 탑을 구축한 뒤 발생할 수 있는 함정이나 문제는 어떤 것이 있는가? 당신이 만든 경험의 결과는 어떻게 측정할 것인가?

우리는 성공과 실패를 측정하는 방법에 대해서는 말하지 않는다. 처음엔 당신이 실패할 가능성이 크기 때문이다. 물론 그것은 좋은 일이다. 완전히 망가지지 않는 한 당신은 실패로부터 배울 것이고 반복 디자인을 통해 게이미피케이션을 개선할 수 있다. 이것에 관해서는 마지막 장에서 설명하겠다. 정보가 하나씩 늘어날수록 당신과 당신의 플레이어는 기억에 남는 의미 있는 경험에 더 가까이 다가갈 수 있으니 재미있게 즐기기 바란다.

13장

먼저 회사의 현황을 파악하라

선더짐에 오신 것을 환영합니다!

3부에서는 당신을 선더짐이라는 가상의 체육관에서 새로 영입한 마케팅 책임자로 가정하고 이야기를 풀어가겠다. 당신은 이 회사의 마케팅 전반을 책임져야 하지만, 특히 초점을 맞춰야 할 분야는 신규 고객 확보와 기존 고객의 참여도 향상이다.

새 사장은 게이미피케이션을 들어본 적이 있어 당신이 게이미피케이션 솔루션을 만들어 경영진을 설득해주기를 바란다. 하지만 어디서부터 시작해야 할지 감을 잡지 못하고 있다. 경영진은 자기네는 아무것도 모르겠다고 손사래를 치며 당신이 알아서 해결하라고 말한다.

다행히 당신에게는 안내서가 되어 줄 이 책이 있다. 하지만 어디에서부터 시작해야 할까?

회사

마케팅 책임자인 당신은 가장 먼저 회사로서의 '당신이 누구인지' 탐구하고 분석해야 한다. 이 문제는 애초에 당신 회사가 왜 존재하는지, 그 역사는 어떻게 되고 현재 상황은 어떤지에 관한 것일 때가 많다.

먼저 사내 관련자들을 만나 다음 내용을 알아보라.

- 회사의 배경

- 회사가 제공하는 제품과 서비스
- 조직 구조 및 자원

회사의 배경

당신은 가장 먼저, 애초에 회사가 왜 만들어졌는지 알아보아야 한다. 이 회사는 누구를 위해 무슨 문제를 해결하려고 하는가? 이 질문에 대한 답을 알려면 회사의 설립까지 거슬러 올라가야 한다. 그런 다음 어떤 과정을 거쳐 현재에 이르렀는지 그사이에 내린 중요한 결정은 어떤 것이 있었는지를 알아야 회사를 제대로 이해할 수 있다. 중요한 것은 미래의 계획이 어떻게 되는가이다.

선더짐 사장에게 간단히 소개받은 후 알게 된 사실은, 선더짐은 평범한 사람도 쉽게 이용할 수 있도록 설립되었다는 것이다. 여기서 평범한 사람이란 너무 소심해서 전문가가 이용하는 체육관에는 가지 못하는 사람이나 값이 너무 비싸 고급 스파는 가지 못하는 사람을 말한다. 선더짐 고객은 대부분 인근 지역 주민이다. 아직 세계적 프랜차이즈가 될 목표는 없지만 그렇다고 규모가 작은 편은 아니어서 매일 수백 명이 와서 운동할 수 있을 만큼 큰 체육관이다. 선더짐의 가장 큰 문제는 아직도 시설에 여유가 있다는 것이다. 그래서 선더짐은 인근 지역의 활동적인 신규 고객을 모집하기 위해 애쓰고 있다.

지금까지 당신은 체육관의 역량과 당면 목표 등 몇 가지 기본적인 사실을 알아냈다. 당신은 전반적인 비즈니스 목표와 일치하는 마케팅 목표를 수립해야 할 터이니 이것은 중요한 내용이다. 회사가 전 세계를 대상으로 한 전략이나 고객을 지원할 의사가 없는 한, 선더짐을 세계적인 회사로 만드는 것을 목표로 하는 계획을 세우는 일은 의미가 없다.

회사가 제공하는 제품과 서비스

다음에 알아보아야 할 것은 회사가 제공하는 모든 제품과 서비스 다. 그런 다음 제품과 서비스마다 다음 사항을 확인하라.

- 이것은 소비자의 어떤 고충에 초점을 맞추는가? 즉 어떤 문제 를 해결하려고 하는 것인가?
- 회사는 내부적으로 이것을 어떻게 인식하는가? 즉 좋은 제품 인가?
- 이 제품은 라이프 사이클의 어느 단계에 와 있는가? 방금 출 시된 제품인가 아니면 쇠퇴기에 접어든 제품인가?
- 이 제품을 개선하기 위해 할 수 있는 일은 무엇인가? 게이미 피케이션도 하나의 옵션인가?
- 회사는 왜 이 제품이나 서비스를 제공하는가?
- 이 제품이나 서비스는 고객에게 어떻게 제공되는가? 디지털 제품인가 아니면 대면 서비스인가?
- 이 제품이나 서비스를 처음부터 끝까지 사용해본 전체적인 경 험은 어떠한가?

당신은 각 제품이나 서비스가 회사의 전체 포트폴리오에서 어떤 위치를 차지하는지도 알아야 한다. 이런 여러 문제에 대한 답을 찾는 데 유용한 도구는 보스턴컨설팅그룹이 만든 매트릭스다. 이 매트릭스는 회사의 핵심 제품이나 역량은 무엇이고 개선이나 변화가 필요한 제품이나 역량은 무엇인지를 찾기 위한 것이다.[1] 이 간단한 도구를 사용하면 각 제품이나 서비스를 시장 성장률 대비 상대적 시장 점유율 그래프에 표시할 수 있어, 어떤 제품이나 서비스에 초점을 맞춰야 할지 신속하게 파악할 수 있다.

조직 구조 및 자원

회사의 전체적인 배경 및 목표와 회사가 제공하는 제품이나 서비스를 파악했으면 다음 단계는 당신이 재량껏 활용할 수 있는 자원을 알아보는 것이다. 자원에는 당신이 부릴 수 있는 사람과 그들의 기량뿐만 아니라 게이미피케이션 프로젝트에 쓸 수 있는 예산도 포함된다.

이때 고려해야 할 것은 다음과 같다.

- 게이미피케이션 프로젝트를 위한 별도의 예산이 있는가? 재무적 예산뿐만 아니라 시간도 포함된다.
- 프로그래머, 디자이너, UX 테스터 등과 같은 내부 기술 전문가를 활용할 수 있는가?
- 팀원 중 게이미피케이션 경험이 있는 사람이 있는가?
- 이런 유형의 프로젝트에 대한 전반적인 팀원의 태도는 어떠한가? 지원하는 분위기인가, 걱정하는 분위기인가, 적대적인 분

위기인가?

- 이 프로젝트의 결과에 대한 전반적인 팀원의 기대는 무엇인가? 결과물 자체에 대한 기대까지 고려하라. (예컨대 카드 기반의 물리적 로열티 프로그램을 만들려고 하는데 앱을 기대하고 있지는 않은가?)

솔루션을 게임화하기 위해 당신이 밟을 수 있는 경로는 앞서 언급한 것처럼 회사의 자원에 따라 크게 달라진다. 예컨대 회사에 앱 기반의 솔루션을 만들 프로그래머가 있는가 아니면 당신 회사는 직접적인 상호작용이나 코칭을 통한 대면 서비스에 더 집중하는가? 당신이 할 수 있는 일은 가용할 수 있는 자원의 범위 내에 국한된다. 그러니 당신의 포부를 이런 현실에 맞추도록 하라.

당신에게 알맞은 위치는 어디인가?

당신 회사와 제품을 확실히 이해했으면 다음은 당신 회사가 업계나 세계에서 어느 위치에 알맞은지 파악해야 한다. 이것을 폭넓게 이해하지 못하면 나중에 문제가 생길 수 있다. 이미 있거나, 그전에 실패했거나, 시장에서 먹히지도 않을 것을 만들 수 있기 때문이다.

당신 회사에 알맞은 위치를 알려면 전체 업계 및 직접적인 경쟁사와 당신 회사를 견주어봐야 한다. 이렇게 하려면 다음과 같은 개념과 모델을 이용하는 것이 좋다.

- **<u>포터의 다섯 가지 힘</u>**Porter 5 Forces:[2] 산업 내 힘의 균형을 이해하는 도구. 특히 구매자, 공급자, 경쟁사의 힘을 당신 회사의 힘과 비교해 살펴본다. 이 모델은 게이미피케이션을 고려할 때 특히 유용하다. 당신의 아이디어가 어디에서 쉽게 복제되거나 대체되거나 무시될 수 있는지 알 수 있기 때문이다.
- **<u>SWOT 분석</u>:**[3] 당신 회사 내부의 강점 및 약점과 외부의 기회 및 위협 요인을 분석하면 업계 내에서 당신 회사에 알맞은 위치를 상황에 맞게 파악하는 데 도움이 된다. 또한 위협이나 약점, 기회를 강점으로 돌리거나 이미 있는 강점을 더욱 적극적으로 활용함으로써 게이미피케이션이 긍정적 영향을 미칠 수 있는 영역을 확인하는 데도 도움이 될 것이다.
- **<u>PESTLE 분석</u>:**[4] 이 도구를 이용하면 당신 회사와 업계에 영향을 미치는 모든 외부 요인을 살펴볼 수 있다. 또한 게이미피케이션 솔루션을 구현할 때 발생할 수 있는 잠재적 위험(예컨대 산업 내의 신뢰 부족)도 알 수 있다.

이들 도구를 그대로 사용하기보다 산업을 다음과 같이 나누어 다양한 측면에서 분석하는 것이 좋다.

- **<u>전체 시장</u>:** 체육관을 예로 들면 전 세계의 체육관만 볼 것이 아니라 당신 회사가 초점을 맞추고 있는 문제와 동일한 문제에 초점을 맞춘 모든 제품이나 서비스까지 보아야 한다. 체중 감량 제품, 홈트레이닝, 성형 수술까지도 여기에 해당한다.

- **같은 부문의 시장:** 당신 회사와 유사한 서비스를 제공하는 다른 회사에 초점을 맞추는 것이다. 이 분석과 앞에서 말한 전체 시장 분석을 하면 게이미피케이션 솔루션을 개발할 때 기존 사고의 틀에서 벗어나는 데 도움이 된다. 시장 내 다른 분야에서는 당신의 직접적인 경쟁사가 아직 생각해보지도 못한 것을 시도해서 성공했을 수도 있기 때문이다.
- **직접적인 경쟁사:** 당신 회사와 고객을 놓고 직접적으로 경쟁하는 회사를 말한다. 당신 회사 대 타사의 대결 구도다. 마케팅과 관련한 분석에서는 이 대목이 가장 중요하다. 당신 회사의 솔루션이 경쟁사와 비교해 어느 정도 수준인지 알아야 하기 때문이다.

위에서 말한 각각의 분석을 할 때는 항상 게이미피케이션을 염두에 두어야 한다. 경쟁사와 업계는 자기네 제품이나 서비스에 게이미피케이션이나 게임 요소를 어떻게 이용하고 있는가? 이들의 전략은 성공적인가? 어떻게 하면 이들을 능가하거나 다른 방법으로 접근할 수 있는가?

이뿐만 아니라 업계에서 각 제품에 적용하는 다양한 마케팅 방법도 확인해봐야 한다. 이 정보는 다음 단계에 유용할 뿐만 아니라 나중에 이들 경로나 서비스 중 어떤 것이 게이미피케이션에 가장 적합한지 판단할 때도 도움이 된다.

경쟁사 분석

이제까지 당신 회사 제품과 경쟁사의 제품 그리고 당신 회사의 강점과 약점이 무엇인지 알아봤다. 또한 업계 전체에서 당신 회사의 위치가 어디인지 확인하는 기초 작업은 마쳤으므로 이 정보를 이용해 당신 회사의 마케팅이 경쟁사에 비해 어떠한지 평가할 때다. 경쟁사는 마케팅의 초점을 어디에 두고 있는가? 소셜미디어인가, 이메일 목록인가, 지역 광고인가 아니면 온라인 광고인가? 이런 질문에 대한 답을 찾으면 당신의 경쟁 공간이 어디인지, 업계는 전체적으로 시간과 돈을 어디에 집중하고 있는지 알 수 있다. 다음 단계는 당신도 비슷한 경로에 시간과 돈을 투입할지 아니면 타 업체가 아직 손대지 않은 다른 경로를 찾을 것인지 검토하라.

그리고 시간을 들여 경쟁사에 대해 알아보라. 우리는 경쟁사 분석 기법을 이용해 회사가 공통으로 안고 있는 문제와 목표가 무엇인지 알 수 있다. 아마 그중 일부는 선더짐과도 관계가 있을 것이다.

경쟁사 분석을 하려면 위에서 언급한 도구를 이용하면 되는데 거기에 더하여 가능하면 경쟁사 제품을 사용해본 고객을 면담해보라. 당신이 직접 경쟁사에 등록하고 서비스를 이용하면 더욱 좋을 것이다. 경쟁사 웹사이트를 이용해보고 마케팅 자료를 읽으면 경쟁사가 제공하는 서비스에 관한 생각을 정리할 수 있기 때문이다.

경쟁사 분석 정보를 가지고 있으면 당신 회사를 다른 회사와 차별화할 수 있는 아이디어를 가다듬을 수 있다. 선더짐의 역량은 무술, 요가, 필라테스 등 다양한 육체적 훈련 수업을 제공한다는 점이다. 이것은 매우 유용하다. 이들 수업에는 이미 개인에 맞는 훈련과 경로, 플레이어의 발전을 돕는 내재적 숙련과 난이도 등 게이미피케이션에 쓸 수 있는 내재적 요소가 들어 있기 때문이다. 각 수업은 집단 활동이기도 하다. 이들 수업은 자율성과 숙련이라는 동기유발 요인을 이용하기 때문에, 지방 연소와 체력을 극대화하기 위해 단순한 운동을 반복하기만 하는 기초 에어로빅 수업보다 더 많은 것을 제공해준다.

우리는 지금까지 얼마 되지 않는 내부 조사만으로도 당신 체육관과 경쟁사의 몇 가지 공통적인 문제와 목표 그리고 체육관에는 플레이어의 참여도를 향상시키기 위한 어떤 동기유발 요인이 있는지 알 수 있었다. 체육관의 마케팅 포인트는 의미 있는 운동에 대한 긍정적 마음가짐으로 자신의 건강을 증진시키라는 것이다. 이 점이 중요하다. 최종 목표는 당신 회사의 수입 흐름이 아니라 플레이어의 필요이기 때문이다.

사례 연구: 세일즈포스 트레일블레이저Trailblazer LMS[5]

앞에서 언급한 것처럼, 우리는 피트니스와 관계없는 다양한 분야의 사례 연구를 제공해 우리가 하는 말을 여러분이 이해할 수 있도록 하겠다.

세일즈포스에 대해 아마 들어보았겠지만 세일즈포스는 고객 관계 관리 분야에서는 어디에서나 볼 수 있는 회사로, 매우 융통성 있는 플랫폼을 제공한다. 여러 호텔 경영 기업, 경영대학원, 소매 회사 등이 이 플랫폼을 사용하고 있다. 하지만 융통성과 적응성이 좋다 보니 원하는 대로 추가 기능을 더할 수 있어 표준형, 맞춤형 등 다양한 형태의 서비스가 존재한다. 그 때문에 이 플랫폼을 사용하려면 교육이 필요하다.

그래서 세일즈포스는 트레일블레이저라는 학습관리 시스템LMS을 만들어, 신규 직원이나 오래된 직원이나 플랫폼에 대해 배울 수 있게 하고 있다. 하지만 경쟁사와 차별화되는 점은, 게임화된 온라인 개인 피트니스 앱인 피토크러시Fitocracy[6]와 마찬가지로 세일즈포스도 공동체와 소속감에 초점을 맞춘다는 것이다.

그런데 동기유발 요인으로 이것만 있는 것이 아니다. 트레일블레이저가 LMS이고 플랫폼을 효과적으로 쓰려면 지식과 기량이 필요하므로 세일즈포스는 기본적으로 자율성과 숙련이라는 내재적 동기유발 요인을 가지고 있다. 또 플랫폼 학습을 통해 기량이 늘면 다른 학습자로부터 인정을 받는다. 여기서 존중의 동기유발 요인도 생긴다. LMS 이용자 중 실력이 뛰어난 사람은 트레일블레이저[개척자라는 뜻]로 불리며 그것을 인정하는 배지를 받는다. 트레일블레이저라는 이름이 주는 의미와 그로 인한 소속감은 강력한 도구가 된다.

세일즈포스 트레일블레이저 개념의 중요한 경험과 결과는 세일즈포스가 자기네 제품이 아니라 개인의 역량을 판다는 것이다. 세일즈포스는 사용자의 역량 강화를 통해 융통성 있는 자사 플랫폼을 효과적으로 마케팅하고 있다.

다른 사람은 당신을 어떻게 보고 있는가?

지금까지 우리는, 회사로서의 당신은 누구이고 업계 전체에서 당신에게 알맞은 위치는 어디인지 알아보았다. 다음 질문은 당신 회사의 고객도 당신 생각에 동의하는가이다.

당신 회사의 브랜드는 무엇이고 다른 사람은 당신 회사의 브랜드를 어떻게 인식하는지 알아야 한다. 이것이 중요한 이유는 게이미피케이션을 수행하는 데 영향을 미치기 때문이다.

여기서 우리는 이타적인 방법이 더 유리하다는 사실을 알아야 한다. 플레이어의 필요를 우선시하는 것이 다른 어떤 게이미피케이션 수행 방법보다도 낫다. 게이미피케이션 솔루션을 구축할 때 당신 회사의 비즈니스를 우선시하면 당신 회사는 참되지 않고 신뢰할 수 없는 회사로 보일 것이고 결국에는 플레이어가 당신 회사의 브랜드를 거부하는 결과로 이어진다. 당신 회사와 전 직원은 플레이어를 위해 존재한다는 사실을 받아들이고 이 사실을 잊으면 안 된다. 문화, 나이 성별, 인종을 불문하고 플레이어가 가장 싫어하고 피하는 회사는, 죽기 살기로 이익을 추구하는 회사다.

그러므로 당신 회사 브랜드에 대한 외부의 인식을 알기 위해 깊이 있는 정성적 조사를 하는 것이 매우 중요하다. 정성적 조사를 하는 방법으로는 표본 조사, 설문지 작성, 대면 인터뷰를 통해 고객이 받은 인상과 피드백을 수집하는 것이 가장 좋다. 이 조사를 통해 당신 회사 브랜드에 대한 고객의 일반적인 인상이 어떤지, 고객은 무엇을 좋아하고 무엇을 싫어하는지 등을 알 수 있다. 이렇게 얻은 정보는 다음번 정성적 조사를 할 때 사용할 수 있다는 점도 기억하라.

정성적 조사는 체육관의 현재 운영 방식을 분석하고 평가하는 것이다. 체육관의 현재 목표는 무엇인가? 이 목표는 앞에서 우리가 말한 내용과 방향이 일치하는가? 이것은 매우 유용한 방법이다. 현재 고객에게 제공되는 것이 무엇인지, 체육관 운영 방식에 대한 내부 및 외부의 인식은 어떠한지를 확인하는 등 여러 결과를 얻을 수 있기 때문이다. 게다가 게이미피케이션을 이용해 이것을 어떻게 바꾸고 개선할 수 있을지 알게 되는 추가 보너스까지 챙길 수 있다.

외부인을 대상으로 정성적 조사를 할 때는 일대일 인터뷰뿐만 아니라 집단 인터뷰도 해야 한다. 또 인구통계학적으로 다양한 집단을 섞어 인터뷰하는 것이 좋다. 인터뷰를 시작할 때 할 수 있는 유용한 질문으로는 다음과 같은 것이 있다.

- 왜 선더짐을 택했습니까?
- 어떤 수업 때문에 이 체육관에 오게 되었습니까?
- 다른 체육관과 비교해 우리 체육관만의 독특한 서비스로는 어떤 것이 있습니까?

당신의 비전을 회사 경영진 및 대주주의 비전과 일치시켜야 한다. 이것은 내부인을 대상으로 한 정성적 조사로 이루어진다. 회사의 방침과 일치하지 않거나 회사에 받아들여지지 않는 게이미피케이션 경험을 개발하느라 시간을 낭비하지 않으려면 반드시 해야 할 일이다.

선더짐의 마케팅 책임자로서 내부의 정성적 조사를 하는 가장 쉬운 방법은 외부인을 대상으로 한 조사처럼 하는 것이다. 즉 질문을 하는 것이다. 각 부서의 책임자에게 회사의 상태가 어떤지, 앞으로 어떤 방향으로 나가는 것이 좋을지에 대한 일반적인 견해와 느낌을 물어본 뒤, 이 지식을 이용해 플레이어의 기대치를 충족하고 회사의 전반적인 인식과 일치하는 게이미피케이션 캠페인을 구상해나간다.

처음에 할 수 있는 질문으로는 다음이 있다.

- 당신이라면 우리 서비스를 이용하겠습니까?
- 선더짐이 제공하는 서비스에 만족합니까?
- 바꾸거나 개선하고 싶은 서비스가 있다면 어떤 것입니까?

체육관 경영진이 올바른 목표를 염두에 두고 있는지 알려면 플레이어의 등록 및 재등록 절차가 어떻게 이루어지는지 보면 된다. 등록 절차가 체육관에서 가장 중요한 부분이고 가능하면 가장 먼저 게임화되어야 한다는 것이 전반적인 인식이라면 비즈니스 목표가 플레이어를 중심에 둔 자체 개선보다는 수입 흐름 쪽으로 기울어져 있다는 것이다. 경영진이 생각하는 목표가 재등록률을 높이고 탈퇴를 막는 것이라면 비즈니스 목표가 플레이어에 초점을 맞추고 있다는 것이다. 재등록률을 높이고 탈퇴를 줄이는 것이 체육관 이용자에게 이익이 되기 때문이다. 이들이 재등록해 체육관에 계속 나온다면 이들은 체육관에 오는 것을 즐기고 점점 건강해지고 있다는 뜻이다. 물론 체육관이 현재의 수입 흐름을 계속 유지할 수 있다는 부수적 이익도 있다. 하지만 그것이 원래의 주목표는 아니었다.

다행히 당신이 조사를 마치고 보니 선더짐은 올바른 생각을 가진 피트니스 마니아들이 운영하고 있었다. 체육관 운영 방식의 조사·분석 결과는 경영진, 이해관계자, 고객 및 당신의 기대치와 가치가 모두 일치한다는 것을 보여주었다. 신규 회원, 기존 회원 할 것 없이 또 내부인이나 외부인을 가리지 않고 모두가 더 건강한 생활방식을 지향하고 있었다. 그리고 게이미피케이션 솔루션을 통해 더 나아질 수 있기를 바랐다.

하지만 조사를 모두 마쳤더니 모든 것이 일치하는 이런 운 좋은 결과가 나타나지 않는다면 어떻게 할 것인가? 이런 경우라면 당신에게는 두 가지 선택지밖에 없다. 하나는 생각이 다른 사람들을 설득하는 것이고 다른 하나는 게이미피케이션이 당신 회사에는 아직 맞지 않는다는 사실을 받아들이는 것이다. 전자의 경우라면 이 책을 계속 읽고 더 많은 정보를 수집한 뒤 마케팅 게이미피케이션 솔루션을 보여줄 수 있는 시제품을 개발하라. 그러면 당신 생각을 주장하는 데 도움이 될 뿐만 아니라 당신의 생각에 확신이 없는 사람들을 설득하는 데도 도움이 될 것이다.

후자의 경우라면 처음부터 완전한 게이미피케이션 솔루션 프로젝트를 시작하는 대신 점진적 접근방법을 시도하는 것이 좋다. 이 책에서 얻은 지식을 활용해 사내 여러 소규모 영역에 대한 고객 참여도를 개선하라. 그러다 보면 언젠가 당신 회사도 마케팅 게이미피케이션 프로젝트를 받아들일 수 있을 것이다.

사례 연구: 바운들리스 마인즈Boundless Minds[7]

바운들리스 마인즈는 실리콘밸리가 아니라 캘리포니아주 베니스 비치에 있는 앱 개발 기술 스타트업이다. 바운들리스 마인즈의 목표는 기술을 이용해 우리의 기술 이용 방법을 바꾸는 것이다. 이 회사는 우리가 기술에 너무 사로잡혀 있다며 그러면 안 된다고 말하는 대신, 스마트폰이나 태블릿 같은 기술을 어떻게 하면 더 잘 이용할 수 있을지에 대한 방법을 찾아 우리의 삶을 개선하려고 한다. 페이스북이나 트위터의 읽지 않은 업데이트에 너무 집착하지 말라는 것이다.

이 회사는 어떤 고객을 자사의 고객으로 받아들이거나 가망 고객에게 서비스를 제공하기 전에, 시스템을 이용해 그 고객의 가치가 자사의 가치와 일치하는지 확인하는 절차를 거친다. 이 회사는 이미 자신을 되돌아보는 정성적 조사를 마쳤기 때문에 자신이 누구인지 잘 알고 있다. 이 회사가 이용하는 가치 시스템은 자사가 외부적으로 어떻게 인식되고 있으며 자사에 대한 가망 고객의 인식이 자사의 모습과 일치하는지 알아보기 위한 것이다.

이 시스템은 기본적으로 여섯 가지 질문을 하는데 그중 하나를 예로 들면 다음과 같다. '퍼블리셔의 가치를 증진하는 활동은 사용자의 가치를 증진하는 활동과 같은가?' 다른 질문도 이와 유사한 분위기다. 이들이 제일 알고 싶어 하는 것은 퍼블리셔의 가치가 자사의 가치처럼 이타적인가 하는 것이다. 만약 그렇다면 해당 퍼블리셔와 제휴를 맺을 것이고 그렇게 해서 출시한 제품은 대중에게 잘 받아들여질 가능성이 크다. 그리하여 대중의 삶을 윤택하게 하는 데 보탬이 될 수 있다.

만약 가치가 일치하지 않는다면 그 퍼블리셔와는 제휴를 맺지 않고 거기서 관계를 끝낸다. 본질적인 내용을 신속하고 효과적으로 결정하는 것은 무언가를 개발할 때 매우 중요한 능력이고 방법이다. 이 능력은 게이미피케이션 경험을 만들 때 특히 중요하다. 당신도 이 회사를 보고 배워, 당신 회사와 고객뿐만 아니라 그 둘의 가치까지 이해하는 능력을 갖추기를 바란다.

Summary

마케팅 게이미피케이션 솔루션 개발을 시작하기 전에 당신 회사의 여러 현황을 파악해야 한다.

- 당신 회사는 어떤 제품이나 서비스를 제공하는가?
- 누구나 전문성을 활용할 수 있는가?
- 당신이 내놓을 수 있는 결과물은 무엇인가?
- 업계의 전반적인 실태는 어떠한가? 경쟁사는 많은가, 적은가? 경쟁사는 어떤 제품이나 서비스를 제공하는가?
- 내부인과 외부인은 당신 회사의 브랜드를 어떻게 인식하고 있으며 당신은 어떻게 이것을 유리하게 이용할 수 있는가?

Next steps

— 종이나 스프레드시트를 준비해 위의 질문에 대한 당신과 동료들의 대답을 적 어보라.

— 혼자서 하든 팀원과 함께하든 다양한 틀을 이용해 다음 내용을 알아보라. 당 신 회사는 어떤 제품을 제공할 수 있는가? 당신 회사의 강점과 약점은 무엇인 가? 당신 아이디어에 대한 위협 요인으로는 어떤 것이 있는가? 당신 회사의 제품과 관련해 고객은 어떤 힘을 가지고 있는가?

— 필요하다면 회사 경영진에게 당신의 아이디어를 설득할 수 있는 개념 시제품 을 종이 위에 작성해보라.

14장

고객을 페르소나화하라

당신의 플레이어는 당신이 만든 게이미피케이션 시스템을 사용할 최종 사용자이자 당신 회사의 고객이다. 만약 내부 마케팅용 게이미피케이션을 구축할 생각이라면 당신의 플레이어는 당신 회사의 직원이다.

선더짐의 경우 당신의 플레이어는 피트니스에 열중하는 고객이다. 지금부터 우리는 당신의 플레이어가 어떤 사람인지 알아보고 거기에 맞는 페르소나를 만들겠다. 이렇게 만든 페르소나는 당신의 플레이어의 플레이 스타일에 맞고 그들의 동기유발 레버에 호소하는 효과적인 게이미피케이션 솔루션을 만드는 데 도움이 될 것이다.

정형화된 이미지의 힘

페르소나란 무엇인가? 여기서 말하는 페르소나는 당신 회사의 고객을 사실에 가깝게 표현한 것이다. 즉 당신 회사의 고객을 생각하면 바로 머리에 떠오르는, 고객 유형별로 정형화된 이미지다.

페르소나는 전형적인 고객 집단을 정형화하는 데 도움이 된다. 페르소나는 마케팅 캠페인의 표적을 선정할 때나 집단별로 메시지를 보낼 때 유용하다. 페르소나를 이용하면 각 집단의 동기유발 레버를 더 잘 알 수 있기 때문이다.

정형화라는 용어에는 부정적인 의미가 내포되어 있을 때가 많다. 인종의 정형화 또는 편파적 선입견 등의 개념과 연관되기 때문이다. 하지만 정형화는 특정 집단의 사람을 떠올리거나 그들이 특정 상황에서 어떻게 행동할지 생각할 때 우리의 마음이 택하는 지름길이다. 확실한 조사와 감정 이입을 거친 정형화는 특정 집단에 대한 이해도와 효과성을 높이는 긍정적 도구가 될 수 있다.

예컨대 당신이 바에서 마주칠 가능성이 있는 사람의 정형화된 이미지를 당장 머리에 떠오르는 대로 세 개만 말해보라. '여자들의 밤 외출', '동네 술꾼', '첫 데이트'는 어떤가? 아마 당신은 이 세 그룹의 이미지를 바로 머릿속에 떠올릴 수 있을 것이다. 당연히 바텐더도 이들을 바로 알아볼 것이고 고객에 따라 서비스 스타일도 달라질 가능성이 크다.

이제 체육관에 오는 사람의 정형화된 이미지 세 개를 마음속에 그려보자. 첫 번째는 '보디빌더', 두 번째는 이제 겨우 한 달 나온

'새해 결심을 한 사람', 마지막으로는 뱃살을 관리하고 싶은 '월스트리트 중역', 이렇게 셋이면 무난하지 않을까?

이런 정형화된 이미지, 즉 페르소나는 비즈니스 전략의 일부로 사용될 때 매우 가치 있는 도구다. 서로 다른 유형의 고객에 맞춰 신속하게 대응할 수 있게 해주며 그 과정에 오해의 소지도 거의 남기지 않기 때문이다. 이렇게 되면 팀 간 의사소통이 빨라지고 대외 의사소통도 강화·개선되며 더 나은 고객 중심의 의사결정을 할 수 있다. 예를 들어 바 주인이 바 안에 남성 전용 구역을 만들려고 한다면 '여자들의 밤 외출' 유형의 고객이 이것을 어떻게 생각하겠는가?

고객 페르소나 만들기

||||||||||||||||||||||||||||||||||||||||||||||||||||||||||||

1단계: 데이터베이스를 뒤지고 분석정보를 끌어모아라

고객 데이터를 모으고 편집해 각 고객을 한눈에 파악할 수 있게 하라. 이런 자료가 이미 준비된 회사도 있을 것이다. 하지만 규모가 작은 회사라도 고객 기록과 판매 데이터, 소셜미디어 데이터, 이메일 데이터 등을 서로 짜 맞추는 작업이 쉽지는 않을 것이다.

이 단계에서는 가능한 한 많은 데이터를 수집해 짜 맞추는 데 초점을 맞춰야 한다. 예컨대 각 고객의 소셜미디어 기록을 깊이 들여다보는 데 몰두하면 안 된다. 이런 일은 페르소나가 만들어진 뒤에 해도 된다.

결코 모든 데이터를 완벽히 짜 맞출 수는 없으므로 다음 단계를 시작할 수 있을 만큼만 수집하면 된다는 사실을 염두에 두라. 그렇지 않으면 분석에 너무 많은 시간을 빼앗겨, 실제 프로젝트를 시작하기도 전에 겁을 먹게 될 것이다. 우리가 원하는 것은 그런 것이 아니다.

고객 데이터를 수집하기 위해 살펴볼 영역으로는 다음이 있다.

- **CRM 혹은 고객 데이터베이스:** 이 데이터베이스에는 현재의 고객 및 적극적인 잠재고객에 관한 세부 정보와 함께 비즈니스 관련 정보가 들어 있을 것이다. CRM*에 들어 있는 정보는 회사마다 다르다. 예컨대 채용 컨설팅 회사가 가진 정보는 전통적인 굴뚝산업에 속한 회사가 가진 정보와 같지 않다. 이 데이터베이스가 출발점이다. 여기에다 다른 데서 찾은 데이터를 더하면 고객을 한눈에 파악하는 데 도움이 될 것이다. 하지만 이런 일은 당신 회사가 기반을 두고 있는 지역의 법 테두리 안에서 이루어져야 한다는 사실을 명심하라.
- **판매 데이터:** 이 데이터는 고객 데이터베이스와 연결되어 있을 것이다. 만약 그렇지 않다면 고객이 돈과 시간을 어떻게 쓰는지에 관한 데이터를 확보해야 한다. 영업사원과도 직접 이야기해보라. 이들에게 고객 페르소나 구축에 필요한 많은 개인 정보와 이야깃거리가 있다.
- **이메일 마케팅:** 고객이 당신 회사와 어떻게 상호작용하고 있는

---

* Customer Relationship Management: 고객 관계 관리

지 알려면 이 데이터가 중요하다. 이 정보는 고객이 어떤 이메일을 읽고 확인 조치했는지뿐만 아니라 당신 회사의 뉴스레터를 구독하는지 아니면 영수증이나 독촉장 등 업무와 관련한 이메일만 읽는지 알려준다.

- **소셜미디어:** 이 데이터는 수집하기 어렵다. 하지만 고객이 소셜미디어에서 당신 회사를 팔로우하는지 그렇지 않은지를 아는 것은 당신 회사의 브랜드에 대한 고객의 몰입도를 측정하는 데 중요하다. 그보다 더 중요한 것은, 당신 회사가 포스팅한 글에 반응하여 보이는 활동의 정도와 일반적으로 팔로우하고 상호작용하는 다른 계정으로는 어떤 것이 있는가이다.

- **이메일/일정표:** 가능하다면 직원들의 이메일과 일정표 앱에 있는 데이터를 수집하라. 특정 고객을 얼마나 자주 만나는지 혹은 그와 얼마나 자주 이야기를 나누는지 알려면 이 데이터가 중요할 수 있다. 이렇게 하는 것이 B2C 비즈니스에서는 가능하지 않을 수도 있겠지만 B2B 비즈니스에서는 유용하게 사용된다.

- **웹사이트 분석정보:** 웹사이트 활동을 특정 고객과 연결하는 것이 불가능할 수도 있겠지만, 고객이 당신 회사 웹사이트와 어떻게 상호작용하는지 아는 것은 중요하다. 예컨대 어떤 페이지를 보는지, 웹사이트에 얼마나 머무는지, 어디에서 접속하는지, 어떤 단말기를 사용하는지 등이다.

당신 회사가 이제 막 사업을 시작한 회사라면 작업할 데이터가 없어 이 단계가 어려울 것이다. 그런 경우에는 1단계에서 소셜미디어나 추세 분석 같은 데이터만 수집하고 나머지는 시장 데이터나 경쟁사 판매 데이터 등 입수할 수 있는 데이터를 활용하면 된다. 처음에는 대부분 직감에 의존하겠지만 곧 대략적인 출발점에 설 수 있을 것이고 그러다 고객 기반이 잡히면 다시 이 단계로 돌아와 출발점을 정교하게 만들면 된다.

데이터의 늪에 빠져 허우적대면 안 된다. 현재의 기술이면 지나치게 많은 데이터 때문에 이 단계에서 길을 잃기 쉽다. 우선순위를 정한 뒤 같은 방식으로 행동하는 사람들의 집단을 찾도록 하라. 이렇게 하면 나머지 절차가 훨씬 쉬워질 것이다.

또한 당신이 알고 있는 고객 정보를 기반으로 미리 머릿속에 고객을 분류해놓는 것이 도움이 될 수 있다. 하지만 조심해야 한다. 당신이 찾는 고객만 찾을 수도 (그리고 나머지는 놓칠 수도) 있기 때문이다.

2단계: 고객이 어떻게 행동하는지 파악하라

이제 데이터를 수집했으니 다음에 할 일은 데이터에서 패턴을 찾아 당신이 이용할 페르소나를 선택하는 것이다. 이것을 하려면 고객이 당신 회사와 '어떻게' 상호작용하는지 알아야 한다.

인구통계학적 특성을 따지는 '누구' 단계보다 이 '어떻게' 단계를 먼저 거치는 것이 중요하다. '어떻게'를 이용하는 것이 '누구'를 이용하는 것보다 고객을 훨씬 효과적으로, 더 크고 관리하기 쉬운 집단으로 분류할 수 있기 때문이다.

이 '어떻게'는 회사마다 다를 것이고 산업에 따라서도 달라진다. 당신이 측정할 수 있는 것은 온라인 구매 시간과 빈도, 업무지원센터에 문의하는 횟수, 어떤 제품을 구매하는가, 어떤 순서로 어디에서(온라인 혹은 오프라인) 구매하는가 등이다. 선더짐의 경우에는 에어로빅 수업 참가 횟수 대비 피트니스 기구 이용 횟수의 비율은 어떻게 되는가, 사우나를 얼마나 자주 이용하며 이용 시간은 얼마나 되는가 등이 될 수 있다.

회사 유형에 따라 '어떻게'는 다음 질문이 될 수 있다.

- 어떤 제품이나 서비스를 구매하는가? 양은 얼마나 되는가?
- 얼마나 자주 구매하는가? 구매하는 날짜와 시간은 어떻게 되는가?
- 제품이나 서비스를 어떤 조합으로 사용하는가? 사용하지 않는 것이 있는가?
- 제품이나 서비스를 구매하는 순서가 있는가? 각각 언제인가?
- 구매 방법은 어떠한가? 대면 구매인가, 웹사이트를 이용한 구매인가 아니면 소셜미디어 혹은 제휴 네트워크를 통한 구매인가?

이 외에도 '어떻게'에 관한 질문은 끝없이 나열할 수 있지만, 당신은 직관적으로 당신 회사에 맞는 방법을 알 것이다. 영업팀이나 지원팀 또는 관리팀 직원들에게 어떤 종류의 고객을 자주 접하는지 물어보는 것도 좋은 방법이다. 그러면 정형화된 고객 유형을 나열한, 도움이 될 만한 답을 들을 수 있을 것이다. 하지만 이런 정형화된 이미지를 뒷받침할 데이터가 있어야 한다. 증명할 수 없다면 소용이 없다.

선더짐의 경우, 회원 데이터베이스에 있는 모든 정보를 분석한 결과 당신은 체육관 이용자를 크게 세 부류로 나누었다. 한 부류는 주말에만 체육관을 이용하는 고객 또 한 부류는 매일 체육관을 이용하는 고객, 세 번째 부류는 체육관의 전문화된 수업에만 참여하는 고객이다. 이렇게 해서 당신은 첫 번째 세분화인 '어떻게'를 끝마쳤다.

3단계: 고객이 누구인지 파악하라

이제 당신은 당신 회사와 '어떻게' 상호작용하는지를 기준으로 고객을 몇 개의 집단으로 나누었다. 다음 단계는 '적절한' 선에서, 명백하거나 뚜렷이 구별되는 인구통계학적 특성을 기준으로 이 집단을 하위집단으로 나누는 것이다. 여기서 말하는 인구통계학적 특성이란 나이, 성별, 지역, 인종, 문화, 직위, 다니는 회사 등이 될 수 있다.

이때 '적절한'이라는 말을 염두에 두어야 한다. 인종이나 재산을 기준으로 고객을 하위집단으로 나눈다면 그럴 만한 이유가 있는가? 이것이 정말로 그 부류의 고객이 그런 식으로 행동하는 이유라고 생각하는가? 각각의 하위집단을 대상으로 이런 질문을 해야 한다. 직원들의 공감을 얻지 못하거나 회사의 비즈니스에 도움이 되지 않는 페르소나를 200개나 만들 필요는 없다.

하위집단 분류가 끝나면 다시 2단계로 돌아가 각 하위집단이 당신 회사의 서비스를 어떻게 이용하는지 살펴보라. 하위집단별로 서로 다를 수도 있다. 선더짐의 경우 당신은 매일 체육관을 이용하는 집단을 더 깊이 파고 들어가, 서로 뚜렷이 구별되는 두 개의 하위집단이 있다는 사실을 발견했다. 하나는 60대 이상의 이용자(남성과 여성) 집단이고 다른 하나는 20~40대 사이의 남성 이용자 집단이다. 여기서 당신은 2단계로 다시 돌아가 이 두 집단을 조사한 뒤, 60대 이상의 이용자 집단은 점심시간 이후에만 체육관을 이용하고 20~40대 사이의 남성 이용자 집단은 오전 8시 이전과 오후 6시 이후에만 체육관을 이용한다는 사실을 알아냈다. 이렇게 해서 플레이어의 습관 조사 결과를 더 정교하게 다듬었다.

4단계: 페르소나에 이름을 붙여라

집단과 하위집단 분류를 마쳤으면 각 집단에 적절한 이름을 붙인다. 이름은 바로 인식할 수 있어야 하고 그 이름이 나타내는 고객 유형을 설명하는 것이어야 한다. 선더짐의 경우 '주말의 전사', '노익장', '운동 마니아' 같은 것이 될 수 있다.

이때 당신이 분류한 집단을 직원들이 인식할 수 있는지 알아본다. 당신이 분류한 집단은 점심시간에 직원들 입에 오르내리는 정형화된 고객 이미지와 일치하는가? 팀원들은 당신이 붙인 이름에 공감하는가? 만약 직원들이 페르소나를 쉽게 인식하지 못한다면 다시 살펴보고 모든 사람의 공감을 얻을 때까지 계속해서 이름을 고쳐나가야 한다. 다만 위원회를 열어 결정하는 것은 피하자. 이 단계에서 중요한 것은 속도와 효율성이라는 사실을 잊으면 안 된다.

결정한 이름이 마음에 들면 고객을 각각의 이름이 붙은 집단으로 분류한다. 이 작업이 쉽지 않을 수도 있다. 어떤 집단에 완벽하게 맞아떨어지는 고객이 있는가 하면 여러 집단에 걸치는 고객도 있고 그중 어느 집단에도 맞지 않는 고객도 있기 때문이다.

이 문제를 해결하는 좋은 방법은 다양한 하위집단을 대상으로 벤다이어그램을 그려, 어디에서 집단 간의 중복이 발생하는지 확인하는 것이다. 그러면 유사한 집단을 묶어 하나의 큰 집단으로 만드는 것이 나을지 아니면 집단을 더 잘게 나누는 것이 나을지 눈에 보일 것이다. 그렇게 해서 하나의 큰 집단만 페르소나로 취급할 수도 있고 잘게 나눈 모든 집단을 각각의 페르소나로 취급할 수도 있다. 어떤 식이든 일관성만 있으면 된다. 게이미피케이션 솔루션을 개발할 때는 전체 고객 수에서 차지하는 페르소나 수의 비율을 감안해야 한다.

하위집단으로 나누는 것이 완벽할 필요는 없다. 다만 각 집단에 완벽하게 들어맞는 소수의 고객이 있다는 사실을 확인하는 것은 중요하다. 그러면 5단계로 넘어갈 수 있다.

5단계: 직접 만나 이유를 물어라

각 집단 및 하위집단에서 해당 집단에 '완벽하게' 들어맞는 고객을 1~3명 골라 면담을 준비한다. 얼굴을 마주하는 면담이 가장 좋지만, 전화나 웹캠을 이용한 면담으로도 충분하다. 이메일이나 설문 조사 방식보다는 직접적인 방식이 좋다. 이메일이나 설문 조사를 하면 무성의하게 대답하는 수도 있고 가장 쉬우면서 빠른 대답을 찾는 경향도 있기 때문이다.

대면 인터뷰의 목표는 각 고객의 '이유'를 이해하는 것이다. 특히 고객이 왜 그런 식으로 행동하는지 그 이유를 물어봐야 한다. 이를 통해 고객이 어떤 유인에 의해 움직이는지 통찰을 얻을 수 있다. 또 어떻게 하면 마케팅을 통해 고객에게 좀 더 효과적으로 어필하고 상호작용할 수 있을지 이해하는 데도 도움이 된다.

질문 내용은 업종이나 회사에 따라 달라지겠지만, 주로 다음과 같은 내용이 될 것이다.

- 당신은 왜 우리 회사 제품을 사용하는가? 처음 사용하게 된 이유는 무엇이고 지금의 이유는 무엇인가?
- 당신은 왜 우리 경쟁사 제품을 사용하지 않는가? 혹은 당신은 왜 우리 회사 제품과 경쟁사 제품을 같이 사용하는가?
- 당신은 우리 회사를 어떻게 생각하는가? 우리 업계에 대해서는 어떻게 생각하는가?
- 우리 회사 제품을 사용할 때 당신의 목표는 무엇인가?
- 당신의 목표 달성을 방해하는 요인은 무엇인가?
- 당신이 지금의 방식대로 우리 회사 제품을 사용하는 이유는 무엇인가?

각 집단을 이해하는 데 가장 중요한 것은 그들의 '이유', 즉 그들의 목표다. 목표는 게이미피케이션의 핵심 동기유발 레버 중 하나라는 사실을 기억하라. 목표를 알아야 게이미피케이션 탑의 핵심 개념을 정립할 수 있다.

'이유'를 묻는 첫 번째 질문을 하면 반사적으로 나오는 대답을 듣게 된다. 이 대답은 지금까지 한 조사를 기반으로 해당 집단에서 당신이 기대하는 대답일 것이다. 그렇지만 비결은 그다음 질문이다. 당신은 대답을 들은 후 다시 그 '이유'를 물어야 한다. 그리하여 왜 그렇게 답을 했는지, 어디에 가치를 두고 있는지, 왜 그런 선택을 했는지 깊이 파고들어야 한다. 이것이 당신의 마케팅 게이미피케이션을 성공으로 이끄는 기본적인 요소다.

'이유'를 묻는 질문에 대한 답이 서로 모순될 때는 일관된 패턴을 발견할 때까지 더 많은 고객을 상대로 질문을 계속해야 한다. 패턴이 바로 드러나지 않는다고 답변 패턴을 유도해서는 안 된다. 아무리 질문해도 일관성을 발견하지 못할 수도 있다. 그럴 때는 집단 분류가 잘못되었을 수도 있으니 2단계부터 다시 시작해보라.

선더짐의 경우 '주말의 전사'에 초점을 맞춰 몇 사람을 면담해보고 당신이 발견한 사실은 그들 대부분이 주중에는 열심히 일하고 주말을 이용해 휴식을 취하는 바쁜 전문가들이었다. 그들은 라이프스타일의 균형을 맞추기 위해 체육관을 이용했다. 이것이 그들의 '이유'이다. 건강한 몸을 유지하고 정신없이 바쁜 주중의 생활을 보상받기 위해 선더짐을 이용한다는 것이다.

페르소나 다듬기

||||||||||||||||||||||||||||||||||||||

집단 분류를 끝내고 각 집단의 '이유'를 이해하기 위한 몇 차례의 면담까지 마쳤으면 이제 집단별로 일부 고객을 대상으로 소셜 프로 필을 깊이 들여다보기 바란다. 10~20명의 고객을 선정해, 기술과 소셜미디어 이용에 특정한 경향성이 있는지, 그들 사이에 공통의 관심사가 있는지, 당신이 어떤 중요한 연관 요소를 놓치지 않았는지 등을 알아보는 것이다. 이렇게 하면 페르소나에 대한 이해도와 복잡성이 한 차원 높아진다.

각 페르소나에 이런 깊이와 풍부함을 더하는 것이 중요하기는 하지만 너무 깊이 들어갈 필요는 없다. 몇 개의 페르소나가 필요할지는 회사와 업종마다 다르므로 추천하기 어려우니 조사를 기반으로 한 당신의 판단을 따라야 한다. 페르소나를 더해도 더는 가치가 늘어나지 않거나, 당신이 가진 마케팅 자원으로는 감당하기 어려울 정도가 되면 그 선에서 집단의 분류를 멈추도록 한다.

집단이나 페르소나의 적절한 수를 결정하는 핵심은 균형이다. '어떻게'와 '이유'를 묻는 질문의 주제가 중복되기 시작하거나, 조사를 해도 더는 유용하거나 새로운 사실을 밝혀낼 수 없다면 거기서 멈추는 것이 좋다.

선더짐의 경우 당신은 '노익장' 페르소나 집단을 두 개의 하위집단으로 분류했다. 한 그룹은 풀 주위에서 하이드로 필라테스를 하고 다른 그룹은 마루에서 댄스 에어로빅을 하기 때문이었다. 처음에 당신은 각 그룹이 이용하는 장소 때문에 양쪽의 욕구가 서로 다르리라고 생각했다. 하지만 더 많은 조사와 '이유'를 묻는 질문을 통해 당신은 그들의 욕구나 가치, 선택이 하나로 귀결된다는 사실을 알아냈다. 바로 노후에도 건강한 몸과 기동성을 유지하기 위함이었다. 그래서 당신은 처음에 생각했던 대로 장소를 기반으로 한 선택지를 늘리기보다는 이런 건강 욕구를 충족시킬 선택지를 늘리는 편이 더 낫다는 결론에 도달했다.

페르소나를 만들 때 마지막으로 고려해야 할 점은 '네거티브 페르소나'를 만들 것인가이다. 네거티브 페르소나는 거래하고 싶지 않거나 표적으로 삼고 싶지 않은 유형의 고객을 하나의 집단으로 분류한 것이다. 과거에 어쩌다 당신 회사를 알게 된 이런 나쁜 고객은(예컨대 대금 지급을 늦게 하는 고객이나 불필요한 불평을 하는 고객 등은 직원이나 다른 고객을 무례하게 대할 때가 많다.) 하나의 집단으로 분류할 수 있는 특성을 공유하고 있을 수도 있다.

네거티브 페르소나를 만들어 이들에 대한 이해도를 높이면 앞으로 이런 유형의 고객을 표적으로 삼지 않는 조치를 취할 수도 있고 당신이 얻은 통찰을 기반으로 커뮤니케이션을 잘해 이들을 더 나은 고객으로 만들 수도 있다. 또 이전의 단계에서 애를 먹고 있다면 네거티브 페르소나에서 얻은 시각으로 역설계 기법을 적용해 표적 고객을 발견할 수도 있다. 이런 방법은 당신 회사가 기존의 고객 기반이 없는 신설 회사일 경우 특히 유용하다.

슈퍼마켓은 고객 페르소나를 만들고 다듬는 데 많은 시간을 할애하기로 유명하다. 이들은 고객우대 카드나 온라인 쇼핑 기록을 통해 모은 데이터로 엄청난 양의 고객 쇼핑 데이터베이스를 축적한다. 그런 다음 우리가 위에서 말한 대로 이 데이터를 이용해 패턴을 찾아, 고객이 자신만의 방식으로 행동하는 이유를 중심으로 페르소나를 만든다. 이렇게 만든 데이터를 이용해 이들은 어떤 점포에 무슨 상품을 비치할지, 언제 고객이 몰릴 것에 대비해 직원을 더 배치할지, 어디에 새 점포를 개설할지를 판단한다.

게이머 스펙트럼 적용하기

지금까지의 과정이 순조롭게 진행되었다면 이제 당신 손에는 마케팅 계획이나 캠페인, 커뮤니케이션 등에 이용할 수 있는 마케팅 페르소나 목록이 쥐여 있을 것이다. 이런 지식과 그 과정에 사용된 도구는 고객을 잘 이해하고 고객과 대화하는 데 도움이 된다.

이제 여기에다 게이미피케이션 측면을 더해 보자.

첫째, 고객이 게임과 얼마나 친숙한지 알아야 한다. 고객은 게임을 하는가? 여기에는 컴퓨터 게임이나 전통적인 게임, 스포츠가 모두 포함된다. 고객은 자신을 '게이머'라고 생각하는가? 고객은 당신 업계나 다른 업계에서 게이미피케이션에 노출된 적이 있는가?

이런 정보는 알아내기 어렵기 때문에 우리는 페르소나를 만드는 5단계에서 고객과 면담할 때 이런 질문을 하기를 권한다. 하지만 질문이 한쪽으로 치우쳐져 있다면 긍정적이든 부정적이든 잘못된 결론에 이를 수도 있다. 예컨대 상대방이 하지 않는 플레이스테이션이나 엑스박스 게임을 기반으로 한 질문을 하고는, 실제로는 이런 것을 전통적인 의미의 게임으로 보지 않는 열성적인 모바일 게이머 집단을 비게이머 집단으로 치부해버리는 것이다.

소셜미디어를 더 깊이 살펴보는 것도 도움이 된다. 당신의 페르소나가 스포츠에 관심이 있는지, 플레이스테이션이나 엑스박스, 닌텐도 등과 같은 브랜드를 팔로우하는지, 〈캔디크러쉬〉 같은 소셜 게임 앱을 열성적으로 하는지 등을 알 수 있기 때문이다.

이 단계를 제대로 하지 못했다고 전체가 잘못되지는 않는다. 하지만 이 단계를 잘 수행하면 당신이 만든 게이미피케이션 경험에 고객이 처음 노출되었을 때 도움의 손길이 얼마나 필요할지 아는 데 도움이 된다.

둘째, 사람은 '게이머'와 '비게이머'로 정확하게 구분되지 않는다는 사실을 염두에 두어야 한다. 대부분의 사람은 게이머와 비게이머 사이의 어느 중간 지점에 있다. 그러므로 다른 페르소나와 비교했을 때 해당 페르소나가 스펙트럼 안에서 차지하는 상대적인 위치가 어디인지 알려고 해야 한다. 선더짐을 예로 들면 '주말의 전사'나 '노익장' 모두 게이머는 아니지만, '주말의 전사'가 '노익장'보다 훨씬 기술에 능숙할 뿐만 아니라 스포츠와 게임 문화에도 관심이 많다. 이 말은 당신이 게이미피케이션 솔루션을 내놓았을 때 이들이 훨씬 손이 덜 갈 것이라는 뜻이다.

하지만 전체적인 모습을 한눈에 볼 수 있는 기본 스펙트럼을 만들기 위해, 게이머와 비게이머를 구분할 수 있는 정형화된 이미지를 살펴보기로 하자.

게이머의 성향과 행동

- 게이머는 게임 및 게임과 유사한 시스템에 대한 사전 지식 때문에 비게이머보다 게이미피케이션에 비판적이다. 이런 이유로 문제 영역을 발견하면 게이미피케이션 솔루션을 버릴 가능성이 더 크다.

- 게이머는 비게이머만큼 게이미피케이션 시스템에 대한 안내가 필요 없다. 반사적으로 게임 메카닉스를 인지하고 이용할 것이다.

- 게이머는 게이미피케이션 시스템에 변화가 생기거나 문제가 발생하면 목소리를 더 높이는 경향이 있다. 이들은 공개적으로 불만을 표출하고 쉽게 게이미피케이션 솔루션을 버린다.

- 게이머는 자신이 사용하는 제품이나 게이미피케이션 시스템이 자신이나 자신의 공동체에 가치를 준다고 생각하면 비게이머보다 충성 고객으로 남을 가능성이 크다.

비게이머의 성향과 행동

- 비게이머는 가벼운 게임 경험에 게이머보다 더 행복해하는 경향이 있다. 그래서 당신의 게이미피케이션 시스템에서 게이머보다 더 큰 즐거움을 느낄 수도 있다.

- 비게이머는 칭찬이나 불만의 목소리를 게이머만큼 크게 내지 않는다. 게이머만큼 관심이 많지 않기 때문이다. 하지만 목소리 큰 소수 또는 다수의 영향을 받을 가능성이 게이머보다 더 크다.

- 비게이머를 장기적 충성 고객으로 유지하려면 주기적으로 이들을 유혹할 가치를 제공해야 할 수도 있다. 하지만 일단 충성고객이 되면 눈에 띄는 안전지대에 있기 때문에 떠날 가능성이 작다. 이것을 '안전 효과'라고 한다.

당신의 고객은 어떤 유형의 플레이어인가?

마지막으로 어떤 동기유발 요인이 당신의 고객 페르소나를 움직이는지 알아야 한다. (게이미피케이션 수행을 위해서도 중요한 내용이다.) 당신이 생각하기에, 각 집단별 페르소나가 목표에 도달하도록 이끄는 최소한 하나의 주요 동기유발 요인을 찾아야 한다.

이런 동기유발 요인은 플레이어의 실제 생활에서의 행동 방식에 영향을 미칠 뿐만 아니라, 당신이 만든 게임에서의 행동 방식과 게임을 계속할 유인에도 영향을 미칠 것이다.

아래 제시한 플레이어 유형은 리처드 바틀Richard Bartle과 안제이 마르체프스키Andrzej Marczewski가 만들고 확장한 모델이다.[1] 이들 유형은 2부에서 설명한 동기유발 레버와 연관된 플레이어 행동을 기술한 것이다. 유형을 모두 읽어본 후 각 페르소나에 적어도 하나 이상의 유형을 할당하도록 하라.

- **성취가**Achievers – '숙련' 동기유발 레버와 연관이 있다. 성취가는 새로운 것을 배우고 자기 계발을 하고 싶어 한다. 무엇보다

도 명시적이나 묵시적 피드백 메커니즘을 통해 자신이 발전하고 있다는 사실을 알고 싶어 한다는 점이 중요하다. 성취가는 본질적으로 경쟁적이지만, 다른 사람을 꺾기보다 자신과 게임을 꺾는 데 더 초점을 맞춘다. 효과적인 게임 메카닉스로는 보스, 퀘스트, 도전 과제, 성취 등이 있다. 하지만 이것을 성취하기 어렵게 만들어야 한다. 그렇지 않으면 성취가에게는 이것이 의미가 없다.

- **자유로운 영혼**Free Spirits - '자율성' 동기유발 레버와 연관이 있다. 자유로운 영혼은 게임 속에서 무언가를 창조하거나 탐험하고 싶어 한다. 이런 것에는 새로운 비밀을 발견하거나 다른 플레이어를 위해 새로운 콘텐츠를 만드는 것까지도 포함된다. 이런 모든 것은 자신이 하는 게임 유형에 달려 있다. 이 유형의 플레이어는 본질적으로 창의적이고 탐구적이며 불필요한 제한을 싫어한다. 효과적인 게임 메카닉스는 자신의 경험을 커스터마이징할 수 있게 허용하는 것과 게임과 상호작용하는 방법을 결정할 수 있도록 하는 것이다.

- **사교가**Socializers - '소속감' 동기유발 레버와 연관이 있다. 사교가는 게임을 하며 다른 사람과 교류하고 사회적 관계를 맺고 싶어 한다. 이들은 게임 자체를 즐기기보다는 게임의 연결성이나 게임을 중심으로 한 공동체에 관심이 더 많다. 사교가는 보통 게임이나 회사의 가장 목소리 큰 팬 또는 비판자로, 자신이 주류를 이루는 소셜미디어 같은 매체를 통해 신규 플레이어를 영입하는 데 결정적인 역할을 하기도 한다. 효과적인 게

임 메카닉스는 게임 내에서 플레이어를 이어주는 의사소통 경로, 플레이어가 팀을 이루어 집단을 형성할 수 있도록 허용하는 것, 콘텐츠에 투표하거나 콘텐츠 순위를 매길 수 있게 허용하는 것 등이다.

- **박애주의자**Philanthropists – '목적' 동기유발 레버와 연관이 있다. 박애주의자는 이타적인 사람으로, 아무런 보상도 기대하지 않고 다른 사람에게 베풀고 싶어 하고 어떤 식으로든 다른 사람의 삶을 풍요롭게 해주고 싶어 한다. 게임에서는 신규 플레이어의 멘토 역할을 할 때가 많고 게임 내의 공동체를 만들 때도 꼭 필요한 존재다. 박애주의자가 제대로 활동하려면 소속감 기반의 게임 메카닉스(채팅 기능, 팀 등)가 필요하지만, 그보다 더 필요한 것은 이야기다. 이들은 자신이 게임과 게임 캐릭터, 게임의 목적에 몰입감을 느껴야 다른 사람에게 헌신하고 싶은 마음이 생기기 때문이다. 이들의 참여를 유도하기 위해서는 게임의 논리와 이들의 '이유'를 일치시켜야 한다.

- **플레이어**Players – '존중' 동기유발 레버와 연관이 있다. 플레이어는 시스템으로부터 보상을 받는 데 필요한 것이라면 무엇이든 한다. 성취가와 마찬가지로 이들도 본질적으로 경쟁적이지만, 자신을 남들과 비교하는 데 더 초점을 맞추는 경향이 있다. 다른 사람과 비교해 자신의 점수를 최대화하도록 유도하는 포인트와 리더보드 같은 게임 메카닉스를 이용하면 플레이어의 동기를 유발할 수 있다. 플레이어는 서로 엎치락뒤치락 경쟁하며 선순환을 이룰 수 있다. 이들의 행동이 당신 회사에

유익한 한 이런 현상은 좋은 것이다.

- **파괴자**Disruptors – 파괴자는 '안전' 동기유발 레버를 구체적으로 보여주는 흥미로운 집단이다. 이들은 게임의 변화(긍정적 혹은 부정적)를 모색한다. 그래서 직간접적으로 자신이 할 수 있는 한 자신의 욕구에 맞게 당신의 게이미피케이션 시스템을 바꾸려고 한다. 파괴자는 발견하기 힘들지만, 아마도 당신이 발견한 네거티브 페르소나의 다수를 차지할 것이다. 파괴자와 상호작용하는 가장 좋은 방법은 직접적인 방법이다. 자신의 욕구를 당신 회사에 직접 표현할 수 있는 배출구를 만들어주고 이들이 자신을 변화 관리자로 느끼게 유도하라. 하지만 이들을 대하는 당신의 이런 방식이 거짓으로 느껴지면 이들은 강력한 비판자가 되니 조심해야 한다.

위에서 말한 여러 유형의 특성을 동시에 보여, 하나의 유형이나 페르소나로 분류하기 어려운 고객도 많다는 점을 알아야 한다. 이와 관련해 존 래도프Jon Radoff는 다음과 같이 말했다. "당신의 플레이어는 당신이 만든 게이미피케이션 경험을 거치며 진화할 것이고 경험이 쌓이면서 욕구도 바뀔 것이다."[2] 모든 플레이어 유형에 맞는 게이미피케이션 경험을 만드는 것이 중요하지만, 고객에게 가장 큰 반향을 불러일으키는 동기유발 레버를 우선시해야 한다.

앞서 살펴본 내용이 유용하다 해도 이론적인 틀에 지나지 않는다는 사실을 잊으면 안 된다. 이 틀이 당신 상황에 들어맞지 않더라도 의기소침해할 필요는 없다는 뜻이다. 이럴 때는 상식을 이용해 각 고객 집단의 그럴듯한 동기유발 레버를 찾아낸 뒤 거기서부터 시작하면 된다.

선더짐의 경우 당신은 고객의 대다수가 확실하게 '성취가' 플레이어 유형에 속한다는 사실을 알아냈다. 체육관이라는 특성을 생각하면 놀랄 일은 아니다. 또한 당신은 상당한 비율의 고객이 '사교가' 플레이어 유형에도 속한다는 사실도 알아냈다. 따라서 당신은 게이미피케이션 솔루션의 초점을, 숙련 및 소속감 동기유발 레버와 보스나 퀘스트 등 관련 게임 메카닉스에 맞춰야 한다. 이렇게 하면 경쟁 우위를 점할 수 있다. 경쟁업체는 고객의 존중 동기유발 레버에 초점을 맞추고 있기 때문이다.

Summary

효과적인 마케팅 게이미피케이션 솔루션을 구축하려면 고객이 누구인지 아는 것이 중요하다. 이것을 잘못하면 고객을 게이미피케이션 솔루션에 끌어들일 수 없고 따라서 프로젝트는 실패한다. 이 장에서는 고객 페르소나를 만드는 실행 가능한 여러 단계와 어떤 게임 메카닉스에 초점을 맞추어야 할지 알기 위해 페르소나를 이용하는 방법을 설명했다.

— 데이터베이스를 뒤져 고객 데이터를 발굴하라.

— 이 데이터를 이용해 고객을 분류하라. 1차 분류 기준은 고객이 '어떻게' 행동
하는가이고 2차 기준은 고객이 '누구'인가이다.

— 페르소나에 이름을 붙인 뒤 이 이름이 팀원들에게 공감을 불러일으키는지 확
인하라.

— 각 페르소나에 해당하는 고객을 면담해 그들이 현재의 방식으로 행동하는 이
유를 알아보라.

— 각 페르소나가 게이머 스펙트럼에서 차지하는 위치와 그들의 핵심 동기유발
요인을 알아보라.

— 당신의 이런 가정을 바틀/마르체프스키의 플레이어 유형과 비교해보라.

15장

····

해결해야 할 문제를
제대로 파악했는가?

당신은 게이미피케이션을 활용해 해결하려는 구체적 문제를 이미 염두에 두고 있을지도 모른다. 그렇다고 하더라도 이 장을 건너뛰지 말기 바란다. 해결할 문제를 제대로 선정했는지 여부가 마케팅 게이미피케이션 솔루션 구현의 성패를 가르기 때문이다.

이 장에서는 적절한 비즈니스 문제나 마케팅 문제를 구체화하는 방법을 설명하고 무엇의 해결에 초점을 맞춰 게이미피케이션을 구현할지에 대해 자세히 알아본다. 그런 다음 목표 및 측정 기준 설정 방법과 이 모든 것을 아우르는 사업 타당성 검토 보고서 작성 방법을 살펴보겠다.

이해관계자는 누구인가?

게이미피케이션 솔루션이 영향을 미칠 가능성이 있는 관련 비즈니스 이해관계자를 열거해보라. 지금까지 앞선 여러 장에서 요구한 내용을 모두 수행했다면 이 작업은 이미 끝났을 수도 있는데 적어도 다음의 사람은 이해관계자에 포함되어야 한다.

- **비즈니스 책임자** – 일반적으로 오너 또는 고위 경영진 중 관련 임원을 말한다.
- **마케팅팀** – 마케팅 최고 책임자다. 당신일 수도 있다.
- **표적 플레이어** – 고객일 수도 있고 직원일 수도 있다. 게이미피케이션 솔루션은 어느 쪽이든 영향을 미치기 때문이다. 하지만 앞으로 이 집단을 그냥 플레이어(이해관계자) 집단이라고 부르겠다. 이 집단은 앞장에서 당신이 선정한 페르소나 집단이다.

이상의 세 그룹이 앞으로 우리가 살펴볼 가장 중요한 이해관계자 집단이다. 이들은 목표 및 목표와 관련된 문제나 방해물을 찾을 때 가장 유의미한 집단이다. 하지만 여기서 멈출 필요는 없다. 당신의 비즈니스를 떠올린 다음 이해관계자에 들어갈 사람을 생각해보라. 가능성 있는 후보로는 고객서비스팀, 규제 기관, 영업팀, IT팀, 운영 요원, 협력 업체, 마케팅 대행사, 디자인 대행사 등이 있다.

다음 단계로 넘어가기 전에 잊지 말고 비즈니스 이해관계자와 마케팅 이해관계자 명단을 자세히 적어놓아라. 이들에게는 게이미피케이션 진도를 알려줘야 한다. 또 적절한 선에서 계획을 수립하는 과정에도 참여시켜야 한다.

선더짐의 경우 비즈니스 이해관계자는 체육관 오너와 총괄 지배인이다. 체육관에서 유일한 마케터인 당신은 마케팅 이해관계자다. 체육관의 플레이어 이해관계자는 당신이 초점을 맞춘 페르소나를 대표하는 다음 세 집단이다. 주말에 운동하는 사람들(주말의 전사), 젊고 활기 넘치는 전문가들(25~40세 사이의 남녀)(운동 마니아), 노년까지 날씬하고 활동적이며 건강한 몸을 유지하고 싶어 하는 나이 든 사람들(노익장)이다.

비즈니스 목표는 무엇인가?

회사의 최상층부부터 시작해 전반적인 목표가 무엇인지 확인해야 한다. 오너나 고위 경영진을 이 집단의 주요 이해관계자로 선정하라. 비즈니스 목표와 이들의 목표는 일치하고 이들의 목표가 비즈니스 목표를 이끌기 때문이다.

이들의 목표는 회사의 전반적인 전략 문서를 보면 찾을 수 있지만 비즈니스 이해관계자를 직접 만나보기도 할 것을 권한다. 그러면 이들의 목표를 명확히 확인할 수 있고 그보다 더 중요한 것은 목표의 우선순위를 알 수 있기 때문이다. 초기 단계에서는 고위층의 지지를 얻는 것이 매우 중요하다. 그러니 충분한 시간을 들여 이들과 접촉해 그들이 어디에 가치를 두는지 파악하라. 그러면 앞으로의 일이 쉬워진다.

비즈니스 목표는 재무적 지표나 재무 목표와 밀접하게 연계되어 있다. 대부분의 영리적 비즈니스의 목표는 대개 매출과 비용 그리고 궁극적으로는 이윤과 연결된다.

이 단계에서 당신이 이미 찾아낸 다른 이해관계자 집단을 만나 그들의 목표도 확인하라(비즈니스 이해관계자 외 마케팅 이해관계자나 고객 이해관계자 집단 등). 이 단계에서는 목표를 그냥 받아적기만 하지 아직 묶거나 연결할 필요는 없다. 아마 이들로부터 같은 소리를 많이 들을 것이다. 당신 회사의 비즈니스 목표가 이들의 목표와 일치한다는 뜻이니 걱정할 필요는 없다.

이들의 모든 목표가 당신의 통제하에 있는 것이 아니란 사실을 기억하라. 심지어 당신의 영향력 범위 안에 들어가지 않는 목표도 있을 것이다. 하지만 각 이해관계자가 무엇에 가치를 두는지 알아두는 것은 중요한 일이다. 그것을 기반으로 당신의 솔루션을 평가할 것이기 때문이다.

끝으로 당신이 알아낸 모든 목표에 측정 지표를 만들고 그 지표의 목표치를 설정하라. 예를 들어 어떤 회사의 오너가 자신의 목표는 매출액을 유지하기 위해 서비스 구독 포기자를 줄이는 것이라고 한다고 하자. 이런 경우에는 사업 연도마다 현재 고객의 재구독률을 90%로 유지하고 사업 전반에 걸쳐 구독료를 5% 인상하는 목표를 제시할 수 있다. 구체적인 측정 지표와 이 지표를 활용하는 방법은 18장을 참고하기 바란다.

선더짐의 경우 당신이 오너와 총괄 지배인을 만나 들은 이야기와 사업 계획서를 보고 확인한 내용을 종합한 결과 다음과 같은 목표를 확인했다.

- 해마다 전년 대비 매출액 8% 증가시키기
- 해마다 전년 대비 신규 회원 15% 늘리기
- 체육관의 연간 평균 재등록률을 80%로 올리기
- 체육관의 수업당 평균 참가 인원 수를 20명으로 늘리기

당신은 2주마다 이들과 게이미피케이션 프로젝트를 논의하기로 하고 회의 일정도 잡았다. 또 프로젝트가 끝나면 이들의 승인을 받기 위해 게이미피케이션 계획을 설명하고 논의하는 더 큰 규모의 회의도 하기로 했다. 이렇게 하면 모든 당사자가 프로젝트의 진행 경과를 알 수 있다. 지속적인 커뮤니케이션을 통해 최신 정보를 알려주면 이들의 불안감은 줄어들고 당신은 계속해서 다양한 이해관계자 집단의 지원을 받을 것이다.

마케팅 목표는 무엇인가?

다음은 마케팅 전략이다. 마케팅 전략이 없다면 언제든 우리에게 연락하라. 우리가 도움을 줄 수 있다. 마케팅 전략은 비즈니스 목표에 반영되어야 하고 마케팅이 영향을 미칠 수 있는 측정 지표나 활동에 초점을 맞춰야 한다.

당신이 규모가 큰 마케팅 사업부의 일원이라면 이 단계에서 프로젝트에 개입할 만한 사람을 찾아보아야 한다. 또 당신을 이끌어주고 필요하면 당신을 대신해 경영진과 이야기할 수 있는 고위 마케팅 관계자도 찾아보는 것이 좋다.

비즈니스 이해관계자와 마찬가지로 이들도 초기부터 참여시켜야 한다. 그리고 정기적인 커뮤니케이션을 통해 이들을 당신의 솔루션에 끌어들여 지지를 확보하도록 한다. 마케팅 계획 검토가 끝나면 당신이 찾아낸 마케팅 이해관계자를 만나 마케팅 전략에 대해 논의하라. 이 과정에서 그들의 목표가 무엇인지, 목표의 우선순위는 어떻게 되는지 파악하도록 한다.

마케팅 목표를 모두 찾아냈으면 그 목표와 앞에서 찾아낸 비즈니스 목표가 어떻게 연결되는지 생각해보라. 어떤 목표가 어디에 반영되어 있는가? 어떻게 반영되어 있는가? 그 이유는 무엇인가? 필요하면 마케팅 목표를 반영한 마케팅 활동을 죽 적어볼 수도 있다. 이렇게 하면 당신이 현재 고객과 어떻게 상호작용하고 있는지 그리고 당신의 행동이 비즈니스에 어떤 영향을 미치는지 알 수 있을 것이다.

이들 목표를 종이 위에 직접 그려, 얼마나 많은 목표가 서로 연결되는지 확인해볼 수도 있다. 마케팅팀의 우선순위를 회사 전체의 우선순위와 비교해 얼마나 일치하는지도 확인해보라. 일치하지 않는 경우가 너무 많아 놀랄지도 모른다.

선더짐의 경우 당신이 유일한 마케터이므로 여기서는 당신의 마케팅 계획에 의존해야 한다. 당신의 주요 활동은 소셜미디어(팬과

'좋아요'와 댓글의 숫자로 측정)와 주간 뉴스레터(열어보고 클릭하는 비율로 측정)를 매개로 고객과 상호작용하는 것, 체육관의 웹사이트를 최적화하는 것(방문자 수와 전환율로 측정), 검색 엔진과 소셜미디어에 체육관 광고를 올리는 것(클릭률과 투자수익률로 측정)에 초점이 맞춰져 있다.

당신의 모든 활동과 목표는 매출액 증가와 등록률 및 재등록률 향상이라는 비즈니스 목표와 어떤 식으로든 연결되어 있다. 하지만 체육관의 수업 인원수 늘리기와는 전혀 연결되어 있지 않다. 그러므로 전체 매출액을 늘리려면 다음에는 여기에 관심을 기울여야 할 것이다.

고객의 목표와 연결하기

우리의 가장 중요한 이해관계자는 고객 집단이다. 앞장에서 우리는 다양한 고객 집단을 찾고 페르소나를 만들고 이들 집단의 핵심 동기유발 레버가 무엇인지 알아내느라 많은 작업을 했다. 이 일을 하지 않았으면 다시 앞장으로 돌아가 끝마치기 바란다. 계속 진행하기 전에 꼭 알고 있어야 할 것은 각 고객 집단의 '이유'다. '이유'란 각 고객 집단의 목표를 말한다.

이해관계자 집단과 그들의 목표를 모두 확인했으면 다음 단계는 각 이해관계자의 목표를 검토해 서로 어떻게 연결되어 있는지 알아내는 것이다. 목표는 고객에서 시작해 마케터를 거쳐 비즈니스 오너로 흘러가야 한다. 이들 목표를 가능한 한 하나로 연결하라. 목표가 여러 개면 같은 목표가 여러 번 연결될 수도 있다.

선더짐의 경우 고객의 주요 목표는 살을 빼고 건강해지는 것이다. 일부 고객은 새로운 기술을 배우고 친구를 사귄다는 또 다른 목표도 있다. 만약 '살 빼기'라는 고객의 목표에 초점을 맞춘다면 어떤 마케팅 목표와 비즈니스 목표를 여기에 연결할 수 있을까? 쉽지는 않겠지만, 매출액 증가와 재등록률 향상이라는 비즈니스 목표와는 연결할 수 있을 것이다.

하지만 '살 빼기'라는 고객의 목표와 연결되는 마케팅 목표가 있는가? 이 예에서와 같이 목표가 서로 연결되지 않는 곳이 있는지 혹은 성과를 더 올릴 수 있는 목표가 있는지를 확인해야 한다. 이런 누락된 목표나 성과가 저조한 목표가 게이미피케이션 솔루션을 적용할 때 노력을 집중해야 할 곳이다. 고객 차원의 문제와 목표에 집중하면 할수록 더 좋다. 선더짐의 경우 고객의 살 빼기에 도움이 되는 마케팅 게이미피케이션 솔루션을 개발하면 바로 체육관의 비즈니스 목표에 영향을 미칠 것이다.

당신의 비즈니스에서도 게임의 목표가 될 주요 목표 1~2개를 선정해야 한다. 선정 기준은 고객의 목표 달성에 도움이 되느냐이다. 하지만 마케팅 목표 및 비즈니스 목표와도 직접적으로 연결되어야 한다. 그래야 사업 타당성 검토 보고서를 승인받을 수 있다.

게이미피케이션은 충성도 및 참여도 향상과 연계된 장기 목표를 달성하는 데 가장 효과적이라는 사실에 주목할 필요가 있다. 물론 매출액 증가와 같은 단기 목표에도 긍정적인 영향을 미칠 수 있지만 단기 문제 해결에만 초점을 맞추면 게이미피케이션 솔루션이 실패할 수 있다는 사실을 알아야 한다.

게이미피케이션에서 가장 중요한 것은 **균형**과 **진실**이다. 고객의 목표와 비즈니스 및 마케팅 목표 사이에서 균형을 맞춰야 한다. 그리고 고객의 신뢰를 얻고 싶다면 고객을 대할 때 진실해야 한다.

〈 **Summary** 〉

비즈니스 문제를 해결하려면 가장 먼저 해야 할 일은 비즈니스 내에 있는 다양한 이해관계자 집단을 파악하는 것이다. 그다음 각 이해관계자 집단의 목표가 무엇인지 확인하고 이 목표를 당신 회사의 목표 및 측정 지표와 연결하라. 그러면 각 집단의 성공 및 실패 조건이 눈에 보이기 시작한다.

비즈니스 목표를 알면 거기에 맞춰 마케팅 전략 목표를 세워라. 두 목표가 어떻게 연결되어 있는지, 두 목표가 서로를 어떻게 반영하고 있는지 생각해보라. 도표를 그리면 연결성을 찾는 데 도움이 될 것이다.

끝으로 이들 목표를 고객의 목표와 연결하라. 당신은 비즈니스 목표와 고객 목표가 일치하는, 균형 잡힌 교차 지점을 찾고 있다. 이 교차 지점이 당신이 해결하려는 문제를 결정하는 바로 그 지점이다.

— 스프레드시트 위에 당신이 발견한 내·외부의 모든 이해관계자 집단을 적어 넣어라.

— 각 집단의 문제와 목표를 적어 넣어라. 그런 다음 각각의 내용을 교차 참조해 유사한 것이 있는지 확인하라. 이것이 각 목표를 서로 연결하는 출발점이다.

— 각 목표를 연결하고 도표 작성까지 마치면 전체 팀원이 참고할 문제와 목표를 기록하라. 이 기록을 주기적으로 들여다보고 마케팅 게이미피케이션이 궤도를 이탈하지 않고 올바른 방향으로 가고 있는지 확인하라.

16장
. . . .

이제 당신만의 이상적인
게이미피케이션 탑을 쌓아보라

지금쯤이면 당신은 당신이 제공하고 싶은 것이 무엇인지, 당신이 제공할 수 있는 것이 무엇인지, 어떤 문제를 해결하려고 하는지, 플레이어는 어떤 유형의 페르소나로 구성되어 있는지를 찾거나 분석했을 것이다. 다음 단계는 마케팅 게이미피케이션 솔루션을 구성할 여러 층을 검토·구축한 뒤 시제품을 만들어 시험하는 것이다.

이 게이미피케이션 틀을 시각적·개념적으로 보여주기 위해 비유적으로 탑을 선택했다. 탑을 게임과 관련해 상상해보고 싶다면 〈캐슬바니아Castlevania〉의 드라큘라 성을 떠올려보라. 그보다 더 전통적인 것으로는 『그림 동화집』에 나오는 여러 탑이나 J.R.R. 톨킨Tolkien의 『반지의 제왕』 시리즈에 나오는 사우론의 탑이 있다. 게임

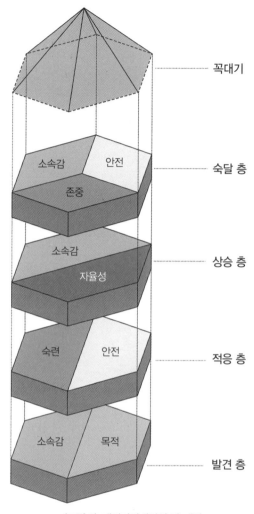

이 꼭대기

숙달 층

소속감 · 안전 · 존중

상승 층

소속감 · 자율성

적응 층

숙련 · 안전

발견 층

소속감 · 목적

〈그림 6〉 게이미피케이션 탑 예시

이나 책에 나오는 이런 '탑'은 여러 층으로 나뉘어, 주인공(영웅)은 갈수록 어려워지는 난관을 극복하면서 한 층 한 층 올라 마침내 꼭대기에 있는 마지막 도전 과제를 해결하고 세상을 구한다. 당신의 고객(혹은 플레이어)도 이와 마찬가지로 자신의 목표를 달성하기 위해 당신이 만든 게이미피케이션 '탑'을 오를 것이다.

탑은 네 개의 층으로 나뉘어 있다. 각 층에 이름을 붙인 명명 규칙은 널리 알려진 모델을 참고하였다. 그중 둘만 예로 들면 '고객 여정 경험(혹은 사이클)'과 조지프 캠벨의 '영웅의 여정'[1]이다.

네 개의 층은 다음과 같다.

1) 발견 층Discovery floor

플레이어가 처음으로 당신의 게이미피케이션 솔루션을 인식하거나 접하는 곳이다. 플레이어는 아직 게임에 참여하지 않았다. 이곳은 본질적으로 여정 초기의 핵심 마케팅 국면이다. 플레이어는 이곳에서 당신의 경험에 참여할지 말지 결정하므로 중요한 단계 중 하나라고 할 수 있다. 첫인상을 줄 기회는 한 번뿐이다.

2) 적응 층Onboarding floor

플레이어가 당신의 게이미피케이션 솔루션에 참여하는 곳이다. 여기서 당신은 플레이어의 관심을 끌어 그들을 경험에 묶어두어야 한다. 게임 측면에서 보자면 튜토리얼 레벨*로 볼 수 있다. 즉 처음으로 당신이 만든 경험에 특유한 지식이나 기술과 당신이 적용한 메카닉스 등 게임의 여러 측면을 소개하는 곳이다.

---

*   필요한 사용 지침 등 정보를 알려주는 단계를 뜻한다.

3) 상승 층 Scaffolding floor

앞의 층이 확장된 층이다. 이곳에서 당신은 플레이어의 관심과 참여를 강화하고 이 단계까지 오기 위해 플레이어가 한 선택을 합리화해줘야 한다. 게임 용어로 말하면 퀘스트 단계[**]라고 할 수 있다. 즉, 플레이어가 튜토리얼에서 얻은 정보를, 점점 어려워지는 도전 과제에 실제로 적용하는 곳이다.

4) 숙달 층 Adept floor

게이미피케이션 경험의 '마지막 단계'다. 이 단계의 이름으로 '정복 층' 또는 '최종 단계'를 떠올릴 수도 있다. 하지만 우리나 당신이나 플레이어나 '게임'이 끝나기를 바라지는 않을 것이다. 그래서 숙달 층이라고 이름 붙였다. 이 이름은 당신의 경험에 숙달된, 그래서 능숙하고 자신 있게 게임을 계속 해나갈 수 있는 플레이어를 지칭한다.

탑의 마지막 층은 윌리 웡카 Willy Wonka의 유리 엘리베이터와 같이 만들어, 플레이어의 여정이 끝나지 않고 계속되었으면 하는 것이 우리의 바람이다.

　우리는 탑의 층을 하나하나 설명하는 과정에, 층마다 2부에서 배운 동기유발 레버와 메카닉스 중 해당 층에 적합한 것을 최소한 2개 이상 추천한다. 우리가 추천하는 동기유발 레버와 메카닉스는 해당 층뿐만 아니라 어느 층에나 적용할 수 있다. 게이미피케이션

[**] 과제 수행 단계를 뜻한다.

탑 쌓기에 '숙달'되고 경험이 쌓일수록 자신이 적합하다고 보는 대로 이리저리 짜 맞추는 데 자신감이 생길 것이다.

우리는 플레이어 여정의 각 층을 전체적인 맥락에서 효과적으로 볼 수 있게 선더짐의 '제니퍼'라는 플레이어 캐릭터를 이용하겠다. 제니퍼의 시각에서 각 층이 무엇을 하는지, 각 층이 어떻게 작동하는지, 각 층에서 무엇을 할 수 있는지를 찾고 분석할 것이다. 게임이나 소설 속에 나오는 탑과 마찬가지로 제니퍼도 마지막 층 꼭대기에서 달성하고 싶은 목표가 있다. 쿵후 같은 새로운 기술을 익혀 날씬하고 건강한 몸을 유지하는 것이다.

우리가 여기서 디자인할 게이미피케이션 솔루션을 위해 참고로 말하자면 제니퍼의 페르소나는 14장에서 살펴본 '운동 마니아'와 '주말의 전사' 사이의 어디쯤엔가에 해당한다. 선더짐에 매일 출근하다시피 하는 제니퍼는 날씬하고 건강한 몸을 유지하고 싶어 하는 젊은 전문가다. 그녀는 주중에는 매일 퇴근 후 짧은 시간 동안 운동하지만, 주말에는 시간이 되면 피트니스 수업에 참여해 조금 더 길게 운동한다. 그렇다면 어떻게 제니퍼의 관심을 끌어 선더짐의 게이미피케이션 피트니스 솔루션을 이용하라고 설득할 수 있을까?

발견 층

발견 층은 플레이어가 게이미피케이션 솔루션을 접하고 알게 되는 층이다. 기존 고객과 신규 고객 모두에게 또 당신 회사의 비즈니스와 게이미피케이션 경험 모두에 해당하는 내용이다.

이것을 이런 식으로 상상해보라. 탑의 정문과 1층은 플레이어가 당신이 무엇을 제공하는지 발견하고 알게 되는 곳이다. 당신은 앞에서 배운 지식을 활용해, 당신이 원하는 플레이어 페르소나의 공감을 불러일으키고 그들을 끌어들일 강력한 표적 메시지를 만들 것이다. 한편으로는 당신이나 새로 참여하는 플레이어에게 별로 도움이 되지 않는 사람들의 의욕은 꺾으려 할 것이다.

여기서 플레이어가 받는 첫인상은 뒤이어 오를 적응 층에 무엇이 있을까 하는 기대감의 토대가 된다. 이 기대감은 플레이어를 흥분시킬 수 있어야 할 뿐만 아니라 충족될 수 있어야 하니, 당신이 제공하지 못할 것을 약속하면 안 된다. 당신이 제공하고 싶은 것이 무엇인지, 당신이 제공할 수 있는 것이 무엇인지, 무엇보다 플레이어가 원하고 기대하는 것이 무엇인지 알아야 한다. 아직도 이 질문에 대한 답에 자신이 없다면 13장, 14장, 15장을 다시 읽어보기 바란다.

그렇다면 플레이어는 어떻게 경험을 발견하고 관계를 맺을까?

'발견'을 주류 마케팅의 일부로 통합하라

새로 만든 게이미피케이션 솔루션을 세상에 알리기 전에 먼저 이것을 기존 마케팅과 플랫폼에 통합시켜야 한다. 새 솔루션은 기존 브랜드에 자연스럽게 맞아 들어가야 한다. 그리고 신규 고객이나 기존 고객 모두 당신 회사와 상호작용할 때 자연스럽게 이 게이미피케이션 솔루션과 접할 수 있어야 한다.

당신이 만든 솔루션을 당신 회사의 브랜드에 통합시킬 수 있는
세 가지 방안을 소개하겠다.

- 점두 노출: 점포와 같은 물리적 공간이 있다면 거기서 어떻게
  게이미피케이션을 홍보할 수 있을지 생각해보라. 계산대에 전
  단을 비치하거나, 진열대에 현수막을 걸거나, 상품에 스티커
  를 붙일 것인가? 웹사이트에서도 마찬가지다. 새 솔루션을 설
  명할 별도의 웹페이지를 만들 것인가? 아니면 홈페이지에 배
  너를 만들거나, 새 솔루션을 알릴 블로그를 생성할 것인가?
- 직원 교육: 위의 내용과 연계된 것으로, 만약 고객과 상호작용
  하는 직원이 있다면 이들을 교육해 새 게이미피케이션 솔루션
  에 관해 알게 해야 한다. 고객에게 언제, 어떻게 새 솔루션에
  관한 말을 꺼내야 할지 직원에게 설명해줄 것인가? 고객에게
  언제 문제가 생기는지 직원에게 자세히 가르쳐줄 것인가?
- 협력사: 당신 회사의 제품이나 서비스를 팔거나 홍보하는 다
  른 회사가 있는가? 만약 있다면 그런 회사도 당신의 게이미피
  케이션을 홍보할 수 있는 방안을 강구해보라. 협력사 웹사이
  트에 배너를 추가하는 것처럼 간단한 방법도 있고 협력사 직
  원을 교육하거나 협력사를 통해 가입하면 인센티브를 제공하
  는 것처럼 통합적인 방법도 있다.

기존 고객과 가망 고객을 공략하라

다음에는 고객과 가망 고객의 데이터베이스를 활용해야 한다. 이들

에게 이메일이나 디엠DM으로 해당 고객의 성향에 맞는 초대장을 보낸다. 이들은 이미 어떤 식으로든 당신 회사 브랜드를 받아들인 사람들이므로 가입할 가능성이 매우 크다.

고객의 욕구에 부합할 수 있도록 메시지를 세분화해야 한다. 선더짐의 '주말의 전사'에게 주중에 있는 수업의 초대장을 보낸다면 아무런 의미가 없다.

하지만 먼저 이 일부터 해서는 안 된다. 만약 발견 층을 위에서 살펴본 다른 마케팅 플랫폼에 아직 통합하지 않았다면 당신의 메시지를 받은 고객은 혼란스러워할 것이다. 예컨대 새로 만든 게이미피케이션 솔루션에 가입하라고 초대하는 이메일을 받은 고객이 웹사이트에 접속해 보니 그에 대한 언급이 아무 데도 없는 경우가 있다(이런 일은 당신이 생각하는 것보다 훨씬 자주 발생한다).

게이미피케이션 솔루션을 적극적으로 홍보하라

게이미피케이션 솔루션 출시를 기존 고객에게 알렸으니, 이제는 일반적인 마케팅 기법을 이용할 때와 마찬가지로 그것을 널리 홍보해 새로운 잠재고객을 유치하는 데 활용하면 된다.

이 책의 목적이 마케팅을 가르치는 것이 아니므로 일반적인 마케팅 기법을 모두 나열하지는 않겠다. 하지만 우리 경험에 의하면 다음 세 가지 기법이 게이미피케이션 홍보에 특히 효과가 있었다.

- 소셜미디어: 게이미피케이션에 관해 이야기할 때 소셜미디어를 이용하면 브랜드가 정말로 두드러져 보일 수 있다. 여기서

핵심은 솔루션의 재미있는 측면을 보여주고 고객이 목표를 달성하려면 이 솔루션을 어떻게 이용하면 되는지를 강조하는 것이다. 여기에는 고객의 실제 이야기와 당신이 달성하려는 것을 강조하는 재미있는 게시물이 들어가야 한다.

- PR/인플루언서: 당신 업계에서 이용되지 않던 수단이라면 당신이 새로운 시도를 하는 셈이므로 신선하고 재미있는 뉴스가 된다(이전에 이용하던 보도 자료나 게스트 블로그 요청 등과 대조적이다). 소셜미디어와 마찬가지로, 고객에게 좋다는 내용에 초점을 맞춰 사람들의 목적 달성에 도움이 된 실제 이야기를 한다.

- 리마케팅: 대부분의 회사가 이용하는 리마케팅 기법은, 고객을 지치게 만들어 클릭과 전환을 유도할 목적으로 고객에게 같은 메시지를 반복해서 보내는 것이다. 그렇게 하기보다는 경쟁사와 차별화하기 위해 리마케팅 기법을 게이미피케이션 솔루션을 홍보하는 용도로 이용해보라.

이런 마케팅 기법과 도구는 아마 당신도 이미 아는 것으로, 당신 회사 마케팅에 이용 중일 것이다. 그런데 게이미피케이션이라고 다를 것이 있을까? 게이미피케이션에는 어떤 장점이 있을까?

게이미피케이션의 주요 도구 중 하나는 어드벤처 훅adventure hook*이다(스토리텔링과 비디오 게임에서 바로 가져왔다). 어드벤처 훅은 플레이어가 알아보고 탐색하고 싶어 하는 최초의 퀘스트나 상황을

---

* 낚싯바늘처럼 플레이어를 모험으로 끌어들이는 도구다.

말한다. 이것은 플레이어의 목적의식과 소속감을 연결하여 그들을 게임에 끌어들이려고 사용하는 도구다.

발견 층의 주목적은 목적 및 소속감 레버와 그에 해당하는 메카닉스를 이용해 위에서 열거한 마케팅 도구에 힘을 실어주는 것이다. 마케팅에 어드벤처 훅을 장착하면 플레이어를 게이미피케이션 솔루션에 끌어들이는 데 성공할 수 있다.

그렇다면 어드벤처 훅은 어떻게 만들 것인가? 목적과 소속감 레버를 조금 더 자세히 들여다보자.

동기유발 레버 - 목적

목적은 당신이 만든 게이미피케이션 경험에서 행위 주체 의식과 의미를 찾을 수 있게 해주는 것이다. 당신은 선더짐의 발견 층에서 제니퍼 같은 플레이어의 흥미와 상상력을 사로잡을 발견 스토리를 만들 수 있고 이 스토리는 게이미피케이션 경험에서 무엇을 기대할 수 있는지 보여줄 수 있을 것이다. 우리의 플레이어 제니퍼의 목적은 '날씬한 몸 유지'이고 이 목표를 달성하기 위해 쿵후라는 새 기술을 익히는데, 제니퍼의 스토리는 그녀와 유사한 목표를 가진 다른 플레이어를 유인하는 데 이용될 수 있다.

목적은 장기적 동기유발 레버이므로 거기에 맞게 이용해야 한다. 제니퍼가 당신의 첫 번째 플레이어라면 경험 자체가 그녀에게 의미를 부여하고 자신의 목표를 실현할 수 있는 기회다. 일단 제니퍼의 발견 스토리를 확보하면 다른 플레이어를 끌어들이는 데 이것을 이용할 수 있다.

사람들은 제니퍼가 오랫동안 체육관에서 보낸 시간 덕분에 갖게 된 탄력 있는 몸매를 보게 된다. 제니퍼의 성공 스토리는 게이미피케이션 경험을 홍보하는 효과적인 수단이다. 일단 사람들이 건강한 몸을 갖게 된 제니퍼의 성공 스토리를 발견하면 제니퍼가 어떻게 그것을 성취할 수 있었는지에 흥미를 느낄 것이다.

목적의 핵심은 플레이어의 외부에 존재하는 그리고 플레이어가 본질적으로 호응할 수 있는 의미를 창출하는 것이다. 그리하여 플레이어에게 그 목적을 달성하겠다는 행위 주체 의식을 불러일으키는 것이다.

메카닉스 – 이야기|narrative

선더짐 입장에서 이야기는, 비즈니스의 핵심 메시지를 플레이어의 눈에 띄게 내놓는 것이다. 플레이어에게 당신은 건강해질 수 있고 오래 살 수 있으며 활기차고 자신감을 가질 수 있다고 말하는 이 핵심 메시지가 당신의[다시 한번 말하지만 당신은 선더짐의 마케팅 관계자다.] 게이미피케이션을 관통하는 줄거리다. 본질적으로 이것이 어드벤처 훅의 핵심이다.

이 메시지는 자연스럽게 이런 목표를 달성하기 위해 체육관에 오는 플레이어의 바람과 일치한다. 제니퍼 입장에서 이야기는, 자신의 목표에 가장 적합한 경로라는 주제다. 당신이 만든 게이미피케이션 솔루션은 빠르고 효과적인, 퇴근 후 일일 운동 계획이라는 명확한 주제를 간략히 보여줄 것이다. 이 계획대로 하면 제니퍼는 육체적으로나 정신적으로 일상의 스트레스에 대처할 수 있게 된다. 아울러 힘도 생겨 쿵후 같은 호신술을 습득하는 더 큰 목적을 향해 나아갈 수도 있다. 이렇게 되면 어드벤처 훅 안에 쿵후를 수련하던 고대 소림사 승려라는 이야기 주제가 있는 셈이다.

이런 모든 이야기 주제를 하나로 엮어 제니퍼의 당면 목표 및 장기 목표와 연결하면 제니퍼의 주의를 사로잡아 게이미피케이션 경험에 끌어들일 수 있고 다음 층의 기반을 다질 수 있다.

서사적 목적과 발견의 사례 연구: 비커닝Beaconing[2]

발견 층과 관련해 서사적 목적과 의미는 정확하게 파악하기 어려울 때가 많다. 무엇을 집어넣어야 사람들의 관심을 끌 수 있을까? 자사의 슬로건이나 미션을 이용하는 회사도 많다. 본질적으로 게이미피케이션 캠페인의 서사적 의미는 회사의 핏속에 이미 흐르고 있어야 한다.

'Horizon 2020 Framework Programme of the European Union'이 공동 출자한 교육 프로젝트, 비커닝을 예로 들어 보자. 비커닝은 웹사이트에서 자신을 이렇게 소개한다. "비커닝은 '상황에 맞고, 보편적이며, 게임을 접목한 학습으로 교육의 장벽을 해소Breaking Educational Barriers with Contextualised, Pervasive and Gameful Learning'한다는 뜻으로, 문제 기반 학습법의 틀 아래 보편적이며 상황에 적합한 게이미피케이션 기술을 이용해 '언제 어디서나' 가능한 학습에 초점을 맞출 것이다."

우리를 흥분시키는 최고의 슬로건이라고 할 수는 없지만, 여기에는 우리의 주의를 끌 만한 적절한 정보가 들어 있다. 이 프로젝트는 게임을 접목한 학습 기법을 이용해 교육 장벽을 허물겠다고 한다. 당신은 아마 바로 흥미를 느끼고 계속 읽을 것이다. 그러다 이 프로젝트가 장애인 공동체를 포함한 여러 공동체를 참여시켜 보다 포용적이고 연결된 학습 방법을 만들어내려 한다는 사실을 알게 된다. 그러면 이 프로젝트는 교육 분야에 몸담은 사람이라면 누구라도 참여하고 싶어 할 매우 이타적인 서사적 목적을 갖게 될 것이다.

당연한 말이지만 보다 공감을 얻기 쉬운 슬로건을 쓰는 것이 바람직하다. 하지만 올바른 말만 적절히 사용해도 그 목표에서 제대로된 행위 주체 의식과 의미를 찾는 데 도움을 줄 수 있고 당신이 호응할 수 있거나 호응하고 싶어 하는 더 큰 의미에 당신의 관심을 기울이게 할 수 있다.

동기유발 레버 – 소속감

소속감 동기유발 레버는 모든 사람이 가지고 있는, 자신보다 더 큰무언가의 일원이 되고 싶어 하는 욕구(그래서 소속감은 목적과 잘 어울린다.)를 표적으로 삼는다. 발견 층에서의 소속감은 서로를 지원하는 공동체와 공유된 목표를 통해 다른 사람과 연결될 수 있는 길을 제공한다.

제니퍼에게 맨 처음 제안할 수 있는 것은, 자신과 유사한 목표를 가진 지역 집단의 일원이 되게 해주겠다는 약속과 주말 훈련을 통해 쿵후 유단자가 되고 싶어 하는 특화 집단의 일원이 되게 해주겠다는 약속이다. 이런 초기의 소속감 이야기는 신입 회원을 유혹할

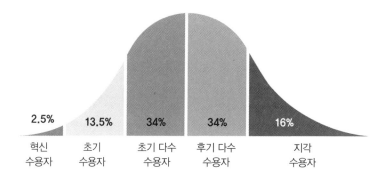

| 2.5% | 13.5% | 34% | 34% | 16% |

| 혁신
수용자 | 초기
수용자 | 초기 다수
수용자 | 후기 다수
수용자 | 지각
수용자 |

〈그림 7〉 로저스의 혁신 수용 곡선

것이다. 그러다 일단 공동체가 형성되면 장기적으로 친구 소개 할
인 등과 같은 방법을 통해 기존 회원이 신입 회원을 끌어들이는 데
이용될 수도 있다.

플레이어가 로저스Rogers의 혁신 수용 곡선[3](그림 7)의 어느 위치
에 해당하는지 염두에 둘 필요가 있다. 이 곡선은 위험과 변화를 받
아들이는 개인의 성향이 새로운 추세를 수용하는 속도에 어떤 영향
을 끼치는가를 예시한 것이다. 하지만 위험을 잘 받아들이는 플레
이어가 일단 안전한 공동체를 만들어놓으면 위험 회피 성향이 있는
플레이어의 진입이 늘어난다는 사실을 보여준다는 점에서, 새로 진
입하는 사람의 위험을 줄여줄 수 있는, 기존 공동체가 가진 힘을 보
여주는 곡선이기도 하다.

기업은 곡선의 각 단계에 있는 서로 다른 유형의 소비자를 끌어
들이기 위해 다양한 마케팅 전략을 구사한다. 이 과정에 위험 회피
성향이 있는 다수 이용자를 더 많이 끌어들이기 위해, 이미 건강한
공동체가 존재한다는 사실을 보여주려고 이용자 숫자를 부풀리는

기업이 많다.

　게이미피케이션 경험을 만들 때는 공동체가 가진 힘과 혁신 수용 곡선이 마케팅과 적응에 어떤 영향을 끼칠지 알아야 한다. 그뿐만 아니라 당신이 만든 솔루션에는 이용자가 가입하고 싶어 할 강력한 공동체가 있다는 점이나 당신이 만든 솔루션이 이용자의 기존 공동체에 가치를 제공할 수 있다는 점을 이용자에게 어떻게 보여줄 것인가도 고려해야 한다.

　많은 기업이 자사의 브랜드와 제품 뒤에 강력한 공동체가 존재한다는 사실을 보여주려고 마케팅에 '사회적 증거social proofs'를 이용한다. 특히 B2B 기업은 성공한 많은 기업이 더 큰 성공을 하기 위해 자사 제품을 사용하고 있다는 사실을 보여주기 위해 가능한 한 많은 사례 연구를 과시적으로 선전한다. 사례 연구에 나오는 기업이 잘 알려진 기업이거나 읽는 사람과 관련이 있는 기업이라면 이 방법은 매우 효과적이다. 하지만 B2B 기업이 읽는 사람의 필요성이나 공동체와 무관한 사례 연구를 마구 쏟아내는 경향이 있기 때문에 이런 사례 연구는 무시될 때가 많다.

　사회적 증거의 또 다른 예는 온라인 커뮤니티와 신생 소셜네트워크다. 이들은 자신이 대체하려고 하는 주류 기업에서 많은 고객을 빼앗아 오기를 바라며 자사가 해당 커뮤니티에 참여하고 있다는 사실과 커뮤니티 이용자 숫자를 반복해서 쏟아낸다. 이런 기법은 고객을 끌어들이는 데 매우 효과적일 수 있지만, 그 주장이 사실이 아니라면 고객은 금방 회사를 맹비난하고 커뮤니티를 망가트린다.

　마케팅에서 공동체를 논할 때는 이 두 사례를 기억해 두는 것이 좋다. 이들 사례는 **관련성**과 **신뢰**를 기반으로 한다. 이 두 가지가 없거나 깨지면 공동체는 당신 회사를 떠나 다른 곳으로 갈 것이다.

혁신 수용 곡선에서 가장 중요한 단계는 혁신 수용자 단계로, 이 단계에서 혁신 수용자를 위한 공동체가 충분한지와 혁신 수용자를 모집해 공동체에 참여시킬 수 있는지를 고려해야 한다. 다른 단계에서는 혁신 수용자의 발견 스토리와 뒤이은 초기 수용자의 발견 스토리가 충분한 관심을 불러일으킬 수 있을 것이다.

그러므로 공동체가 자력으로 돌아갈 수 있을 때까지 제니퍼 같은 혁신 수용자가 체육관과 연계성을 느끼게 만드는 것이 중요하다.

메카닉스 – 팀

제니퍼 입장에서 자신을 게이미피케이션 경험에 끌어들이는 것은, 사람들이 전문적인 수업을 받으며 즐기고 서로 채팅하고 연결되는 모습을 보여주는 홍보 자료다. 홍보 자료에는 재미있으면서도 따뜻한 분위기를 풍기는 이미지가 들어 있고, 이 경험은 게임과 같을 것이며 새로 사귄 친구나 기존의 친구와 함께 즐길 수 있다는 문구가 적혀 있다. 제니퍼는 이 홍보 자료에 이끌려 특정 경로를 선택한다.

제니퍼는 초기 수용자이므로 아직 공동체가 성장할 기회가 없었다. 하지만 당신은 다양한 플레이어가 서로 연결된 느낌을 받을 수 있는 팀이나 하우스 개념을 만들 것이다. 팀을 만드는 것은 매우 효과적인 메카닉스다. 팀을 만들면 여러 페르소나를 자연스럽게 서로 더 잘 연결될 수 있는 집단으로 분류할 수 있다. 당신이 여러 팀과 우호적인 관계를 유지하면서 약간의 경쟁적인 분위기만 조성하면 팀은 자연스럽게 자력으로 돌아가는 공동체로 진화한다.

팀과 공동체에 필수적으로 따라붙는 추가 메카닉스는 의사소통 기능과 순위 매기기다. 이 두 가지 메카닉스는 공동체가 생존하려면 반드시 있어야 한다. 페이스북 그룹이나 플레이어의 투표에 기반한 가벼운 순위 매기기 등과 같은 기능을 약속하고 실행하면 플레이어 간의 연결이 강화된다. 그뿐만 아니라 장기적 발견 스토리에도 도움이 된다. 플레이어들이 눈에 잘 띄는 플랫폼을 이용하면 자연스럽게 경험이 재미있어 보인다고 생각하는 신규 회원이 공동체에 들어올 것이다.

소속감과 발견 층 사례 연구:
능동적 학습 플랫폼 톱 해트Top Hat[4]

체육관의 장점은 본질적으로 사회적 대면 환경이라는 것이다. 체육관은 이미 소속감이라는 매우 중요한 홍보용 특질을 지니고 있다. 하지만 만약 당신 회사에 이런 뚜렷한 공동체적인 측면이 없다면 온라인 게이미피케이션 비즈니스를 보면서 발견 층에서의 소속감 레버에 대한 좋은 아이디어를 떠올리는 데 도움을 받을 수 있을 것이다.

소속감의 예와 공동체적 경험에 경쟁적 느낌을 더한 예는 윌프리드 로리에대학교 경영 및 경제대학원이 사용하는 톱 해트라는 학습 기술에서 찾아볼 수 있다. 교수는 토너먼트 스타일의 메카닉스를 이용해 학생들에게 할당된 읽기 과제를 테스트한다. 이 메카닉스를 이용했더니 학생들의 사기가 올라가고 활기가 넘쳤으며 내성적인 학생도 우호적인 경쟁 분위기 속에서 자신이 이해한 것을 적극적으로 발표했다.

10종 학력 경시대회academic decathlon처럼 학생들에게 팀을 이뤄 자신의 지식을 발표하게 하면 경쟁 아이디어는 확장된다. 그리고 이 과정에 포인트나 리더보드 같은 추가 메카닉스를 활용할 수도 있다.

적응 층

||||||||||||||||||||||

이제 제니퍼 같은 플레이어가 당신이 만든 게이미피케이션 피트니스 경험을 발견하고 첫발을 들여놓았기 때문에, 지금부터는 당신이 만든 경험을 잘 이용할 수 있도록 그들에게 알아야 할 모든 것을 가르쳐줘야 한다.

발견 층은 커뮤니케이션과 마케팅의 최신 추세에 크게 의존한다. 그러므로 이런 추세를 알고 있고 앞으로의 추세를 예측할 수 있으면 경쟁사보다 훨씬 나은 발견 층을 만들 수 있다. 그런데 적응 층은 당신의 게이미피케이션 솔루션을 내부적으로나 외부적으로 독특하게 만드는 기본 바탕이 되는 층이다.

적응 층은 튜토리얼 기반의 상호작용을 통해 플레이어를 게임에 참여시키는 층이다. 우리는 이 층에서 우리가 제공하는 것으로 플레이어의 욕구를 동하게 해 동기를 유발하고 싶어 한다. 그래서 플레이어가 장기적으로 성공하기 위해 알아야 하고 해야 할 것을 가르치고 훈련하고 싶어 한다. 적응 층은 당신이 만든 경험의 특정 측면에 익숙하지 않은 플레이어를 훈련할 수 있는 공간이기도 하다. 특정 측면이란 특별한 운동 요법에서 볼 수 있는 기술적 기능이나 특정 기법 등을 말한다.

제니퍼의 경우 우리는 페르소나 프로필을 통해 그녀가 목표 지향적 플레이어라는 사실을 알고 있다. 따라서 우리는 적응 층 내에서, 제니퍼가 게이미피케이션 경험에서 선택한 경로에 맞는 목표 기반의 올바른 정보를 받을 수 있게 해줘야 한다. 그래야 자신이 선택한 경로의 가치를 바로 느낄 것이다. 이와 같이 플레이어가 즉각적인 피드백과 가치를 받을 수 있게 빠른 지식 전달이 필요하기 때문에 '튜토리얼'이라는 용어를 쓴다.

적응 층에서 튜토리얼을 만들 때 주의해야 할 점은 튜토리얼이 전체 경험에 완전히 통합되어야 한다는 것이다. 튜토리얼의 지식 전달이 경험 밖에서 이루어지면 적응이 실패할 수 있다. 예를 들어 제니퍼가 선더짐과 아무 관련이 없는 외부의 요가 전문가한테 가야, 당신이 만든 게이미피케이션 운동 솔루션의 피트니스 분야에 참여할 수 있다고 하자. 이렇게 되면 제니퍼는 육체적으로나 정신적으로나 당신이 만든 경험에서 벗어날 것이다.

튜토리얼 사례 연구: BBVA 게임[5]

BBVA는 스페인의 대형 은행이다. 이 은행은 온라인 뱅킹을 이용해도 오프라인 뱅킹만큼 안전하다는 사실을 고객에게 가르쳐주기 위해 자사 웹사이트를 게임화했다.

고객의 역량을 키워 온라인 뱅킹 시스템 이용법을 배우도록 유도하기 위해 이 은행이 이용한 방법은, 퀘스트와 도전 과제를 만드는 것과 고객에게 포인트 쌓을 기회를 주는 것이었다.

퀘스트는 계좌를 개설한다든가, 공과금을 납부한다든가, 거래를 수행한다든가 하는 등의 행위가 될 수 있다. 퀘스트를 완수한 고객은 포인트를 받는다. 이렇게 쌓은 포인트는 음악을 내려받거나, 영화표를 구매하거나, 축구 경기 입장권을 구매하는 등의 용도로 쓰일 수 있다.

BBVA는 이 게임을 통해 6개월 만에 10만 명의 고객을 새로 유치할 수 있었다. 이 게임이 성공한 이유의 하나는 도전 과제를 완수하는 데 필요한 모든 지식과 기량이 은행이 제공한 경험에 내재해 있었기 때문이다. 고객은 경험을 이용하는 법을 배우기 위해 경험 밖으로 나갈 필요가 없었다. 모든 것이 시작 스크린부터 마지막 거래 스크린 사이에 통합되어 있었다.

다만 여기서 포인트 보상 시스템에 중독성이 있다는 한 가지 문제가 있었다. 실제로 고객들은 '중독성' 때문에 이 게임을 '좋아한다.'라고 말했다. 이것은 문제가 될 수 있다. 은행 외부의 아이템과 교환할 수 있는 포인트를 받으려는 노력으로 인해 애초에 의도했던 튜토리얼 경험이 묻혀버릴 수 있기 때문이다.

선더짐에는 플레이어를 육성한 뒤 게이미피케이션 경험에 필요한 기술을 가르치기 위해 고안된 전문 수업에 배정할 수 있는 좋은 튜토리얼 시스템이 있다. 제니퍼에게는 개인 트레이너가 배정될 수도 있다. 그러면 쿵후 훈련을 포함해 자신이 선택한 경로에서 훨씬 더 목표 지향적이며 몰입감을 느끼는 경험을 할 수 있을 것이다.

당신도 이런 방법을 본떠, 주기적으로 신규 플레이어에게 일련의 적응 이메일을 보내 당신이 만든 게임의 다양한 측면을 가르칠 수 있다.

웹사이트 및 이메일과 동기화된 마케팅 자동화 도구를 사용해, 플레이어가 특정 단계에 도달했다는 사실을 감지하면 거기에 맞는 이메일을 보낼 수도 있다. 예컨대 제니퍼가 웹사이트를 통해 처음으로 쿵후 수업에 등록하면 적응 이메일을 발송하고 또 나중에 지도 사범을 통해 상급반 수업을 예약하면(지도 사범이 이 정보를 CRM/예약 시스템에 입력한다.) 거기에 맞는 적응 이메일을 발송하는 것이다.

이런 유형의 자동화를 다양한 점수화 메카닉스에 연계하는 방법으로 응용할 수도 있다. 마케팅 자동화에서와 같이, 활동을 포인트와 연계해 점수를 매긴 후 이 점수를 기준으로 플레이어의 등급을 나누는 것이다. 이 등급은 플레이어별로 서로 다른 내용으로 의사소통하는 기준으로 이용할 수도 있고 지역이나 제품 관심도 등 전통적인 분류 방법에 더하여 플레이어를 세분화하는 기준으로 이용할 수도 있다.

플레이어에게 게임 학습시키기

튜토리얼은 어떤 모습일까? 당신은 14~15장의 조사 결과를 이용해, 당신이 찾아낸 각 페르소나를 목표로 한 학습 모델을 개념화했다(그들의 목표, 관심 사항, 가치 등을 기준으로). 이와 동시에 당신 회사의 비즈니스 목표와 마케팅 목표도 고려했다.

우리는 제니퍼가 '운동 마니아'와 '주말의 전사' 페르소나 유형이라는 사실을 알고 있다. 피트니스에 대한 지식을 넓히는 동시에 날씬하고 건강한 몸을 유지하겠다는 제니퍼의 목표는 고객의 건강과 피트니스와 웰빙을 증진한다는 비즈니스 목표와 잘 맞는다. 하지만 '주말의 전사' 페르소나는 일반적으로 시간을 할애할 수 있는 주말에만 체육관에 온다. 그런데 '운동 마니아'는 사회적 인정을 받고 싶어 하므로 주중에 체육관에 오지만, 잠깐 격렬한 운동을 하고는 끝낸다. 오래 운동할 시간이 없기 때문이다.

그러므로 제니퍼 같은 플레이어에게 적합한 적응 층의 튜토리얼은 다음과 같은 측면을 달성할 수 있어야 한다.

- 짧지만 쉬운 이해
- 이용 가능성과 콘텐츠의 융통성
- 사회적 환경
- 표적화되고 배타적인 전문성

위 항목은 우리가 관찰한 플레이어의 습관과 우리가 제공할 수 있는 것을 기반으로, 페르소나와 문제 해결을 설명한 장에서 추정한

것이다. 여기에 맞춰 생각해낸 게이미피케이션 경험 내 튜토리얼의
모습은, 주중에 제니퍼가 참여할 수 있는 몇 가지 '시험 수업'을 준
비하는 것이다. 그러면 제니퍼는 주중에 혼자서든 단체로든 에어로
빅과 요가를 시도할 수 있다. 거기다 주말에 사범 및 신규 회원 몇
몇과 함께할 수 있는 쿵후 '초보자 수업'까지 갖추면 된다.

여기에 시각적 인정 효과를 주는 간단한 메카닉스를 이용해 인
센티브를 더할 수 있다. 예컨대 시험 수업에 5일 연속 출석하면 배
지를 준다든가, 쿵후 초보자 수업 아침반에 출석하면 성취를 인정
하는 증명서 같은 표시를 주는 것이다. 당연히 이런 시각적 '포인트,
배지, 리더보드PBL' 메카닉스는 제니퍼가 선택한 경로의 첫 단계에
만 적용된다는 사실을 명확히 인식시켜야 한다. 제니퍼가 튜토리얼
단계를 넘어 계속 진행하면 다른 보상이나 기회와 연결된, 그보다
훨씬 큰 것을 받을 수 있다.

그뿐만 아니라 초보자 수업은 가치 있는 '보상'을 주면서 끝마치
는 것이 좋다. 예컨대 유연성을 기르기 위해 매일 아침 할 수 있는
5~10분짜리 요가 동작이라든가 쿵후 호신술 동작을 가르쳐주는 것
이다. 이런 추가 보상은 핵심 활동에 가치를 더하는 재미있는 깜짝
선물이 된다.

적응 층 참여율을 높이려면 다음과 같은 동기유발 레버와 메카
닉스로 튜토리얼을 보완해야 한다.

• 숙련
• 안전 및 생리적 욕구

동기유발 레버 - 숙련

적응 층의 숙련은 플레이어에게 주는 첫 성취감과 관련이 있다. 경험을 설계할 때는 플레이어가 어떻게 여러 마일스톤을 통과해 (최종) 목적지에 도달하게 할 것인가를 구상한 로드맵이 있어야 한다. 어느 시점이 되어야 플레이어가 뚜렷이 구별되는 한 측면에 숙달되었다는 사실을 증명하는, 어떤 단계를 성취했다고 할 수 있을지 생각해보라.

이런 성취와 그에 따른 보상은 세 단계로 나누어야 하고 각 단계는 순서대로 다음 층과 연결되어 있다.

1) 단기적 성취 및 목표 - 적응 층
2) 중기적 성취 및 목표 - 상승 층
3) 장기적 성취 및 목표 - 숙달 층

각 층과 해당 층에 내재한 목표 마일스톤을 통과할 때마다 플레이어는 자신이 발전한다고 느끼게 되고 목표 사이의 거리가 점점 멀어지므로 난이도도 따라서 높아진다.

메카닉스 - 발전 시스템

존중과 관련한 포인트, 배지, 리더보드 메카닉스와 보상에 관해서는 이미 앞에서 언급하였다. 이런 보상 메카닉스는 발전 시스템과 연계될 때 잘 작동한다. 보상 메카닉스는 보상을 제공하는 도전 과제 난이도의 점진적 증가를 통해 의미를 얻는다.

발전 시스템은 플레이어의 로드맵으로, 이 로드맵이 있어야 플레이어는 지향할 다음 목표가 무엇인지 알 수 있고 이번 단계를 끝내고 계속 나아가기 위해 극복해야 할 다음 도전 과제가 무엇인지도 알 수 있다. 제니퍼의 경우 당신은 쿵후에 이미 있는, 색깔별로 나뉜 띠라는 발전 시스템의 이점을 누릴 수 있으므로 새로운 시스템을 고안할 필요는 없다. 급수를 나타내는 띠는 내재 가치와 인정을 보여주는 발전 시스템의 좋은 예다.

2부에서 언급한 것처럼 보상과 PBL[포인트, 배지, 리더보드]은 도구이지 동기유발 레버가 아니다. 보상과 PBL은 성취를 보여주는 표시에 지나지 않는다. 쿵후의 띠가 그 띠를 딴 사람이 그 무술에서 그 정도 급수의 실력을 지녔다는 사실을 보여주는 것과 마찬가지다. 띠는 사람들이 얻으려고 노력하는 시각적 인센티브를 제공하기도 한다. 급수가 높아지면 띠 색깔이 달라지기 때문이다. 제니퍼는 틀림없이 초록색 띠를 갈색 띠로 바꾸고 갈색 띠를 검은색 띠로 바꾸기 위해 계속 발전해야겠다는 동기가 유발될 것이다. 당신도 당신의 발전 시스템을 어떻게 시각적으로 표현할 수 있을지 생각해보라.

발전 시스템의 점진적 난이도를 결정할 때는 플레이어가 언제나 '근접발달영역' 내에 있도록 해야 한다. 근접발달영역은 플레이어가 간신히 한 단계 높은 수준으로 올라설 수 있는 영역으로, 예컨대 쿵후 노란 띠에서 초록색 띠로 한 단계 올라가려면 새로 배우는 학생이 경험 많은 학생과 겨뤄야 하는 시험 같은 것이다. 하지만 난이도의 점진적 증가 포인트를 결정하기 위한, 근접발달영역과 관련한

정보와 측정 기준은 대부분 실제 수행을 통해 시험해보고 통계치를
얻은 후에야 사용할 수 있다.

지금은 개발 단계이므로, 이전의 난이도 마일스톤 위에 대략
20%씩 포인트를 증가시키는 공식을 사용하면 된다. 예컨대 다음과
같은 발전 순서를 적용하는 것이다.

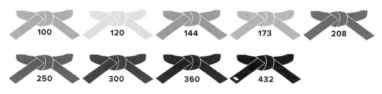

〈그림 8〉 띠로 보는 발전 시스템

동기유발 레버 – 안전 및 생리적 욕구

앞에서 우리는 융통성을 갖추고 플레이어에게 자율성을 주는 것을
목표로 삼아야 한다고 언급한 적이 있다. 하지만 모든 플레이어의
선호와 요구 사항을 충족할 수 없는 지점이 있다. 이것을 부정적 장
애물이나 피할 수 없는 장애물로 볼 수도 있겠지만 포모 증후군의
느낌을 갖게 하는 긍정적인 것으로 볼 수도 있다. 이렇게 하려면 희
소성 메카닉스를 써야 한다.

메카닉스 – 희소성

희소성은 사실 포모 증후군의 실제적 구현이다. 게이미피케이션 솔
루션 로드맵을 만들 때 당신의 약점이 어느 곳인지 생각해보라. 어
떤 문제에 해결책을 제공하고 싶지만 시간이나 장소 같은 장애 요

인으로 해결책 제공이 차단되는 곳이 약점이다. 어떻게 하면 이 장애 요인을 이용해, 플레이어가 이곳을 목표로 삼아야 할 배타적인 기회로 느끼도록 해결책의 희소성을 조성할 수 있을까?

선더짐의 경우 이것은 쿵후 수업 참석자 정원의 형태를 띨 수 있다. 쿵후 수업에 참석할 수 있는 플레이어 수는 정해져 있는데 빨리 등록할수록 참여할 가능성이 커진다. 수업은 토요일 오전 10시에 시작한다. '주말의 전사' 대다수에게 좋은 시간은 아니다. '주말의 전사' 중에는 학부모가 많은데, 아이들도 주말에 운동하기 때문이다. 하지만 제니퍼는 쿵후 유단자가 되겠다는 생각에 푹 빠져 어떻게 해서든 토요일 오전 수업에 참석하려 조치를 취할 것이다. 이렇게 해서 당신은 부정적 장애 요인을 배타적이고 희소한 기회로 보이게 만드는 데 성공했다.

안전과 희소성 사례 연구: 한국 가게 – eSmart[6]

한국의 서울에는 매우 독특한 방법으로 사람들의 관심을 끄는 가게가 있다. 이 가게는 한 지역에 위치했기에 지역사회 주민들에게 특유의 편안함과 안전한 느낌을 준다. 사람들도 그 사실과 이 가게의 서비스 품질을 알고 있다. 이것은 장점이자 단점이다. 사람들이 그것을 편하게 느낄 수도 있지만 새로운 것이 아니므로 진부한 느낌을 주기 때문이다.

그래서 이 가게는 사람들이 자신의 서비스에 관심을 갖게 하기 위해 매우 창의적인 방법을 생각해냈다.

하루 중 특정 시간대에 할인을 해주기로 하고 사람들이 할인을 받으려면 그 시간에 직접 와서 할인 코드를 받은 뒤 그 시간 안에 코드를 이용하게 하는 것이었다.

이 가게가 이용한 방법은 점심시간에 해가 가게 앞 보도의 특정 위치에 비치면 할인 QR 코드가 뜨게 만드는 것이었다. 고객은 코드를 찍기 위해 직접 그 장소에 와야 했고 해가 그 장소를 지나가기 전에 할인 코드를 이용해야 했다. 물론 QR 코드는 당일만 유효했다.

그 지역에서 근무하는 많은 직장인이 점심시간만 되면 할인 코드를 받아 쓰려고 몰려나왔다. 그래서 그 가게에서 코드를 받아 혜택을 보는 것이 근처 직장인의 하루의 또 점심시간의 특별한 '이벤트'가 되었다.

이 한국 가게는 익숙함과 희소성을 영리하게 활용해, 참신한 방법으로 고객 수를 늘리고 브랜드 인지도를 높였다.

상승 층

|||||||||||||||||||||||

적응 층이 게이미피케이션 경험의 기본을 제공하는 곳이라면 상승 층은 경험의 대부분을 발견할 수 있는 곳이다. 우리는 상승 층에 플레이어의 참여도를 높일 방법과 선택지를 배치할 것이다.

플레이어를 위해, 목적 같은 동기유발 레버와 적응 층에 뿌린 씨와 기대치는 더 많은 영양분을 공급받고 보살핌을 받아야 한다. 우리가 중기적 혹은 장기적 목표를 이야기했을 때, 이 말의 뜻은 플레이어가 목표를 향해 노력하기 시작한다는 뜻, 또는 우선순위가 높은 중기적 목표를 달성했을 수도 있다는 뜻이다.

상승 층은 플레이어가 게이미피케이션 솔루션에 계속 참여하게 만드는 곳으로, 다음과 같은 것들에 초점을 맞춰야 한다.

- 기대치를 높게 유지한다.
- 현재의 목표 욕구를 충족시킨다.
- 추가 콘텐츠나 다른 콘텐츠를 제공한다.
- (플레이어가) 예상하지 못한 것을 구현한다.

상승 층은 마케팅 관점에서 특히 중요하다. 플레이어가 당신 회사를 위해 일을 시작하는 곳이기 때문이다. 발견 층에서 당신은 신규 플레이어를 끌어들이려고 엄청난 초기 노력을 기울였다. 그런 뒤 적응 층에서는 플레이어에게 게임하는 방법을 가르치고 첫걸음을 내딛게 하려고 더 많은 에너지를 쏟아부었다. 상승 층은 플레이어가 당신 손을 놓고 혼자 힘으로 달리기 시작하는 곳이다(어느 정도 그렇다는 뜻이지, 그래도 당신 손길은 필요하다).

그렇다면 어떻게 플레이어를 이 단계에 이르게 할 수 있을까? 상승 층에서 위의 요소를 충족시키는 방법은 플레이어에게 첫 번째 (서사적) 승리 또는 보상을 주는 것이다. 게이미피케이션 경험 로드맵을 설계할 때는, 단기에서 중기에 걸치는 기간 안에 플레이어가 첫 번째 큰 도전 과제를 만나 첫 번째 큰 승리를 거두는 중요한 마일스톤을 배치해야 한다. 이 마일스톤은 플레이어가 지금까지 달성했던 작은 성취와는 완전히 달라야 하고 그보다 훨씬 서사적이어야 한다. 예컨대 제니퍼가 정규 초보자 수업 등록에 성공했다는 것 정도의 성취는 큰 승리에 들어가지 않는다.

선더짐의 게이미피케이션 피트니스 경험에서 제니퍼의 큰 승리로 간주될 만한 것은 큰 도전 과제, 다시 말해 '보스전'에서의 승리다. 쿵후에서 다음 색깔의 띠를 따려면 시험을 치러야 한다. 이 시험이 건강 증진과 쿵후 유단자를 목표로 한 제니퍼의 여정에서 '보스전'이 될 수 있다. 따라서 상대를 꺾고 다음 색깔의 띠를 따는 것은 큰 승리이고 서사적 보상이다.

이 단계에서 플레이어가 자신의 목표 중 하나를 성취하게 하면 플레이어를 경험에 더 깊이 빠져들게 할 수 있다. 또 존중, 소속감, 숙련, 안전, 생리적 욕구 등 이 단계에 이르기까지 당신이 사용했던 모든 동기유발 레버의 효과를 강화해 줄 것이다. 제니퍼 같은 플레이어는 훈련과 노력에 대한 보상을 받았다고 느낄 뿐만 아니라 가족이나 친구에게 '이제 쿵후를 좀 알 것 같아.'라고 말할 수 있게 되어 경험에 더 몰입할 것이다.

하지만 만약 플레이어가 자신의 첫 번째 목표나 승리를 얻는 데 실패하면 어떻게 할 것인가? 이런 일은 실제로 일어날 수 있다. 당신은 플레이어가 초기의 실패 때문에 경험에서 떨어져 나가기를 바라지는 않을 것이다. 그러니 플레이어를 붙잡아 '게임에 다시 집어넣을' 수 있는 적절한 지원 구조를 갖출 수 있도록 (숨겨진) 안전망 등 만일의 사태에 대비한 방책을 설계해야 한다.

안전망을 만들 때는 다음을 염두에 두어야 한다.

- 플레이어는 즉각적인 (건설적) 피드백을 받아야 한다.
- 플레이어는 유용한 지침을 찾거나 받을 수 있어야 한다.
- 플레이어는 아무런 문제없이 다시 시도할 수 있어야 한다.
- 플레이어는 실패 때문에 소외되거나 놀림감이 되어서는 안 된다.

실패를 즐길 만하게, 승리보다 더 교육적이게 느끼도록 만들어야 한다는 사실을 기억하라. 플레이어가 실패를 학습 경험으로, 자기 여정의 일 보 전진으로 받아들이게 해야지 퇴보로 받아들이게 해서는 안 된다. 전체 경험은 플레이어가 자신과 게이미피케이션 경험에 자신감을 회복하고 키울 수 있게 설계되어야 한다. 이에 따라 우리는 다음 동기유발 레버를 사용해 상승 층을 강화할 것을 추천한다.

- 자율성
- 소속감

동기유발 레버 – 자율성

자율성은 상승 층의 가장 중요한 원칙이며 플레이어를 안내하기 위해 설계된 다양한 구조와 결합할 때 가장 효과적이다. 안전망의 경우와 마찬가지로, 플레이어를 안내하는 시스템을 갖추면 플레이어는 더 큰 자율성을 느낀다. 다음에 무엇을 해야 할지 결정할 때 정보에 기반한 선택을 할 수 있기 때문이다. 본질적으로 당신은 플레이어의 경험 주위에 문자 그대로 비계를 설치하는 것이다.

상승 층에 자율성과 그에 해당하는 메카닉스를 사용하는 이유는, '보스전'에서 볼 수 있듯이 플레이어에게 자신의 여정에 주도권을 가지고 책임을 지는 결정을 내릴 기회를 주는 경험을 설계할 수 있기 때문이다. 플레이어는 초기에 도구와 기술을 제공받았으므로, 이제 목표를 달성하기 위해 이것을 사용할 수 있다. 상승 층을 설계할 때는 이런 사고방식의 씨를 뿌려두는 것이 좋다. 플레이어가 숙달 층에 진입할 때 도움이 되기 때문이다. 게이미피케이션 경험을 통해 자신감이 생기면 플레이어는 창의성을 발휘해 어떻게 하면 자신의 경험을 좀 더 커스터마이징할 수 있을까 하는 생각을 시작한다. 그러다 운이 좋으면 위카이 초우가 말하는, 모두가 탐내는 '언제나 새로운 메카닉스evergreen mechanics'[7] 상태에 도달하게 된다.

메카닉스 – 의사결정 및 커스터마이징

상승 층에서 말하는 의사결정과 커스터마이징 메카닉스는 플레이어에게 옵션을 주는 것이다. 경험을 설계할 때는 다음과 관련해 플레이어에게 선택지를 주는 틀을 만들어야 한다.

- 새로운 상황
- 새로운 문제
- 새로운 도전 과제

이 모든 것은 당신이 만든 게이미피케이션 경험에서 복잡한 활동이나 상황이 발생했을 때 플레이어가 유용한 '패턴과 일반화'를 찾을 수 있게 돕는 것을 목표로 해야 한다.[8] 이것을, 플레이어 앞에 중급 수준의 과제를 배치하는, 플레이어를 인도하는 체계를 만드는 것으로 생각할 수 있다. 이는 자신의 힘으로 큰 승리를 거둘 수 있게 플레이어의 지식과 기술을 넓힐 수 있도록 설계된 체계다.

제니퍼의 경우 이것은 처음으로 따낼 노란 띠와 그 뒤의 모든 띠를 따는 데 필요한 학습이 될 것이다. 제니퍼가 더 높은 레벨 색깔의 띠를 딴다는 목표를 향할 때 경험은 조금 변화하고 더욱 복잡해질 것이다. 그녀의 기량이 향상되었다는 것을 알려주기 위해서이다.

경험이 복잡해지면서 자신의 경험을 어디에서 어떻게 커스터마이징할지에 대한 선택의 폭도 넓어진다. 제니퍼의 경우 이것은 호신술이나 정신 수양 같은 좀 더 전문화된 수업을 제공하는 것이 될 수 있다. 이것을 기량 계통도로 나타내보면 그림 9와 같은 모습이다.

계통도의 각 가지는 제니퍼가 자신의 경험을 커스터마이징할 수 있는 방법이다. 이런 각각의 경로를 스스로 선택할 수 있다는 사실이 제니퍼가 자신에게 자율성이 있다는 것을 강하게 느끼게 한다. 게이미피케이션 경험을 설계할 때 플레이어의 선택지를 넓히는 방법을 강구해보라. 하지만 당신이나 플레이어가 선택지의 수에 압도당할 정도가 되면 안 된다는 사실을 기억하라. 선택지는 15장에서 한 조사의 범위 이내여야 한다.

플레이어에게 제공할 복잡성의 수준에도 억제가 필요하다. 아무

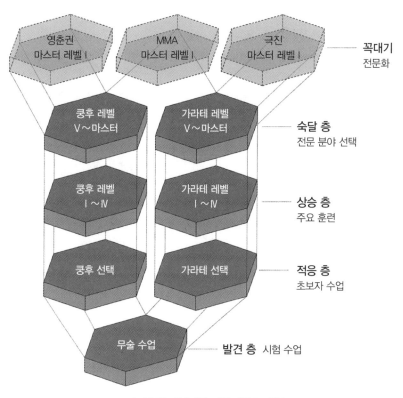

<그림 9> 제니퍼의 기량 계통도 예시

리 복잡해도 플레이어가 감당할 수 있는 범위를 벗어나지 않게 하는 것이 현명한 방법이다. 지나치게 복잡한 것과 지나치게 단순한 것 사이의 범위가 '플로Flow'로 알려진 영역이다(그림 10). 미하이 칙센트미하이가 언급하였듯이,⁹ 플로는 플레이어가 자신이 참여한 활동에 몰입하는 스위트 스폿이다. 그림에서 X축은 복잡성을 나타내고 Y축은 능력을 나타낸다.

그림에서 보는 것처럼 당신은 언제나 지루함과 걱정 사이의 경

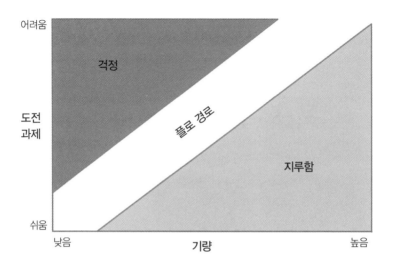

〈그림 10〉 미하이 칙센트미하이의 플로 그래프

계에서 균형을 유지해야 한다. 다른 책에서나 다른 사람이 뭐라고 말하더라도 균형을 유지하는 단 한 가지 실제적 방법은 실행, 피드백, 조사, 측정 지표를 이용하는 것이다. 이런 플로 상태는 플레이어가 현재 하고 있는 활동에 완전히 몰입할 때만 달성된다. 그리고 이런 상태는 플레이어를 알고 이해해야만 만들 수 있다.

동기유발 레버 – 소속감

소속감은 게이미피케이션 경험의 설계를 관통하는 줄거리다. 소속감은 다른 층에서 반복해서 나오기도 하고 당신이 계속해서 생각해야 하는 부분이기도 하다. 초기 플레이어가 상승 층에 도달하면 발견 층과 적응 층에는 신규 플레이어가 들어올 것이다. 그러므로 상승 충에 소속감 기법과 메카닉스를 사용할 때는, 기존 플레이어와 신규 플레이어 사이에 충분한 융통성과 상호작용을 보장하는 데 신경 써야 한다.

소속감의 또 다른 측면은 경험의 난이도와 복잡성이 높아지면 플레이어에게 안전망의 역할을 한다는 것이다. 따라서 당신의 공동체 메카닉스는 플레이어가 동료들로부터 필요한 도움을 받을 수 있을 만큼 튼튼해야 하고 플레이어가 멘토의 역할을 맡을 수 있게 할 수 있어야 한다.

메카닉스 - 커뮤니케이션 및 지원

이것은 게이미피케이션 경험을 설계할 때 고려해야 할 게임 메카닉스이자 추가 도구이다. 앞선 층에서 팀이나 하우스 개념을 고려하는 등 공동체 형성을 위한 계획을 세웠으므로, 여기서는 팀 리더나 팀 코치, 전문 멘토 등을 허용하는 방안을 고려한다. 이들은 본질적으로 당신이 만든 게이미피케이션 경험의 열정적인 플레이어로, 자신의 지식을 신규 플레이어와 공유하고 싶어 하는 사람들이다.

선더짐을 예로 들면, 어느 날 쿵후 사범이 제니퍼에게 흰 띠나 노란 띠 플레이어를 지도할 때 자신을 도와달라고 하는 것이다. 혹은 제니퍼가 자신보다 경험이 많은 플레이어의 도움을 받을 수도 있다. 경험에 실제로 참여하는 플레이어에게 서로를 돕게 하면 공동체 의식이 강화될 뿐만 아니라 공동체에 대한 충성도가 높아지는 부수 이익도 생긴다.

숙달 층

|||||||||||||||||||||||

당신이 만든 게이미피케이션 경험에서 '최고의' 층은 숙달 층이다.

층 간의 고요

게이미피케이션 솔루션을 설계할 때는 플레이어가 경험을 통과하는 어느 시점이 되면 고요와 정적의 순간이 온다는 사실을 알고 있어야 한다. 일부러 설계하지 않아도 저절로 이런 일이 일어난다.

플레이어가 당신이 만든 경험의 여러 층을 거치다 보면 행동과 참여가 소강상태에 빠질 때가 있다. 하지만 너무 걱정할 필요는 없다. 시제품 경험을 만들어 시험할 때 이런 일이 일어날 수도 있고 이럴 때는 18장에서 설명하는 측정 방법을 사용하면 그 이유를 확인할 수 있다.

고요의 순간을 겪을 때의 위험은, 경험이 조악하게 설계되어 메카닉스가 효과적이지 않고 측정이 제대로 되지 않는 것이다. 이렇게 되면 반사적인 반응이 일어날 수 있다. 이런 반응은 대개 잃을 것이 가장 많다고 생각하는 사람에게서 나온다. 예컨대 이해관계자다.

그러므로 모든 것이 계획대로 돌아가는지 거듭 확인해야 한다. 그뿐만 아니라 효과적인 커뮤니케이션을 통해, 활동이 매우 활발하게 이루어질 때도 있지만 활동이 잠잠한 순간도 있다는 사실을 모두에게 알려야 한다. 이렇게 하면 사람들이 허둥대지 않을 것이다. 게다가 플레이어의 참여를 촉진하려고 상급자가 개입해 검증되지 않은 급조한 디자인을 밀어붙이는 것 또한 막을 수 있다.

숙달이란 통달의 지점 또는 매우 중요한 성취를 이룬 지점에 도달했다는 뜻이지만, 그래도 언제나 성취해야 할 것이 더 있다. 그리고 당신은 플레이어가 계속해서 더 높이 올라가기를 바라야 한다.

숙달 층에서 이런 '끝없는 마지막 게임'을 가장 효과적으로 만들어내는 게임이 MMO*다. 매우 성공한 MMO의 구체적 예로는 〈월드 오브 워크래프트〉를 들 수 있다. 이 게임은 스토리라인과 판타지 세계를 넓히는 확장판을 내놓을 때마다 마지막 게임을 계속 이어나간다. 〈월드 오브 워크래프트〉가 성공한 이유는 매력적이면서도 계속 이어지는 이야기 때문이다. 계속되는 이야기의 확장판을 내놓는 것은 게이미피케이션 탑에 새로운 층을 올리는 것과 같다. 새로운 게임 확장판이 나오면 플레이어들은 다시 뭉쳐 확장된 세계의 새로운 측면을 배우고, 새로운 이야기를 탐색하고 만들어내는 데 필요한 새로운 기술을 배운다. 원래의 탑에서 분기되어 나온 완전히 새로운 탑인 셈이다!

게이미피케이션 솔루션에서 강렬한 숙달 층 경험을 설계하는 것은 전체 프로세스에서 가장 어려운 일이지만 가장 중요한 일이기도 하다. 이 층에서 이룬 플레이어의 성취는 더 많은 플레이어를 발견 층에 끌어들이기 위해 이용하는 이야기가 되기 때문이다.

이 시점에 이르기까지 각 층의 상호작용 관계를 간단히 살펴보자.

---

* Massive Multiplayer Online의 약자로 대규모 멀티플레이어형 게임을 말한다. 많은 사람들이 동시에 접속해서 같이 플레이하는 형식의 온라인 게임을 줄여서 부르는 말이다.

- **발견 층**에 들어선 신규 플레이어는 자신의 경험이 어떤 모습이 될 수 있는지 알게 될 뿐만 아니라, 기존 플레이어가 숙달 층에서 어느 정도 수준에까지 이르렀는지 보게 된다. 이 단계에서 당신이 할 일은 신규 플레이어를 대상으로 경험을 널리 알리는 것이다.
- **적응 층**에서는 플레이어가 숙달 층으로 이동하는 데 필요한 기술과 지식을 배우기 시작한다. 이 단계에서 당신이 할 일은 플레이어에게 새로운 경험에 대해, 그리고 어떻게 더 발전할 수 있는가에 대해 가르치는 것이다.
- **상승 층**에서는 플레이어가 첫 번째 승리의 맛을 본다. 그리고 숙달 층까지 가는 동안 자신에게 도움을 줄 관계를 형성한다.
- **숙달 층**은 충분히 몰입한 플레이어가 새로운 콘텐츠와 새로운 가능성의 문을 열기 위해 더 몰입하고 더 나아지려 애쓰는 곳이다.

이제 선더짐의 제니퍼를 앞으로 죽 끌어당겨 보자. 제니퍼는 여러 단계를 거쳐 쿵후 초단 검은 띠를 따는 목표를 달성했다. 제니퍼에게 이것은 숙달 층에 도달했다는 뜻이다. 당신은 게임을 설계할 때 제니퍼가 새로운 경로의 문을 열 수 있게 허용했다. 그래서 제니퍼는 자신의 기량을 더 다듬기 위해 다른 마스터 수업을 받거나 체육관 밖에 있는 쿵후 도장에 다닐 수도 있고 체육관 내에서 다른 플레이어의 수업을 도우며 자신의 기량을 향상시킬 수도 있다. 후자의 경로를 선택한다면 당신은 제니퍼를 당신의 디자인에 효과적으로 통합시킨 것이다. 이렇게 되면 본질적으로 자력으로 돌아가는 경험의 순환 고리가 만들어진 셈이다.

플레이어가 자신이나 공동체, 당신을 위해 일차적으로는 숙달 층을 목표로 하고 그 다음에는 그 층에 머물도록, 플레이어를 설득해야 한다. 그러기 위해 우리는 당신의 디자인에 다음 동기유발 레버를 사용하기를 권장한다.

- 존중
- 소속감
- 안전 및 생리적 욕구

동기유발 레버 - 존중

게이미피케이션 솔루션을 디자인할 때는 존중의 측면을 강화하는 메카닉스를 집어넣어야 한다. 여기서 존중이란 플레이어의 내적 가치로서의 자긍심과 외적 가치로서의 존중을 모두 포함한다. 자긍심이 유용한 이유는 플레이어의 자기 이미지와 자신감을 향상시켜주기 때문이다. 플레이어가 이런 향상을 당신이 만든 경험 덕분이라고 생각한다면 당신의 경험에 대한 충성도를 계속 높게 유지할 것이다. 외적 가치로서의 존중은 소속감이나 안전 및 생리적 욕구와 보완 효과가 있다. 플레이어는 숙달 층에 도달했다는 사실의 가치와 그에 대한 사람들의 인정으로 인해 계속 숙달 층에 머물고 싶어한다. 다른 사람들이 감탄하기 때문이기도 하지만, 자신이 이룬 성취를 잃고 싶지 않아서이기도 하다.

메카닉스 – 마일스톤/이벤트

숙달 층에서의 자긍심은 특별한 의미가 있는 이벤트의 활용을 통해 향상된다. 앞에서 논의한 장기 목표를 기억하는가? 플레이어가 달성하기 위해 당신의 게이미피케이션 솔루션에 가입하는 그 목표 말이다. 당신의 게이미피케이션 솔루션은 플레이어가 자신의 장기 목표를 실현하기 시작하는 곳이다. 플레이어가 여러 개의 장기 목표를 가지고 있다면 당신의 일은 상당히 쉬워진다. 하지만 쿵후 유단자 제니퍼같이 단 하나의 목표만 있다면 게이미피케이션 디자인에 창의성이 필요하다.

우리는 플레이어의 개인적 여정과 관련된 이벤트를 마련함과 동시에 게이미피케이션 경험의 설계된 경로에 맞는 이벤트 마련을 제안한다. 이 두 종류의 이벤트는 필요하면 여러 계층으로 나눌 수도 있다. 제니퍼의 개인적 장기 목표는 검은 띠 유단자의 수준에 도달하는 것이다. 쿵후를 예로 들었을 때 검은 띠 마일스톤은 전문화와 기술 연마(쿵후에서는 이것을 '단'이라고 한다.)의 여러 계층으로 나눌 수 있다. 이와 동시에 당신은 '무술 마스터 레벨 I'과 같은 이벤트를 당신의 경험 디자인에 통합할 수 있다. 어쩌면 그런 이벤트를 통해 선더짐에서 제공하는 다른 무술 수업을 홍보하다 보면 제니퍼가 체육관에 계속 나오고 가라테 수업도 받는다는 가정하에 제니퍼는 이론적으로 '무술 마스터 레벨 II'를 달성할 수도 있다.

물론 이것은 PBL을 당신의 시스템에 통합하는 또 다른 예다. 차이가 있다면 여기서 말하는 숙련 수준은 플레이어의 자부심을 강화하는 차원의 의미를 띠어야 한다. 이것은 당신이 플레이어에게 접근해 게이미피케이션 경험의 설계 개선을 도와달라고 부탁하는 형태를 띨 수도 있다. 그런 마일스톤에 도달하면 충성 플레이어는 거의 무한한 가치를 느낄 것이다.

동기유발 레버 – 소속감

숙달 층의 소속감 동기유발 레버는 지금까지 추천한 여러 레버를 하나로 묶는 접착제처럼 보일 수도 있다. 소속감 레버는 다른 레버들을 게이미피케이션 경험의 전체 공동체와 연결해 플레이어의 외

사례 연구: 비치바디Beachbody[10]

우리는 사례 연구에서 가급적 피트니스 산업 외의 분야를 다루려고 했다. 하지만 숙달 층은 계량화하기 너무 어려운 곳이라, 피트니스 산업 내의 사례를 제시하면 당신이 할 수 있는 것이 무엇인지를 파악하는 데 더 많은 도움이 되리라는 생각이 들었다.

아마 당신도 정보 광고나 피트니스 마니아 친구를 통해 비치바디에 대해 들어본 적이 있을 테다. 비치바디가 다른 곳보다 잘하는 것은, 플레이어에게 즉시 자신의 개인적인 목적 욕구(날씬해지고 싶다는 욕구)를 추구할 수 있게 하고 이 이야기를 발견의 공동체 이야기로 만드는, 강력한 마케팅 기계를 이용하는 것이다. 대단히 많은 사람이 이미 비치바디를 이용했기 때문에 이 회사는 엄청난 양의 시각적 증거를 가지고 있다.

비치바디가 정말로 잘하는 것은 마지막 게임 구조다. 이 회사는 마

스터 레벨이나 마지막 게임 구역을 넘어서는 숙달 층의 개념을 제대로 이용하고 있다. 이 회사에는 운동 종류마다 받을 수 있는 다음 단계의 수업이 항상 있다. 해당 운동을 극단까지 밀어붙여 특정 전문화의 길을 따르는 것일 수도 있고 해당 시리즈의 다음 운동 세트를 '획득할' 기회를 '주는' 것일 수도 있다. 이것의 좋은 예가 비치바디의 대표 운동 세트인 P90X와 Insanity다. 두 세트 다 여러 버전과 계층이 있다. 모두 자신을 최대한 밀어붙여, 될 수 있는 최상의 신체 상태를 만드는 여정을 이어가고자 하는 사람들을 위한 것이다.

비치바디의 모델이 잘 먹히는 이유 중 하나는 아마도 플레이어에게 주는 자유, 시간 관리와 식단에 대한 안내, 즉각적인 지원 커뮤니티 가입 초대 때문일 테다. 이 모든 것이 플레이어를 비치바디의 브랜드로 끌어들인다.

부에 존재하는 플레이어의 투자에 의미를 부여한다.

존중의 경우 소속감은 플레이어가 한 선택의 외적 가치를 강조함과 동시에 그 선택에 따른 시간과 감정의 투자를 강조한다. 숙련의 경우 소속감은 높은 수준의 지식을 공유하는 것과 동료와 선의의 경쟁을 벌이는 것의 연결이다.

예를 들어 당신의 디자인에, 플레이어 상호 간 또는 플레이어와 회사 사이 또는 플레이어와 게이미피케이션 경험의 운용을 도와줄 사람 사이의 커뮤니케이션을 촉진하는 정밀한 구조를 적용했다고 치자. 그렇다면 자력으로 돌아가는 지식 공유의 순환 고리가 초기

구조에서 자생적으로 생겨났을 것으로 기대할 수 있다. 생성-피드백-반복-피드백이 끊임없이 이어지는 순환 고리가 존재하는 것이다. 이런 유형의 성장 순환 고리를 지속시키는 데 가장 좋은 메카닉스는 멘토링이다.

메카닉스 – 멘토

우리는 상승 층에서 멘토와 코치를 언급한 적이 있다. 하지만 이 메카닉스가 자신의 가치를 제대로 드러내는 곳은 숙달 층이다. 플레이어가 경험의 여러 측면을 마스터하고 공동체에서 인정받는 성취를 이루면 이 플레이어를 당신 팀에 합류시켜 당신이 처음에 디자인한 게이미피케이션 경험을 개선하는 데 힘을 보탤 기회를 부여할 수 있다.

플레이어에게 당신이 만든 경험에 선생이나 강사, 멘토, 전문가 등으로 합류할 수 있는 기회를 제공하면 게이미피케이션 솔루션의 수명을 늘리는 데 도움이 된다. 선더짐의 경우 이것은 제니퍼에게, 헌신적이면서도 성공적인 쿵후 검은 띠 수련자로 보이므로 강사 자격 취득 수업을 받을 의사가 있는지 물어보는 형태를 띨 수 있다. 이런 제의는 제니퍼에게 또 다른 기량의 경로로 받아들여지고 제니퍼를 체육관에 더 깊이 묶어놓을 수 있다. 체육관 덕에 여기까지 올 수 있었기 때문이다.

다만 이 메카닉스를 사용할 때 플레이어에게 부담이 되지 않도록 금전적 투자 비용을 낮추어야 하고 이 프로그램을 게이미피케이션 경험의 일부로 제공할 경우 비즈니스에 재무적 문제가 생기지 않도록 주의해야 한다.

게이미피케이션 솔루션의 새로운 버전을 설계할 때 플레이어를 참여시키면, 전체 경험을 플레이어에게 훨씬 더 잘 맞게 커스터마이징할 수 있고 새로운 창의적 개념을 추가할 수 있다는 장점이 있다. 본질적으로 플레이어는 '적극적 학습' 작용을 끌어내 자신이 선택한 경로 안에 자신의 생각과 방법을 구현할 수 있다.

> "학습자도 어떻게 하면 해당 영역을 혁신할 수 있을지, 다시 말해 어떻게 하면 참신해 보이거나 예측할 수 없어 보이는, 그러면서도 해당 영역의 전문가가 알아볼 수 있는 의미를 창출할 수 있을지에 대해 배울 필요가 있다."[11]

동기유발 레버 - 안전 및 생리적 욕구

개인적 손실이나 투자 손실을 회피하고 싶어 하는 동기의 관점에서 보았을 때, 숙달 층에서의 안전 및 생리적 욕구의 동기유발 레버는 플레이어에게 엄청난 영향을 미친다. 여기까지 오기 위해 경험에 쏟아부은 모든 것을 잃는다면 그 결과는 고통스럽고 부정적일 것이다. 그래서 대부분의 플레이어는 여기까지 오는 데 들인 시간과 에너지가 무용지물이 되지 않도록 무슨 일이든 하려고 든다.

이것은 당신의 디자인에 긍정적 영향과 부정적인 영향을 미친다. 긍정적인 면은 이들이 당신이 만든 경험에 엄청난 충성도를 보인다는 것이다. 부정적인 면은 당신이 가치 있고 의미 있는 콘텐츠를 지속해서 제공해야 할 큰 부담을 져야 한다는 것이다. 비록 부정적이라고는 하지만 이 경우가 바람직하지 않다는 뜻은 아니다. 더욱 꼼꼼한 설계와 상당한 양의 작업이 필요할 뿐이다. 당신이 제공할 수 없는 것이 아니기 때문이다.

항상 새로운 콘텐츠를 제공하는 한 가지 방법은 미니게임에서의 부활절 달걀과 같이 핵심 플레이어를 대상으로 한, 예상할 수 없거나 놀랄 만한 보상을 만드는 것이다.

메카닉스 - 예상할 수 없는 보상

마지막 게임이나 미니게임 환경에서, 오래되고 헌신적인 핵심 플레이어만 접근할 수 있는 '숨겨진' 콘텐츠를 설계하고 만드는 것은, 당신의 게이미피케이션 경험에 가치를 부여하고 그것을 즐기는 사람들 사이에 희소성, 배타성, 호기심, 야망 등의 느낌을 조성하는 한 가지 방법이다.

이런 숨겨진 보상, 즉 부활절 달걀은 경험을 만들기 위해 당신이 선택한 전반적인 주제와 디자인에 맞는 한 또 당신과 플레이어의 목표와 방향이 일치하는 한 어떤 방식이 되었든 추가할 수 있다. 만약 제니퍼가 음수대를 천 번째로 이용했다고 부활절 달걀이라는 성취 보상을 준다면 이것은 제니퍼의 쿵후 수련과 아무런 관계도 없다. 게다가 운동을 하다 보면 어차피 물을 마셔야 하니 성취 자체도 아무런 의미가 없다. 하지만 쿵후 수업에 천 번 참가했다고 '손오공'[12]이라는 숨겨진 보상을 준다면 제니퍼에게 개인적으로 의미 있는 일이 될 뿐만 아니라 무술의 측면에서도 의미 있는 일이 될 것이다.

플레이어는 틀림없이 그런 숨겨진 보물 목록을 만들기 시작할 것이기 때문에 주기적으로 보물을 업데이트해 신선함을 유지해야 한다. 그래도 이 방법은 플레이어의 지속적 참여를 유도하는 방법으로는 상당히 비용이 적게 들어가는 메카닉스다. 게다가 이런 유형의 보상은 친구 추천이나 할인 코드 등의 방법으로 게이미피케이션 솔루션을 홍보하는 데 이용 가능하다는 부수적 이점도 있다.

탑 꼭대기

사례 연구: 구글 지도,[13] 애플의 시리,[14] 포스퀘어[15]

부활절 달걀은 당신이 만든 경험을 최대한 탐색하기 위해 시간을 내는 플레이어에게 주는 재미있는 추가 보상이다. 부활절 달걀은 플레이어가 시간을 낭비하지 않았다는 것과 당신이 플레이어의 투자를 가치 있게 생각한다는 것을 보여주는 깜짝 선물이다.

구글이나 애플, 포스퀘어 같은 회사는 모두 어떤 식으로든 자사의 제품이나 서비스에 부활절 달걀을 넣어두었다.

구글 지도는 자사의 스트리트뷰 기능을 최대한 사용하게 하려고 숨겨진 보석을 찾는 기능을 넣어놓았다. 예컨대 런던의 스트리트뷰 옵션에서 파란색 폴리스 박스라는 차원을 추가하는 것이다. 폴리스 박스를 하나씩 클릭하다 보면 TV 시리즈물 〈닥터 후〉에 나오는 타

디스 폴리스 박스도 만날 수 있다.

또 다른 예로는 시리라는 애플의 개인 비서를 들 수 있다. 시리는 다양한 즐거움을 선사하지만, 특정 질문을 받았을 때 보여주는 숨겨진 반응도 있다. 예컨대 "헤이 시리, 남자의 실루엣이 보여."라고 말하면 길고도 멋진 퀸의 〈보헤미안 랩소디〉를 들려주는 반응을 보인다.

마지막 예는 포스퀘어의 체크인* 보상 부활절 달걀이다. 예컨대 스티브 잡스가 사망한 시간 즈음에 애플 스토어 세 군데를 들러 체크인하면 스티브 잡스 부활절 달걀을 받는 식이다. 이것은 (약간 음울한 측면이 있지만) 특정 시간에 국한된 배타적 부활절 달걀로, 신비로움과 희소성이 결합하면 플레이어의 동기를 유발할 수 있다는 점을 잘 보여준다.

마지막으로 게이미피케이션 탑의 로드맵을 설계할 때 고려해야 할 사항 몇 가지를 추가하겠다.

첫째, 플레이어의 여정 도중과 여정이 끝날 때 플레이어와 커뮤니케이션하고 피드백을 받을 수 있는 시간을 마련하라. 또 단계마다 해당 단계와 연관된 측정 지표를 만들고(18장 참조) 시제품을 만들어 시험하는 동안에 현실에 맞게 지표를 조정하거나 변경하라. 피드백과 측정 결과는 솔루션의 성공을 보여주기 위한 내부 보고용

---

* 포스퀘어 이용자가 어떤 곳을 방문한 후 자신의 위치를 입력하는 것을 말한다.

으로 사용할 수 있을 뿐만 아니라, 발견 층에서 쓸 수 있는 사례 연구와 보도 자료로도 사용할 수 있다. 당신 회사의 솔루션이 잘 돌아가고 있다는 사실을 많이 알릴수록 더 많은 사람을 끌어들일 수 있다.

둘째, 당신의 디자인을 냉정한 눈으로 봐야 한다. 어떤 기능이나 어떤 부분이라도 애지중지하면 안 된다. 제대로 작동하지 않거나 플레이어에게 도움이 되지 않으면 바로 제거하라. 당신이 꼭 해보고 싶어 하던 것이라서, 제대로 작동하지 않는데도 억지로 디자인에 끼워 넣으면 결국 플레이어나 당신 회사의 비즈니스에 손해를 끼치고 만다. 어찌 되었건 가장 중요한 것은 플레이어의 참여와 즐거움이다. 자신의 디자인에 칼을 대는 것은 쉬운 일이 아니다. 당신은 다양한 아이디어를 구현하고 싶기 때문이다. 따라서 각 요소를 하나하나 시험해본 뒤 탑 전체에 긍정적 효과를 주는 것만 남기도록 하라.

셋째, 우리는 마지막 층의 천장이 무한히 높은 4개 층이 있는 탑에 관해서만 이야기했지만, 층을 더 늘리지 못할 이유는 없다. 플레이어가 더 많은 도전 과제를 원한다면 적응 층이나 상승 층을 추가하면 된다. 만약 당신이 마지막 게임 경험을 더 늘리고 싶다면 숙달 층을 여러 개 만들면 된다. 제니퍼의 경우 쿵후에서 딸 수 있는 여러 색깔의 띠를 이용해 상승 층을 몇 개 더 늘리고 같은 검은 띠라도 단마다 층을 달리하는 방법으로 숙달 층도 몇 개 더 늘릴 수 있다. 만약 게이미피케이션 솔루션 내에 여러 개의 탑을 염두에 둔다면 이런 일은 훨씬 복잡해진다. 선더짐의 경우에는 당신이 홍보하려고 하는 피트니스 수업 유형별로 탑을 만들 수도 있고 전체 체육관이 이용하는 범용 탑 하나를 만들 수도 있다.

―――――――――――――――――――――（ Summary ）―――――――――――――――――――

게이미피케이션 탑을 설계할 때는 플레이어를 위해 당신이 해결하고자 하는 본질적인 문제가 무엇인지 또 어떻게 하면 이 문제와 회사의 비즈니스 목표 및 마케팅 목표의 방향을 일치시킬 것인지를 염두에 두어야 한다. 경험의 각 층을 설계하는 동안 주기적으로 이 문제와 목표를 다시 돌아보고 당신이 개발하는 것이 당신이 조사한 결과에 부합하는 것인지 확인하는 리트머스 시험지로 사용하기 바란다.

―――**Next steps**

— 접착식 메모지에 13장, 14장, 15장에서 조사한 문제와 목표를 적어 큰 벽에 붙여라.

— 회사가 현재 제공하는 제품이나 서비스 중에서 고객이 자신의 목표를 달성하기 위해 참여할 로드맵과 여정으로 바꾸기에 가장 좋은 것이 무엇인지 찾아보라.

— 현재 제공하는 제품이나 서비스 중에서는 그런 것이 없다면 커다란 종이를 펼쳐놓고 브레인스토밍을 통해 고객의 문제를 해결할 방안을 적어보라.

— 필요하면 위의 두 단계를 결합해 게이미피케이션 탑의 윤곽을 만들어나가라.

17장
주변에 도사리는 함정을
피하는 법

게이미피케이션 탑을 쌓는 일은 진짜 탑을 쌓을 때와 마찬가지로 복잡하고 때로는 위험하기도 하다. 하지만 준비만 확실히 하면 대부분의 복잡성과 위험성은 피할 수 있다. 그렇다고 해도 여전히 많은 위험과 함정이 숨어 있다는 사실을 잊으면 안 된다.

이 중 일부 함정에 대해서는 연관된 내용을 다룰 때 이미 언급하였다. 하지만 다시 한번 그 내용과 함께 몇몇 추가 함정에 대해 살펴보기로 하겠다. 먼저 마케팅 게이미피케이션을 구현할 때 흔히 빠지기 쉬운 함정에는 무엇이 있는지 알아보고 그런 다음 위험, 경고 신호, 함정을 피하는 방법, 필요한 경우 피해를 바로잡거나 막는 방법 등에 대해 살펴보겠다.

계획 단계에서의 위험

||||||||||||||||||||||||||||||||||||||||||||||||||||||||||||||

실행 단계에서 발생하는 많은 문제와 함정은 계획 단계에서 미리 피할 수 있다. 게이미피케이션 탑에 대한 계획을 효과적으로 세우지 못하면 아래에 열거한 것과 같은 함정에 빠지게 된다. 이런 함정은 게이미피케이션 탑의 구성 체계를 평가할 때 가장 흔히 볼 수 있는 문제다. 이런 문제가 생기면 플레이어가 일찌감치 게임을 그만두거나 엉뚱한 짓을 하거나 게임을 완전히 무시하는 결과로 이어진다.

잘못된 행동의 표적화 혹은 하나의 동기유발 레버에만 맞춘 초점

인간은 복잡하기에 한 가지 요인에 의해서만 동기가 유발되는 경우가 거의 없다. 하지만 실패한 게이미피케이션에서 자주 볼 수 있는 실수 중 하나는, 디자이너가 이런 사실을 잊고 소속감이나 숙련 등 단 하나의 동기유발 레버에만 초점을 맞추는 것이다.

이런 일을 피하려면 고객 페르소나를 다시 들여다보고 각 페르소나의 가능성 있는 동기유발 레버를 재평가해야 한다. 아마 페르소나마다 유독 좋아하는 동기유발 레버가 있다는 사실을 알 수 있을 것이다. 여러 페르소나가 같은 동기유발 레버를 좋아할 수도 있고 페르소나의 의사결정에 큰 영향을 끼치지 못하는 동기유발 레버도 있다. 다만 당신은 페르소나를 다루는 중임을 명심해야 한다. 페르소나는 한 집단에 속한 사람들의 평균을 대표해 그 집단의 전체적인 모습을 보여주는 것이지 그 집단에 속한 모든 사람을 완벽하

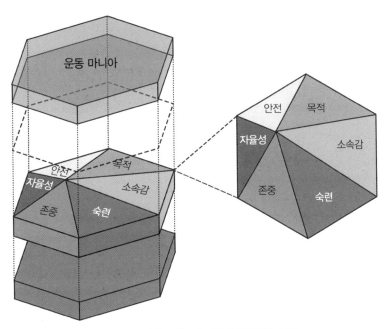

〈그림 11〉 파이 그래프에 나타낸 동기유발 레버

게 보여줄 수는 없다. 즉 같은 페르소나 안에서도 개인차가 있기 마련이다.

페르소나에 다양한 레버를 배치하는 방법으로 파이 그래프 그려보기를 권한다. 우선 어떤 레버들이 해당 페르소나에 적합한지 파악한 뒤, 이것을 종이 위에 그림으로 나타내든지, 프로그램을 이용해 해당 페르소나가 가장 많은 것을 투자하는 레버와 가장 적은 것을 투자하는 레버를 확인해보라. 그림 11은 파이 그래프를 이용해 탑의 틀 안에서 여섯 가지 동기유발 레버를 시각화했다.

선더짐의 고객을 생각해보면 아주 쉽게 고객 대부분을 숙련 동기유발 집단으로 분류할 수 있다. 체육관 기반의 도전 과제와 기록

관리를 이용해 이 동기유발 레버에 호소하는 게임을 만드는 것은 쉬운 일이다(실제로 많은 체육관이 이용하고 있는 방법이다). 하지만 이런 접근방법은 시간이 지남에 따라 공허하게 느껴져, 당신이 원하는 장기적인 참여로는 이어지지 않는다.

그렇다면 소속감이나 존중 같은 다른 레버를 한번 적용해보자. '운동 마니아' 페르소나의 경우 틀림없이 숙련이 가장 눈에 띄는 레버이다. 이 페르소나는 집에서 운동하지 않고 적극적으로 체육관에서 운동하는 길을 택했다. 그렇다면 소속감도 강력한 레버라고 말해도 괜찮고 존중도 마찬가지다. 만약 당신이 웨이트 리프팅을 한다면 다른 사람들과 함께하는 편이 낫다. 그래야 잘 가꾼 당신 몸을 자랑할 수 있을 테니까 말이다. 그 밖에 다른 레버도 생각해볼 수 있겠지만, 이 세 가지 레버보다는 중요성이 떨어진다.

고객이 숙련과 소속감, 존중 욕구에 의해 동기가 유발된다는 사실을 알았으니, 단 하나의 욕구만 표적으로 삼는 문제는 해결되었다. 지금부터 할 일은 팀, 채팅 그룹, 순위 매기기, 배지 등 보완적인 게임 메카닉스를 집어넣기다. 이렇게 하면 더 많은 고객에게 어필할 수 있고 경험을 훨씬 흥미진진하고 매력적으로 만들어 게이미피케이션에 새로운 차원을 더할 수 있다.

예컨대 '주말의 전사' 페르소나 그룹에 『해리 포터』 스타일의 하우스를 도입해, 플레이어를 서로 경쟁하는 집단으로 나눌 수 있다. 플레이어가 하우스 가입을 신청하고 하우스에 받아들여지고 성취를 얻고 다양한 임계점에 도달할 수 있게 하면 '하우스' 내 플레이어 간의 사회적 상호작용뿐만 아니라 체육관 안팎의 여러 '하우스'

간의 사회적 상호작용도 활발하게 일어날 것이다.

여기서 잘못된 레버를 표적으로 삼지 않았는지 확인해볼 필요가 있다. 예컨대 플레이어가 자율성 욕구에 의해 동기가 유발되지 않는데도 자율성 기반의 게임 메카닉스를 사용하지는 않았는가? 동기유발 레버를 지나치게 많이 적용하지는 않았는가? 좋은 게임이 그렇게 한다고 해서 적용한 동기유발 레버는 없는가? 항상 자신의 선택을 비판적이고 냉정한 시각으로 다시 확인해보아야 한다. 다음 장에서는 평가 지표를 다룰 텐데 이것을 보면 어떤 레버가 제대로 작동하고 어떤 레버가 그렇지 않은지 알 수 있을 것이다.

좋은 게이미피케이션 탑을 복잡하게 만들기는 아주 쉬운 일이므로 꼭 필요한 요소만 사용해야 한다. 또 무엇을 넣고 무엇을 뺄지 선택할 때는 정보를 기반으로 목적에 맞게 결정해야 한다. 예산이나 시간이 무한하지 않으므로 이것은 중요한 일이다. 계획대로만 진행하면, 성공에 본질적으로 필요한 작업만 수행하고 가치를 증진하지 않거나 투자수익률을 저해하는 일을 하지 않는 데 도움이 된다.

재미있게 만들어야 한다는 사실 망각

당신의 게임은 재미있는가 아니면 따분한가? 무엇이 재미있는 것인지는 사람에 따라서도 다르고 상황에 따라서도 다르다. 하지만 고객이 당신이 만든 게이미피케이션 탑을 스스로 원해서 이용하는지 아니면 압박감이나 인위적 유인 때문에 이용하는지를 알면 당신의 탑이 재미있게 만들어졌는지 아닌지 느낌이 올 것이다.

결국 모든 것은 게임을 어떻게 설계했는지와 게임이 해결하려는 것이 무엇인지로 귀결된다. 이것을 확인하려면 소규모 고객을 대상으로 테스트 게임을 하게 한 뒤 그들이 게임에 얼마나 몰입하는지를 보면 된다. 테스트를 하기 위해 완벽한 솔루션을 구축할 필요는 없다는 사실을 기억하라. 선더짐의 경우 '주말의 전사' 그룹을 대상으로 발전 과정을 추적하기 위해 배지나 리더보드 같은 것을 이용하여 단기적인, 도전 과제 기반의 경쟁적 훈련 계획을 테스트해볼 수 있다. 우선 도상 연습을 한 뒤 실제로 게임을 테스트해보라. 플레이어가 게임을 재미있게 생각하는지 그렇지 않은지를 알 수 있는 유일한 방법은 플레이어를 관찰하고 테스트 게임이 끝난 뒤 대화를 통해 플레이어의 의견이나 피드백을 받아보는 것이다.

내부 게이미피케이션 시스템의 실패는 보통 의무적으로 받아야 하는 교육을 '재미있게' 만들려고 할 때 일어난다. 이 말은 회사의 의무적 시스템을 좀 더 매력적으로 보이게 하려고 '게임 메카닉스'를 억지로 밀어넣는다는 뜻이다. 이런 시스템을 만든 사람은 직원들의 참여도가 높아졌다며 자랑하려고 할 테지만 이것은 일종의 허위양성 반응이다. 단기적으로는 직원들의 참여도가 높아졌을지 모르지만 결국은 재미를 더해주는 부가 기능이 있거나 없거나 의무적이기 때문에 참여할 수밖에 없기 때문이다. 사실을 말하자면 이런 유형의 시스템과 상호작용해야만 하는 사람들은 이렇게 만든 시스템에 두려움마저 느낀다. 의무적 요소가 없는 시스템에서는 이런 것이 문제가 되지 않지만 그럴듯한 '가짜 재미'를 부가한 시스템이라면 고객이나 플레이어가 외면할 것이다.

게이미피케이션이 아닌 게임 제작

게이미피케이션이 지나치게 재미있을 수 있을까? 계획 단계에서 빠지는 또 다른 함정은 게이미피케이션 경험이 아니라 게임을 만드는 것이다. 게임은 즐거움 추구가 목적이지만 게이미피케이션 경험은 비즈니스 목표나 마케팅 목표와 연계된 목적이 있어야 한다. 그렇지 않으면 무슨 차이가 있겠는가?

게임과 게이미피케이션 경험을 명확히 구분하기는 매우 어려우므로 지속해서 되돌아보고 점검해야 한다. 배운 것이 생각나지 않으면 1부를 다시 읽어보라. 당신이 만든 것이 게이미피케이션 경험인지 아닌지 알아보는 간단한 방법은 당신이 플레이어에게 하라고 동기를 유발하는 행위가 당신의 비즈니스 목표에 도움이 되는가 그렇지 않은가를 확인하는 것이다.

선더짐의 경우, 버튼을 계속 클릭하는 방법으로 디지털 캐릭터를 훈련시켜 강하게 만드는 앱을 만들었다면 이것을 게임으로 보아야 할까 아니면 게이미피케이션 경험으로 보아야 할까? 디지털 캐릭터를 훈련시키는 것이 고객의 목표나 마케터의 목표, 회사의 목표에 어떤 도움을 줄 수 있을까? 만약 이 앱이 현실 목표에 아무런 영향도 미치지 못하고 순수한 심미적 가치만 가진다면 이 앱은 고객의 목표나 회사의 목표에 아무런 도움도 주지 못하는 그냥 일반적인 (롤플레잉) 게임이다.

게이미피케이션 경험이라면 고객이 실제로 체육관에 가서 수업에 참여하고 운동할 때만 '훈련받은' 것으로 표시되는 디지털 아바타가 있을 것이다. 이 아바타는 플레이어의 대리인으로 플레이어에게 자신의 성취에 대한 피드백을 준다. '와, 내 아바타가 그 전보다 강해졌군. 나도 틀림없이 강해졌겠는걸!' 이렇게 되면 플레이어에게 체육관에 더 자주 올 동기가 유발될 것이므로 모두의 목표에 도움이 된다. 이것이 게임과 게이미피케이션 경험을 가르는 포인트다. 당신이 게이미피케이션 솔루션을 통해 제공하는 서비스나 제품은 플레이어의 목표 달성에 이바지하는가 그리고 플레이어의 목표는 당신의 목표와 일치하는가? 게임은 대부분 승리를 달성한다는 자체 목표만 있고 플레이어의 목표는 이것에 의해 좌우된다. 이 책의 도움으로 개발한 게이미피케이션 경험이라면 플레이어는 그것을 통해 자신의 목표를 달성할 수 있고 회사는 플레이어와 공생하는 결과를 얻을 수 있을 것이다.

피드백의 부재

포인트는 왜 중요할까? 플레이어 상호 간의 대화를 허용하는 이유는 무엇일까? 배지를 도입하면 무엇이 좋을까? 이것은 모두 플레이어 피드백의 유형으로 플레이어에게 어떤 행동을 하도록 동기를 유발하거나 무언가를 잘했거나 잘못했다는 사실을 알리는 데 매우 유용한 수단이다.

게이미피케이션 산업에서 보이는 포인트와 배지에 대한 일반적인 집착 때문에 이런 함정에 빠지는 게이미피케이션 탑은 그리 많지 않다. 하지만 그래도 포인트가 필요한 이유를 항상 염두에 두어야 한다. 포인트는 피드백 메커니즘이다.

피드백 메커니즘이 없으면 플레이어는 자신이 설계에 맞게 가고 있는지 혹은 자신이 목표를 향해 제대로 나아가고 있는지 알 수 없다. 좋은 피드백은 플레이어에게 어떻게 하는 것이 자기 발전에 도움이 되는지 알게 한다. 예를 들어 살 빼기라는 개인적 목표가 있는 어떤 선더짐 회원이 목표 달성을 추적하기 위해 위에서 언급한 아바타 앱을 쓰고 있다고 하자. 이 회원이 트레드밀에서 5km를 달리는 유산소 운동을 했다면 이 회원은 살 빼기를 향한 여정에서 1포인트라는 발전 점수를 받는다. 앱이 예상 소모 열량에 관한 추가 정보까지 제공한다면 이 회원은 자신이 받은 포인트에서 가치와 의미를 더 많이 느낄 것이다. 만약 이 회원의 체중이 1kg 늘어 앱이 1포인트를 뺀 뒤 목표 체중으로 돌아가려면 어느 정도의 운동량이 필요한지 알려준다면 이 회원에게는 유용한 피드백이 될 것이다. 이런 유형의 피드백 메커니즘은 플레이어에게 의미 있는 정보를 제공하고 목표 달성 정도를 개념적·맥락적으로 보여줌으로써 플레이어가 목표로 향해 나아가는 데 도움을 준다.

피드백의 심미적 가치에만 초점을 맞추는 것도 피드백 결핍의 한 유형이다. 다른 말로 하면 포인트와 배지 자체를 위해 의미 없는 포인트와 배지를 도입하지 말라는 뜻이다. 게이미피케이션에서 당신이 하는 모든 설계는 어떤 식으로든 플레이어의 목표와 관련이 있어야 한다. 여기에다 이야기나 목적까지 덧붙일 수 있다면 금상첨화다. 플레이어가 자신의 목표와 비교해 자신이 얼마나 발전했는가를 어떻게 평가할지 생각해보고 이것을 당신의 피드백 시스템에 반영하라.

선더짐의 경우 플레이어가 체육관에 출석할 때마다 포인트를 줄 수 있다. 이 포인트를 인센티브와 연계시키면 동기유발 효과가 있겠지만 그 효과가 그다지 크지 않을 뿐만 아니라 오래가지도 않는다. 하지만 이 포인트를 플레이어의 체중 감소나 근육/지방 비율과 연계시키거나 플레이어의 출석을 자신의 목표를 향한 시간표나 로드맵 위에 배치한다면 매우 강력한 장기적 동기유발 효과를 얻을 수 있을 것이다.

실행 단계에서의 위험

실제 플레이어를 상대로 게임이 시작되면 다음과 같은 함정이 발생할 수 있다. 게임을 정식으로 실행하기 전에 소규모 플레이어를 상대로 시험 운용을 하면 이런 함정에 빠지는 것을 어느 정도 막을 수 있다. 그래도 게임이 실행되면 너무 큰 피해를 볼 수 있으니 그 전에 이런 함정을 찾기 위해 지속해서 게임을 모니터링해야 한다.

난이도 골디락스 법칙의 잘못된 이해

플레이어는 풀기 어려운 도전 과제에 부닥치고 싶어 하기도 하지만 열심히 노력하면 도전 과제를 극복할 수 있다는 느낌을 받고 싶어 하기도 한다. 많은 게이미피케이션이 실패하는 이유 중 하나는 디자이너가 '적절한' 수준을 찾지 못하고 게임을 너무 쉽게 만들었거나 너무 어렵게 만들었기 때문이다.

일반적으로는 너무 쉬운 것이 잘못된 게이미피케이션 디자인의 주범이다. 많은 디자이너가 플레이어에게 어려운 도전 과제를 주거나 게임에 장애물 설치를 두려워한다. 하지만 이는 역효과를 낼 수 있다. 게임에 어려운 도전 과제가 없으면 플레이어는 게임을 성장 경험으로 보지 않을 테고 자신이 목표를 향해 효과적으로 나아가고 있다는 느낌이 들지 않는 순간 바로 게임을 그만둘 것이다. 반대의 경우도 마찬가지다. 게임이 지나치게 어렵거나 플레이어에게 불공평하다는 느낌을 준다면 이때도 플레이어는 게임을 그만둘 것이다. 게임이 자신의 목표를 향해 나아가는 길을 막고 있기 때문이다.

만약 선더짐에서 플레이어에게 1kg의 무게를 들어올리는 도전 과제를 준 뒤 난이도를 높이지 않고 계속 같은 무게만 들게 한다면 많은 플레이어가 게임을 그만둘 것이다. 지루할 뿐만 아니라 특별히 도전적이지도 않고 아무런 발전이 없기 때문이다. 마찬가지로 새로 시작하는 플레이어에게 처음부터 30kg의 무게를 들어올리는 도전 과제를 주는 것은 너무 지나친 일일 것이고 플레이어는 좌절감 때문에(혹은 고통과 부상 때문에) 게임을 그만둘 것이다.

여기서의 핵심은 균형이다. 게임의 단계마다 플레이어의 기량 수준을 이해하고 플레이어의 기량이 향상되면 그것에 맞춰 게임의 난이도를 차츰 높이도록 하라.

이런 문제는 시간을 두고 플레이어를 테스트함으로써 해결할 수 있다. 당신의 플레이어가 어떤 사람인지, 게임을 진행해나가면서 기량이 어떻게 향상될지 알아야 한다. 플레이어가 언제 난관에 봉착하거나 게임을 그만두는지 모니터링하면 난이도가 잘못 설정된 문제 지역을 파악할 수 있다.

플레이어의 장난질

기업에 따라 이런 장난에 더 큰 영향을 받는 기업이 있고 그렇지 않은 기업이 있다. 또 기업의 인센티브나 플레이어의 목표가 무엇인가에 따라서도 장난의 빈도가 달라진다. 보통 장난질은 플레이어가 자신의 시간이나 돈을 절약하려고 할 때 일어난다. 결국 플레이어가 자신의 이익을 위해 당신을 속이려고 하거나 시스템의 허점을 찾으려고 할 때 발생한다.

장난질하는 것을 발견하기는 쉽지 않다. 따라서 항상 플레이어를 모니터링하면서 플레이어가 게임과 어떻게 상호작용하는지 살펴봐야 한다. 만약 일부 플레이어의 발전 속도가 평균적인 속도보다 훨씬 빠르다면 이들을 주의 깊게 지켜봐야 한다. 가장 좋은 시나리오는 이들이 아주 뛰어난, 새로운 접근방법을 발견한 것인데 이런 경우 당신은 이 접근방법을 수용해 다른 플레이어에게 가르칠 수도 있다. 최악의 시나리오는 이들이 시스템의 허점을 발견해 악용하는 것이다. 다행히 당신이 (너무 늦지 않게) 그런 사실을 알아낸다면 큰 피해로 이어지기 전에 허점을 보완할 수 있다.

게임이나 게이미피케이션의 부정적인 측면이나 악용은 대부분 게임이 실제 화폐와 연계되어 있을 때 일어난다. 따라서 게이미피케이션 탑과 실제 화폐를 분리하면 '게임을 가지고 장난치는' 이런 부정적인 현상은 대부분 사라진다. 당연한 일이겠지만, 시스템을 가지고 장난치는 악의적인 시도는 주로 새롭고 빠른 방법으로 돈을 벌(혹은 절약할) 방법을 찾으려는 플레이어에 의해 일어난다. 만약 게이미피케이션 탑을 비재무적인 플레이어의 목표, 예컨대 2부에서 살펴본 내적 목표 따위와 연계시키면 이런 행위가 줄어들거나 완전히 사라지는 모습을 볼 수 있을 것이다.

이런 플레이어를 어떻게 처리할지는 당신에게 달렸다. 하지만 이들을 처벌하거나 이들이 앗아간 것(만약 있다면)을 되찾기 전에 먼저 이들의 행위가 악의적이었는지 아닌지 확인해보는 것도 좋다.

선더짐의 경우 플레이어의 동기를 유발하기 위해 포인트를 적립할 수 있게 하고 이 포인트로 개인 트레이너 강습료(일반적으로 상당히 비싸다.)를 지불할 수 있게 한다면 일부 플레이어는 시스템의 약점을 이용해 쉽고 빠르게 포인트 쌓을 방법을 궁리할 것이다. 하지만 게이미피케이션 탑의 초점을 살 빼기라는 비재무적 목표에 맞추면 플레이어가 시스템을 가지고 장난칠 가능성이 별로 없는데 그래봤자 자신에게 외적 혜택이 돌아오지 않으리라는 사실을 알기 때문이다.

트롤과 훼방꾼의 등장

트롤이나 훼방꾼은 시스템을 바꾸려고 하거나 적극적으로 다른 플레이어를 귀찮게 하고 괴롭힐 때가 많다. 이들은 다른 플레이어에게 부정적인 경험을 겪게 해 그들을 게임에서 쫓아낸다. 게다가 트롤은 다른 트롤을 끌어들이는 경향이 있어 짧은 시간 안에 게이미피케이션 탑이 트롤로 들끓을 수도 있다. 이렇게 되면 그들의 부정적인 행동이 당신이 만든 경험의 일반적인 환경이 되어버린다.

선더짐의 경우 트롤은 재앙이 될 수도 있다. 한 무리의 나쁜 플레이어가 온라인 채팅 토론방에서 다른 플레이어를 적극적으로 괴롭히기 시작한다고 상상해보라. 그런 환경에서 오래 남아 있을 플레이어는 많지 않다.

가장 좋은 방법은 플레이어에게 잘못된 행동을 신고할 권한을 주고 채팅 토론방과 같은 위험 지역에서 플레이어의 행동을 모니터링하는 것이다. 그리고 어떤 경우에 회사가 직접 개입할 수 있으며 개입은 어떤 형태를 띨 것인지에 관한 명확한 정책을 수립해 플레이어가 보기 쉬운 곳에 비치해야 한다. 선더짐의 경우에도 결과를 명시한 명확한 행동 규칙을 만들어 트롤에 대처해야 한다. 부당한 행위가 발생했을 때 빠르고 쉽게 신고할 수 있는 절차도 마련해야 한다. 당연히 결과에 대한 책임을 지우고 이 사실을 명확히 알려야 한다. '명단을 발표해 망신 주기'식은 좋은 방법이 아니다. 그보다는 지난 몇 개월 사이에 몇 명이 처벌을 받았다는 식으로 알리는 것이 좋다.

여러 가지 법적 문제 발생

얼마나 많은 기업이 게이미피케이션 탑을 만들면서 저작권 및 지적 재산권 관련 법을 위반하는지 알면 아마 여러분은 놀랄 것이다. 하지만 더 복잡한 것은 이용자의 개인 정보에 관한 권리다. 따라서 게임을 실행하는 데 꼭 필요한 정보만 수집하고 명확한 동의가 없는한 수집한 정보를 재사용하거나 되팔지 않도록 하라.

우리가 해줄 수 있는 조언은 사업을 영위하는 국가의 다양한 개인 정보 및 지적 재산권 관련 법을 이해하고 항상 이것을 준수하라는 것이다. 법에 관해 자신이 없거나 해당 법의 적용 범위를 잘 모르겠으면 변호사 또는 사업을 영위하는 업종과 국가의 법규에 따라 공인받은 전문가에게 자문하라. 끝으로 게이미피케이션 탑과 관련해 당신이 내리는 어떤 결정이라도 '이것이 고객을 위한 것인가?'와 '이렇게 하면 우리에 대한 신뢰나 플레이어와의 관계가 깨지지 않을까?'라는 윤리적 렌즈를 들이대 검토하라. 초기에 이런 질문에 대답하다 보면 어떤 올바른 절차와 조언이 필요할지 눈에 보인다.

강박적 행동 유발

끝으로 당신의 게임이 고객에게 강박적 행동을 유발할 수도 있다는 사실을 알아야 한다. 이 말을 듣고 당신이 어떤 생각을 할지 알고 있다. 하지만 우리 말을 믿어라. 플랫폼에 중독성이 있으면 고객의 참여도가 높아져 단기간에 당신의 목표를 달성하는 데 도움이 되겠지만 결국은 플레이어에게 번아웃을 유발해 부정적 선전으로 이어진다.

만약 선더짐이 플레이어가 강박적일 정도로 체육관에 출석하게 만드는 게이미피케이션 플랫폼을 만들면 플레이어가 더 건강해지고자 하는 목표를 달성하는 데 도움이 될 수도 있겠지만 플레이어 삶의 다른 부분에 예상하지 못한 영향을 미칠 수도 있다. 예컨대 플레이어가 체육관 출석에 너무 집착해 자기 삶의 다른 중요한 사회적 또는 금전적 측면을 무시할 수 있고 심하면 부상으로까지 이어질 수도 있다. 이렇게 되면 플레이어의 정신적 또는 육체적 건강이 장기적으로 영향을 받고 이것은 극단적인 운동 습관을 계속 유지하려는 플레이어의 능력에 영향을 미쳐 결국 플레이어는 번아웃에 빠지고 말 것이다.

이 책에서 여러 번 사용한 말을 다시 한번 상기시키자면, 먼저 플레이어를 보살펴야 한다.

────────────(Summary)────────────

설계 및 실행 중에 발생할 수 있는 주요 함정을 피하려면 게이미피케이션 경험의 초기 단계부터 철저하고 신중하게 계획을 세우는 것이 중요하다. 회사의 비즈니스와 표적 페르소나에 관해 당신이 조사한 것을 철저히 검토하면, 고객을 끌어들이고 참여시키는 데 필요한 것이 무엇인지에 대한 아이디어와 작업 개념을 얻을 수 있다. 그런 다음 필요한 동기유발 레버와 메카닉스를 선택하면 당신이 원하는 경험을 제공할 수 있다. 하지만 아무리 설계를 잘한 경험이라도 문제에 봉착할 수 있다는 사실을 인식하고 경계를 게을리해서는 안 된다. 그렇다고 너무 걱정할 필요는 없다. 시험하고 다시 고치는 것도 게이미피케이션 솔루션의 일부다.

Next steps

— 회사의 비즈니스와 페르소나 집단에 관해 당신이 조사한 자료를 펼쳐놓아라. 당신이 선택한 동기유발 레버와 메카닉스는 당신이 조사한 자료와 방향이 일치하는가?

— 도상圖上으로 시제품을 만들어 동료들을 상대로 시험해본 뒤 외부인이나 고객으로 이루어진 초점집단을 상대로도 시험해보라.

— 발견한 문제를 팀원들과 함께 검토한 뒤 변화와 개선이 필요한 부분이 있으면 철저히 조치하라.

18장
· · · ·
당신만의 게이미피케이션 탑을 측정하라

마지막 장에서는 게이미피케이션 작업을 측정하는 내용을 다루겠다. 게이미피케이션에 관해 이야기할 때 측정이라는 주제가 무시되거나 적당히 넘어갈 때가 많다. 우리는 이것이 게이미피케이션이 지금까지 기업과 기업의 마케팅 캠페인에서 주류 수단으로 자리 잡지 못한 이유의 하나라고 생각한다.

마케팅도 이와 유사한 여정을 거쳤다. 처음에는 측정도 하지 않는 모호한 '예술 형식'으로 시작했다가 지금은 자동화와 데이터 분석에 의존하는 엄격한 경영과학이 되었다(물론 지역에 따라 차이는 있다). 이제 마케팅은 창의성과 데이터 사이에서 적절한 타협점을 찾은 것으로 보인다.

우리가 게이미피케이션에서 바라는 것이 바로 이런 균형이다. 하지만 이런 균형은 우리가 마케팅 캠페인에서 기대하는 만큼 게이미피케이션의 영향을 확실하게 측정하고 보고하지 않는 한 달성되지 않는다.

게이미피케이션 측정의 거대한 장애물 – 원인

투자 수익률Return On Investment(이하 ROI)은 모든 기업이 프로젝트를 수행할 때 사용하고 싶어 하는 주요 성과 측정 지표다. 잘 모르는 사람을 위해 설명하자면 ROI는 어떤 일에 투자한 시간과 돈을 같은 기간 동안 그 일에서 얻은 혜택과 비교해 수치로 나타낸 것이다.

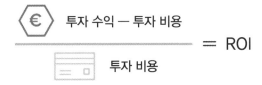

$$\frac{\text{투자 수익} - \text{투자 비용}}{\text{투자 비용}} = \text{ROI}$$

〈그림 12〉 투자 수익률 산출 공식

기업의 이해관계자는 성공을 측정하는 핵심 지표로 주로 수익과 ROI를 사용한다. 하지만 플레이어는 수익과 ROI 대신 자신의 목표를 측정 지표로 사용할 테고 이것은 틀림없이 당신의 수익과는 관계가 없을 것이다.

그렇다면 이렇게 서로 다른 기업과 고객의 욕구 균형을 어떻게 맞출 수 있는가?

기업의 이해관계자와 플레이어 사이의 이 균형은 매우 중요하다. 당신은 게이미피케이션에서 단기 목표는 효과적이지 않다는 것과 고객 유지와 참여라는 장기 목표는 고객이 자신의 개인적 ROI를 달성하는 것과 직접적으로 연결되어 있음을 알아야 한다. 이 말은 플레이어가 단기적으로 자신의 개인적 ROI를 달성하면 장기적으로는 이것이 당신의 비즈니스 ROI 달성으로 이어진다는 뜻이다.

그렇다면 게이미피케이션 프로젝트의 ROI는 어떻게 측정할까? 게이미피케이션 솔루션에 비즈니스나 마케팅 목표와 직접적으로 연계된 행위(예컨대 새로 나온 시험 서비스 신청, 친구 소개, 마케팅 설문 조사 응답 등)가 없다면 게이미피케이션 솔루션이 이런 목표에 직접적으로 미친 영향을 측정하기는 어렵다.

선더짐의 경우 게이미피케이션 솔루션이 플레이어를 더 많은 수업에 등록하도록 유도한다면 게이미피케이션 솔루션의 재무적 ROI를 측정할 수 있다. 하지만 이 솔루션이 회원들의 재등록률에 영향을 끼쳤는지 아닌지 어떻게 알 수 있을까? 우리가 통제할 수 없거나 측정할 수 없는 수많은 참작 요인이 있는데 어떻게 게이미피케이션의 영향을 추적할 수 있을까?

비결은 고객의 데이터 세분화다. 우선 고객을 게이미피케이션 솔루션에 적극적으로 참여하는 고객과 그렇지 않은 고객으로 나누어라. 적극적인 참여는 매우 중요하므로 고객이 언제 참여하는지, 즉 언제 게이미피케이션 솔루션을 이용하기 시작하는지 기록해 두어야 한다. 그리고 고객이 참여를 멈추면, 즉 당신이 출시한 솔루션이나 게임 요소를 적극적으로 이용하지 않으면 그것도 기록해야 한다.

이런 세분화 작업이 끝나면 다음 방법에 따라 ROI를 측정할 수 있다.

1) **게이미피케이션 실행 '이전 대비 이후':** 대략적인 산출 방법은 게이미피케이션 솔루션을 출시한 후의 측정치와 전월, 전년도 또는 직전 12개월 등 같은 기간의 측정치의 차이를 비교하는 것이다. 측정치나 측정치의 증가율 또는 감소율에 차이가 있다면 솔루션이 만들어낸 변화 때문이라고 추정할 수 있다. 하지만 이것을 전적인 원인으로 보기에는 부정확한 면이 많다는 점을 염두에 두어야 한다. 측정치의 차이는 회사가 같은 시기에 한 다른 활동의 영향을 받아서 생겼을 수도 있고 당신이 인지하지 못했을 수도 있는 일반적인 시장 요인(예컨대 경쟁사의 가격 정책, 인플레이션, 새로운 시장 진입자 등)에 의해 생겼을 수도 있기 때문이다. 이런 '이전 대비 이후' 분석을 하기 위해서는 반드시 정확한 기준 데이터가 있어야 한다.

2) **'이전 대비 이후' 고객 행동의 차이:** 위의 방법보다 조금 더 정확한 방법은 게이미피케이션 솔루션의 적극적 이용자가 되기 전과 후의 고객 행동을 비교하는 것이다. 이것은 고객 참여도의 변화를 측정해 게이미피케이션 솔루션이 거기에 미친 영향을 알아보는 좋은 방법이다. 하지만 그래도 당신 회사의 ROI 계산 결과는 여전히 위에서 말한 외부 요인의 영향을 받을 것이

다. 이 분석 방법은 기존 고객을 대상으로만 사용할 수 있고 신규 고객에게는 사용할 수 없다.

3) **통제 집단:** 우리가 추천할 수 있는 가장 정확한 ROI 측정 방법은 시험 집단과 통제 집단을 선발해 게이미피케이션 솔루션을 시험 버전으로 출시하는 것이다. 무작위로 고객을 뽑아(고객 페르소나 그룹별로 같은 숫자를 뽑는다.) 시험 집단이나 통제 집단으로 배치한다. 통제 집단은 원래 하던 대로 하게 하고 시험 집단에게는 게이미피케이션 솔루션을 제공한다. 선택한 목표에서 고른 결과를 달성하는 데 필요한 시간 동안 솔루션을 시험 가동한다. 두 집단을 비교해 솔루션이 고객 행동에 미친 영향을 확인한다. 좀 더 철저히 검증하고 싶다면 서로 다른 시험 집단과 통제 집단을 대상으로 수개월에 걸쳐 여러 번 시험해본다.

이상 세 가지가 복잡성과 정확도순으로 나열한, 우리가 추천하는 지표 측정 방법이다. 그런데 어떤 지표를 측정할 것인가? ROI라고 하면 대부분의 사람은 수익을 떠올린다. 하지만 수익이 당신 회사나 마케팅팀의 주요 목표인가?

ROI를 넘어: HEART 프레임워크

게이미피케이션과 UX User Experience 분야에서 사용되어온 유용한 도구는 구글벤처스의 HEART 프레임워크다.[1] 이 프레임워크는 프로젝트의 다섯 가지 측면을 측정한다. 지금부터 측면별로 나누어 각 측면이 우리 프레임워크와 게이미피케이션 프로젝트에 어떻게 적용되는지 살펴보기로 하겠다.

- **행복**Happiness: 이것은 당신의 게이미피케이션 프로젝트에 대한 플레이어의 만족도를 보여주는 정성적 측정 지표다. 설문 조사나 '좋아요'를 누른 숫자로 측정할 수 있다. 이것은 허영 지표vanity metric*로, 플레이어가 만족한 이유가 게이미피케이션이 잘 만들어져서인지 아니면 그냥 쓰기 쉬워서인지 알기 어렵다. 하지만 플레이어가 해당 경험을 어떻게 생각하는지에 대한 전반적인 느낌을 얻을 수 있다.
- **참여도**Engagement: 가장 직접적인 측정 지표다. 일별, 주별 등 기간별 접속 횟수나 이용 횟수 등을 통해 플레이어가 얼마나 적극적인지를 보여주기 때문이다. 하지만 어떤 프로젝트라도 플레이어의 활동이 활발한 기간이 있고 소강 국면에 접어들 때가 있다는 사실을 잊으면 안 된다.
- **수용**Adoption: 수용은 '신규' 플레이어를 대상으로 한 것으로 마케팅과 소셜네트워크의 유용성과 효과성을 바로 보여준다. 당신의 게이미피케이션 프로젝트는 '신규 수용자'를 얼마나 유치했는가?
- **유지**Retention: 유지는 시간이 지난 후에도 얼마나 많은 활성 플

---

* 다운로드 횟수, '좋아요' 수 등 보기에는 좋지만, 성과를 아는 데는 도움이 되지 않는 지표다.

레이어가 계속 남아 있는가와 이들의 재등록률이 얼마나 되는가를 본다는 점에서, 본질적으로 가입 지표라는 동전의 이면이라고 할 수 있다.

- **과제의 성공**Task Success: 이것은 내부적 척도이므로 그런 용도로 쓰여야 한다. 과제의 성공은 게이미피케이션 프로젝트의 전반적인 효과성을 다양한 측면에서 측정한다. 예컨대 등록하는 데 걸리는 시간은 얼마나 되며 좀 더 효율적으로 등록하게 하는 방법은 무엇인가 혹은 플레이어가 특정 마일스톤에 도달하는 데 걸리는 시간은 얼마나 되며 그렇게 가는 것이 가장 효과적인 경로인가 등이다.

이상의 다섯 가지 측면을 그림 13과 같이 세로축에 배열한다. 이 프레임워크에서 중요한 점은 가로축 안에 들어갈 내용을 아는 것이다. 그 내용이, 당신이 받아들여 게이미피케이션 프로젝트를 변경하거나 개선하는 데 적용할 기준이기 때문이다.

- **목표**Goals: 앞에서 작업한 세 가지 유형의 목표, 즉 플레이어의 목표, 비즈니스 목표, 마케팅 목표를 다시 확인하기 바란다. 진도와 효과성을 측정할 수 있는 올바른 지표를 찾는 데 도움이 된다.
- **신호**Signals: 신호는 목표를 쪼개, 성공으로 볼지 실패로 볼지를 판단할 수 있는 본질적인 부분으로 나눈 것이다. 예를 들어 고객 참여도 제고가 목표라면 바람직한 플레이어의 행위, 예컨

		목표	신호	지표
행복	Happiness			
참여도	Engagement			
수용	Adoption			
유지	Retention			
과제의 성공	Task Success			

〈그림 13〉 게이미피케이션 HEART 프레임워크 예시

대 CTR(클릭률)의 30% 증가는 신호이다.

- **지표**Metrics**: 이제 드디어 실질적인, 냉혹한 데이터에 도착했다. 목표와 신호를 보면 어떤 측정 도구가 가장 적합한지 판단할 수 있다. '신호'에서 언급한 예의 경우, 참여도와 CTR 데이터를 수집·측정하기에 가장 좋은 도구는 구글 애널리틱스나 널리 쓰이는 그 밖의 도구이다. 이 외에도 설문 조사, SEO(검색 엔진 최적화) 지표, 만족도, NPS(순 추천고객 지수) 등의 도구가 있다.

여기에서 모든 항목이 당신의 프로젝트와 연관 있는 것은 아님을 알아야 한다. 그러므로 언제나 각 항목을 하나하나 검토해보는 것이 좋다.

지금까지 작업을 수행하며 검토했던 정보를 다시 살펴보고 당신의 프로젝트에 이런 프레임워크를 어떻게 적용할 수 있을지 생각해보라. 물론 다른 프레임워크도 여럿 나와 있다. 하지만 우리가 보

기에는 이 프레임워크가 게이미피케이션에 가장 적합하다. 이 프레임워크는 구글 디자인 스프린트[2]와 연결된다는 점도 언급할 필요가 있을 것 같다. 만약 17장의 'Next steps'에서 언급한 시제품 만드는 작업을 확대하고자 한다면 구글 디자인 스프린트에 관심을 가져보라.

오프라인, 다시 말해 현실 세계에 있는 것은 측정하기 어렵다는 사실도 염두에 두어야 한다. 상대적으로 온라인에 있는 것은 측정하기 쉬우므로 선택할 수 있는 다양한 전자 상거래나 CRM(고객관계관리) 시스템과 연결해 두는 것이 좋다.

당신의 게임은 회사에 도움이 되는가?

ROI 측정 방법과 사용 가능한 도구에 대한 기본적인 지식을 갖추었다. 다음 질문은 당신의 게임 또는 게이미피케이션 경험이 회사에 도움이 되는가이다. 선더짐을 예로 들어 측정 가능한 여러 측면을 하나씩 살펴보며 이 질문에 효과적으로 대답해보겠다.

우선 13장에서 파악한 비즈니스 목표, 마케팅 목표, 고객 목표를 모두 적어보라. 앞에서 설명한 HEART 프레임워크를 사용했다면 거기에 있는 목표를 적어도 된다. 당신의 측정 방법을 보완하기 위해 SMART 목표 설정 기법*이라는 다른 프레임워크를 사용한다고 하자. 위의 목표는 SMART 목표에 해당하는가? 각 목표는 측정할 수 있는 명확한 지표가 있는가? 각 목표를 측정할 신뢰할 만한 방법이 있는가?

만약 이 질문 중 하나라도 '아니오.'라는 답이 나온다면 계속 진행하기 전에 그 부분을 바로잡거나 '아니오.'라는 답에 납득할 만한 이유를 제시하기 바란다.

비즈니스 목표

비즈니스 목표는 고위 이해관계자가 게이미피케이션 솔루션을 검토하고 판단하는 기준이 된다. 이들은 당신이 ROI를 어떻게 측정하는지 또 게이미피케이션이 비즈니스에 도움되는 부가 솔루션인지 아니면 성과 향상에 대한 실증도 없는 추가 비용에 불과한 것인지에 신경 쓰는 사람들이다.

비즈니스 목표는 게임에서 일어나는 활동과 가장 관계가 없다. 하지만 비즈니스 목표에 직접적으로 기여하는 특정 게임 요소나 플레이어 활동이 있는지 살펴봐야 한다. 이것을 구체적으로 측정해, 게이미피케이션 덕분에 생긴 변화를 보고하라. 측정이 되지 않으면 앞에서 살펴본 ROI 측정 방법으로 돌아가 다시 검토하라.

실적 보고를 위해 월별 보고서에 들어갈 비즈니스 목표와 측정 지표를 정하라. 게이미피케이션이 각 지표에 미친 영향을 정확히 파악하려면 전월 대비 실적, 전년도 대비 실적, 직전 12개월 대비 실적을 측정하는 것이 좋다. 게이미피케이션 솔루션이 영향을 미칠

---

* 구체적이고(Specific) 측정 가능하고(Measurable) 성취할 수 있으며(Achievable) 현실적이고(Realistic) 시간이 정해져 있는(Time-bound) 목표를 설정하는 기법을 뜻한다.

관련 지표별 목표 설정도 잊으면 안 된다. 목표는 솔루션의 규모나 범위와 어울려야 한다.

이들 고위 이해관계자가 참석하는 분기별 심사분석 회의도 개최하는 것이 좋다. 여기서는 게이미피케이션이 비즈니스에 미친 영향과 솔루션의 변경 필요성을 살펴보며 솔루션이 목표한 대로 제대로 작동하는지 검토하고 그렇지 않다면 어떤 조치를 취할 것인지를 논의할 수 있다.

마케팅 목표

비즈니스 목표와 같은 절차를 따르면 된다. 하지만 이해관계자와 측정 지표는 다르다. 마케팅 목표는 게이미피케이션 솔루션의 결과와 직접적인 관계가 있으므로 게임 요소와 마케팅 측정 지표 사이의 직접적 인과관계를 파악해야 한다.

우리는 주 및 월 단위로 마케팅 목표와 관련한 측정 지표 보고서 작성을 권한다. 이렇게 하면 고객의 솔루션 이용 실태와 마케팅 지표 사이의 추세를 파악하는 데 도움이 되고 최적의 결과를 얻기 위해 솔루션을 수정하고 시험해볼 수 있다.

마케팅 이해관계자와는 적어도 월 1회 회의를 개최해 게이미피케이션 솔루션을 논의하고 솔루션 시험 및 변경 계획을 세우라. 그리고 분기 심사분석 회의 전에 마케팅 및 비즈니스 목표 대비 실적을 검토하는 것이 좋다. 이렇게 하면 고위 이해관계자와의 회의 전에 문제점 및 부족한 부분을 파악해 해결할 시간을 가질 수 있다.

고객 목표

고객 목표는 당신 회사의 제품이나 서비스가 무엇인가에 따라 측정하기 어려울 수도 있다. 선더짐의 경우 살 빼기라는 고객 목표에 초점을 맞춘다면 고객이 체육관 기록부에 자신의 체중 변화를 적극적으로 기록해야 이 지표를 측정·보고할 수 있다. 만약 고객이 기록부에 체중 변화를 기록하지 않는 문제가 있다면 체육관의 기록부에 목표와 관련된 데이터를 남기는 것이 자신의 진도를 기록하는 수단이라고 고객을 설득하는 식으로 게이미피케이션 솔루션을 조정하면 된다.

이것은 중요한 내용이다. 게임을 하는 것이 자신의 목표 달성에 도움이 된다는 사실을 고객에게 직접 알려주면 고객은 당신의 솔루션에 더 적극적으로 참여할 것이고 당신은 이 데이터를 마케팅 자료에 사용해 더 많은 고객을 끌어들일 수 있기 때문이다.

당신의 솔루션에 직접적인 ROI를 설정하는 것이 어렵거나 불가능하다면 플레이어의 개인적 목표 대비 진도를 보여주는 지표가 그것을 대신할 수 있다. 이 데이터는 고객에 대한 게이미피케이션 솔루션의 가치를 명확하게 보여주는 표지이므로 회사에 대한 게이미피케이션 솔루션의 가치를 보여주는 것이기도 하다.

매년 또는 게임 운영 방법에 큰 변화가 있을 때마다 실제 고객으로 초점집단을 구성해 운영하는 것이 좋다(고객 페르소나마다 비슷한 규모로 뽑아야 한다는 사실을 기억하라). 초점집단의 역할은 게임에 대한 고객의 느낌과 게임이 고객의 목표 달성에 도움이 되는지 파악하는 것이다. 이 기회를 이용해 당신의 비즈니스와 게임의 약점이 무엇인지

파악하고 게이미피케이션 솔루션을 개선할 아이디어를 발굴하도록
한다.

당신의 게임은 플레이어에게 도움이 되는가?

이제 당신 손에는 비즈니스 목표, 마케팅 목표, 고객 목표 리스트와
함께 게이미피케이션 솔루션을 측정할 각 목표와 관련된 지표가 들
려 있을 것이다. 정기 보고 체계도 갖추었고 핵심 이해관계자와 실
적을 논의할 회의 일정도 잡았다.

하지만 이게 끝이 아니다. 게이미피케이션 경험을 설계하고 구
축했으니 이제 그것을 유지해야 한다. 하지만 게임은 실제 플레이
어가 들어와 일단 가동되면 움직이는 부위가 매우 많은 복잡한 기
계다. 그래서 조심하지 않으면 비유컨대 손가락을 잃을 수도 있다.

따라서 게임이 잘 돌아가는지 파악할 수 있고 문제가 생기면 바
로 진단할 수 있는 몇 가지 핵심 지표를 보고하는 체계를 구축하기
를 권한다. 우리가 추천하는 핵심 지표는 다음과 같은 것이다.

- **플레이어 수:** 게임을 하는 플레이어 전체의 수와 플레이어 전체
  수의 증가율 또는 감소율은 당신의 솔루션이 얼마나 많은 플
  레이어에게 영향을 미치는지 보여주는 중요한 지표다. 전체
  고객 중 게임에 참여하는 고객의 비율을 이 지표의 보조 지표
  로 활용할 수 있다. 이 비율은 비즈니스 이해관계자에게 보여

줄 수 있는 아주 좋은 지표다.

- **활성 플레이어 비율:** 전체 플레이어 중 솔루션을 적극적으로 이용하는 플레이어가 차지하는 비율을 정해진 기간 내에서 일간, 주간, 월간 단위로 구한다. 이 비율을 알면 당신의 게임이 고객과의 교류에 효과적인 도구인지 아니면 그냥 새로 만든 장난감에 불과한지 알 수 있다. 또 시간 경과에 따른 게임의 이용 추세를 아는 데도 도움이 된다. 게임 이용 추세는 게임을 새로 고쳐야 할지(혹은 다시 출시해야 할지)를 판단하는 좋은 지표다.

- **사용량:** 플레이어가 게이미피케이션 경험의 여러 요소를 얼마나 사용하는가를 말한다. 무엇을 측정할지는 솔루션에 따라 다르겠지만 대체로 토론방에 올린 글, 앱에 로그인하는 횟수, 하나의 행위를 끝내는 횟수, 성공 또는 실패 횟수 등을 측정한다. 이 데이터를 알면 어떤 유형의 플레이어가 어떤 요소를 가장 많이 사용하는지 알 수 있는데, 이것은 플레이어가 게임의 여러 요소를 알고 있는지 또는 각 요소를 어떻게 평가하는지를 보여주는 좋은 지표다. 이런 플레이어의 활동과 선호를 기반으로 게임의 어느 부분을 더 개발해야 할지 알 수 있다.

- **플레이어의 진도:** 플레이어가 어디서 막히는지 혹은 어디서 게임을 포기하는지를 파악하는 것이다. 게임에 따라 위치는 다르겠지만 유심히 살펴보면 플레이어가 어디에('보스', 단계, 도전 과제 등) 몰려 있는지 눈에 들어온다. 이것은 게임에서 해당 부분이 너무 어렵거나 너무 지루하거나 플레이어 입장에서 명확한 방향성이 결여되어 있다는 것을 보여주는 좋은 신호다. 시

간을 두고 이 지표를 모니터링하면 게임에 가한 변화에 신규 플레이어가 어떤 반응을 보이는지 또는 플레이어의 유형에 따라 같은 콘텐츠나 같은 게임 메카닉스에 보이는 반응이 어떻게 다른지 아는 데 도움이 된다.

- **불만이나 버그 신고 건수:** 플레이어의 불만족을 매우 잘 보여주는 지표다. 게이미피케이션 솔루션과 관련된 고객 불만 신고나 버그 신고가 얼마나 들어오는지 알아야 한다. 시간이 흐르면서 이것이 어떻게 바뀌는지 그리고 어떤 유형의 플레이어가 이런 신고를 하는지 모니터링하면 문제의 근본 원인에 더 잘 대처할 수 있다.

- **게임을 악용하거나 다른 플레이어를 괴롭히는 사례 감시:** ROI와 직접적으로 관련된 지표는 아니지만 측정할 가치가 있는 지표다. 다만 이 지표는 이런 사례의 발생을 발견하기 어렵다는 문제가 있다. 그래도 플레이어가 게이미피케이션 경험과 어떻게 상호작용하는지 모니터링하는 것이 좋다. 예컨대 평균적인 플레이어보다 진도가 빠른 플레이어가 눈에 띄면 주의 깊게 살펴봐야 한다. 가장 좋은 시나리오는 이 플레이어가 발견한 새로운 접근방법을 당신의 경험에 받아들이는 것이고 최악의 시나리오는 시스템에 문제가 있다는 사실이 드러나 더 큰 문제로 이어지기 전에 그 부분을 막는 것이다. 플레이어와 플레이어 간의 괴롭힘 문제는 17장에서 말한 대로 플레이어에게 이런 문제를 신고할 수 있게 하는 방법으로 해결하면 된다. 그러면 문제가 발생할 때마다 모니터링해 신고 내용에 따라 적절히 조

치할 수 있다.

일단 게이미피케이션 솔루션을 출시했으니 모든 것이 끝났다고 생각하는 함정에 빠지면 안 된다. 많은 디자이너가 이런 함정에 빠져 위에서 말한 지표를 측정하지 않는다. 당신이 만든 게임이 어떻게 돌아가는지 항상 알고 있으려면 이들 지표를 기재한 일일 보고서 및 주간 보고서를 작성하는 것이 좋다. 이 지표가, 문제가 발생하면 커지기 전에 빨리 대응할 수 있는 경고 신호가 되어야 한다.

하지만 이것은 솔루션을 관리하는 매우 수동적인 방법이다. 위에서 말한 지표를 보고 약점이나 개선할 점을 발견할 수 있어야 한다. 또 이 지표를 활용해 플레이어와 상호작용하는 새로운 방법을 찾을 수 있어야 한다. 예컨대 도전 과제의 난이도를 조절해 탈퇴율을 줄이거나 완전히 새로운 게임 요소 도입 혹은 심미적 디자인과 기능을 개선해 게임을 더 매력적으로 만드는 것이다.

측정한 지표를 과거 기록과 비교해 시간의 흐름에 따른 지표의 변화 정도와 추세를 파악하는 것을 잊으면 안 된다. 이것은 새로 도입한 게임 요소나 기능이 원하는 효과를 내는지 확인하려고 할 때 매우 유용하다.

이들 지표는 시간이 흐르면서 게임을 어떻게 바꿔야 할지 게임을 완전히 새로 디자인할 필요가 있을지 등에 관한 결정을 내릴 때도 유용하다. 정보를 기반으로 게임을 개선하기 위한 이런 변화는 반복적인 과정이라는 점을 염두에 두어야 한다. 당신이 만든 솔루션이 처음에는 성공을 거두지 못하더라도 꼼꼼하고 신중한 변화를 통해 신속하게 상황을 되돌릴 수 있다.

─────────────────(Summary)─────────────────

어떤 마케팅 게이미피케이션 솔루션에서도 측정 지표는 가장 중요한 요소다. 당신이 제공하는 경험이 효과적인지 아닌지 측정할 수 있어야 한다. 당신이 만든 게이미피케이션 솔루션의 결과를 판단하려면 가장 먼저 ROI 공식을 이용하라. 그런 다음 HEART 프레임워크로 보완하라. 이렇게 하면 솔루션 내에서 더 직접적이고 더 측정하기 쉬운 포인트를 찾을 수 있다. 이렇게 해서 측정한 지표를 3부를 시작할 때부터 반복해서 나오는 비즈니스 목표, 마케팅 목표, 고객 목표와 대조해보라.

우리는 당신이 만든 솔루션과 결혼하지 말라는 마지막 충고를 하겠다. 솔루션은 변하게 되어 있다. 당신의 측정 방법이 효과적이라면 변화는 더 좋은 쪽을 향할 것이고 그런 식으로 바뀌거나 개선되거나 진화하는 것은 모두 상황이나 고객의 기대에 더 부합할 것이다.

Next steps

— HEART 프레임워크 양식을 그린 후 각 칸에 서로 관련되는 목표, 신호, 지표를 채워넣어라.

— SMART 목표 설정 기법을 이용해 13장에서 한 작업을 재검토한 뒤 이 목표를 전체 측정 구조에 통합하라.

— 시간과 돈과 필요성이 다할 때까지 시험하고 개선하고 또 시험하고 또 개선하기를 반복하라. 시험과 검토는 많이 할수록 좋다!

드디어 도착했다.

진정한 끝이란 없기에 '끝'에 도착했다는 말이 아니고 갈림길에 도착했다는 뜻이다. 이제 우리는 우리가 갈 길로 갈 것이고 당신은 이 책에서 배운 지식과 통찰을 이용해 다른 길로 갈 것이다.

하지만 헤어지기 전에 당신의 여정 도중에 고려해야 할 사항을 몇 가지 이야기하고 싶다. 책을 마쳤으니 이제 초기에 했던 몇몇 가정과 각 장 끝에 있는 'Next steps'을 되돌아보기를 권한다. 책을 읽으며 당신이 적어놓은 것과 배운 것을 떠올려보라. 책을 읽는 동안 생각의 범위가 넓어졌을 테니, 거기에 맞춰 초기의 가정이나 아이디어를 업데이트하거나 바꾸면 된다.

3부를 읽고 고객과 비즈니스와 목표에 관한 새로운 데이터를 수집했을 것이고 이 데이터를 기존 데이터와 묶어 분석했을 테니, 이 데이터들을 당신의 초기 가설에 적용하고 책에서 배운 지식을 활용해 그 가설을 발전시켜라.

팀원들이 함께 모여 지금까지 겪은 과정에 관해 피드백과 제안을 주고받으며 프로젝트를 되돌아보는 시간을 가져라. 책을 읽는 동안 마케팅 게이미피케이션 솔루션을 완성했다면 책을 읽으며 당신이 알게 된 사실을 적용해 다시 살펴보라. 16장에서 논의한 혁신 수용 곡선을 염두에 두고 당신이 만든 솔루션의 어떤 부분이 초기 수용자를 끌어들이는지 검토해보라. 이때 곡선의 나머지 부분은 무시하고 초기 수용자를 끌어들이는 부분에 초점을 맞춰 그 부분을 개선하라.

이 과정에 수집한 데이터를 활용해 당신의 원래 기대치를 다시 테스트해보라. 수집한 데이터는 당신의 기대치와 일치하는가? 무엇이 다르고 무엇이 같은가? 결과와 기대치를 비교했을 때 차이점은 무엇인가? 팀원과 함께 이런 질문을 계속한 뒤 도출한 답을 이용해 게이미피케이션 탑을 구성하는 층을 조정하고 개선하며 필요하면 바꿔 새로 학습한 사실에 맞춰라.

게임을 어떻게 계속 이어갈 것인가?

이 단계에서 우리가 흔히 받는 질문은 경험을 어떻게 계속 이어갈 것인가이다.

솔루션을 맨 처음 계획하고 구축할 때, 출시한 후 경험의 모습에 대한 요약 로드맵을 만들어라. 이때는 아직 출시하기 전이므로 로드맵의 요약본이나 대본만 만들면 된다. 계획 단계와 실행 단계를 거치면서 요약 로드맵을 다시 들여다보고 업데이트하라.

솔루션을 출시한 후 요약 로드맵을 다시 들여다보고 아직 유효한 것이 무엇인지 바뀐 것은 무엇이고 확장할 수 있는 것은 무엇인지 추가해야 할 것이 무엇인지 찾아보라.

최초 출시 이후, 마케팅 목표와 선택한 이야기를 기반으로 솔루션을 어떻게 계속 이어갈 것인지 대략적인 아이디어를 가지고 있어야 한다. 이 문제로 어려움을 겪는다면 고객에게 다시 돌아가 더 많은 피드백과 데이터를 수집하라. 충족되지 않은 고객의 욕구와 기대치에 직면하는 것을 두려워하면 안 된다. 이것이야말로 고객을 계속해서 행복한 충성 고객으로 유지할 수 있는 정보다.

계속 이어지는 경험이 어떤 형태를 띠든 언제나 다음과 같은 핵심적인 측면이 들어 있어야 한다.

- 약속 이행 및 고객 기대에 부응
- 새로운 콘텐츠와 해당 콘텐츠에 대한 새로운 기대치 추가

시간이 흐르면서 플레이어가 바뀔 수도 있다는 사실을 잊으면 안 된다. 심지어 계획 단계에서 바뀔 수도 있다. 그러니 언제나 긴장을 늦추지 말고 페르소나 프로필을 다시 확인하고 테스트하고 업데이트하라. 고객의 욕구와 기대치가 충족되지 않는 일차적 이유는 제공한 게임 내용이 새로운 플레이어가 원하지 않는 것이어서일 때가 많다.

플레이어의 정보를 항상 최신의 상태로 유지한다는 것은 당신이 플레이어를 위해 혁신하고 있다는 뜻이고 그럼으로써 지속해서 플레이어와 관련성을 유지하고 있다는 뜻이다. 당신은 자력으로 돌아가는 게이미피케이션 경험 순환 고리의 꿈에 더 가까이 다가가고 있다.

확장할 것인가, 종료할 것인가?

경험을 계속 이어간다고 했을 때 받게 되는 질문은 경험을 확장해야 하는가 종료해야 하는가, 종료해야 한다면 종료 시점은 언제가 좋을까,이다.

게이미피케이션 경험을 제공하기 전과 후에 측정한 지표를 살펴보라. 고객의 관심도가 높아졌는가? 관심도, 가입한 고객 숫자, 매출액 등으로 보았을 때 확장을 해도 괜찮아 보이는가? 경험을 확장하기에 충분한 양의 콘텐츠가 있는가? 예산은 충분한가?

매출액과 이익을 이용해 산출한 ROI가 경험을 확장할 때인지 아니면 종료 시점이 되었는지를 판단하는 가장 중요한 기준이다. 아울러 당신과 팀원이 경험을 계획하고 출시하면서 경험을 확장할 수 있을 만큼 충분한 역량을 쌓았는지도 고려해야 한다. 경험을 구축하는 일이 앞으로도 계속하고 싶을 만큼 편안했는가? 그렇지 않다면 당신이 구축한 경험은 아마도 일정 기간만 자력으로 돌아가는 '일회용' 경험일 뿐이다.

경험은 두 가지 경우에 종료된다. 하나는 시작 시점과 종료 시점이 명확히 정해져 있는 경우다. 지원과 콘텐츠는 딱 그 기간만 제공되고 그것으로 끝이다. 코스 요리나 TV 시리즈물같이 어느 시점이 되면 자원과 이야기가 고갈되고 만다.

다른 하나는 어떤 이유에서인가 경험에 대한 지원이나 관심이 없어지는 경우다. 회사나 당신 팀이 원인일 수도 있고 고객이 원인일 수도 있다. 불행한 일이지만 어쨌든 이런 일이 일어난다. 이런 일이 일어나면 사람들의 관심은 시들해지고 더 새로운(더 좋은) 것을 찾아 헤맨다.

이 시점에서 당신이 선택할 수 있는 옵션은 두 가지뿐이다. 하나 는 고객을 그대로 유지하기를 바라며 혁신을 시도하는 것이다(이미 그렇게 해보지 않았다면…). 다른 하나는 가능성이 조금 더 큰 것으로, 그냥 경험을 중단하는 것이다. 게임 산업에는 오래된 게임을 계속 끌고 가지 말라는 교훈이 있다. 즉 종료 시점이 있어야 한다. 비록 몇 년 뒤라 할지라도 종료 시점을 명확히 정하라. 종료 시점이 있다 는 말은 새로 배운 것과 혁신적인 아이디어를 새로운 버전의 경험 에 적용할 수 있다는 뜻이다. 이전 솔루션보다 더 크고 더 좋고 더 현란한 당신의 마케팅 게이미피케이션 솔루션 버전 2.0 말이다.

'마지막' 조언

책을 마치기 전에 우리가 주는 마지막 조언은, 마케팅 게이미피케 이션 솔루션 작업을 하는 동안 마음에 간직해야 할 몇 가지 간단한 내용이다.

지나친 복잡화나 지나친 문서화 작업을 피하라

이 책에서 우리는 조언이나 방법, 절차 등 많은 정보를 제공했다. 이 런 정보는 서류 작업으로 이어지겠지만 지나친 서류 작업은 경계 해야 한다. 가능한 한 모든 것을 단순화하라. 솔루션을 이해하고 제공하기 위해 여러 권의 운영 문서를 읽을 필요 없이 모든 것을 쉽고 편안하게 한눈에 볼 수 있도록 해야 한다.

언제나 시험하라

이 말을 마음속 깊이 새겨 두어야 한다. 어떤 단계에서든 시험하라. 가정을 시험하고 과정을 시험하고 결과물을 시험하라. 가능한 한 자주 도상圖上으로 시제품을 만들어보라. 마케팅 게이미피케이션 솔루션 시험을 일찍 할수록 출시했을 때 성공할 가능성은 커진다. 방치해놓았다가 솔루션이 완성된 후 시험하는 사람이 많다. 시간이 없거나 예산이 부족해서 그런 경우가 많은데 최악의 경우 작업을 다시 해야 할 수도 있다.

완벽은 완성의 적이다

앞의 말과 반대로 지나친 시험은 피해야 한다. 최종 제품을 출시하지는 않고서 시험하고 개선하고 시험하고 개선하는 끝없는 순환 고리의 늪에 빠지면 안 된다. 그럴 만큼 시간이나 예산이 충분하지 않을 터이니, 어느 시점이 되면 문자 그대로 '그래봤자 계속될 테니 이제 끝내자.'라는 말을 자신에게 해야 한다. 당신은 솔루션을 출시해야 한다. 그러므로 시한을 정해 그때까지 가능한 한 완벽하게 만든 뒤 정해진 시한을 지켜라.

평정심을 유지하라

당신과 팀원의 육체적, 정신적 건강을 위해 평정심을 유지하라. 가

정했던 내용을 주기적으로 확인하고 끊임없이 소통하며 스트레스를 받지 않도록 하라. 스트레스, 불안 같은 부정적인 감정은 실수로 이어진다. 실패는 학습 과정의 일부이고 심지어 솔루션의 일부이기도 하다. 그러니 실패를 껴안아라.

플레이어가 주인이다

플레이어의 문제 해결에 초점을 맞추어라. 게이미피케이션 솔루션의 실패는 대부분 이런 사실을 잊었기 때문에 일어났다. 만약 회사의 이익에만 초점을 맞추면 플레이어는 당신이 원하는 것을 하지 않을 것이다(아니면 애초에 게임에 참여하지도 않을 것이다). 당신의 마케팅 게이미피케이션 솔루션은 일차적으로 플레이어의 문제를 해결하기 위해 존재한다. 회사의 목표는 그다음이다. 이렇게 되면 플레이어가 행복해할 것이고 행복한 플레이어는 행복한 고객이라는 뜻이며 고객의 행복은 사업의 성공으로 이어진다.

끝으로

llllllllllllllllll

책을 끝까지 읽어준 독자들께 감사드린다. 출간까지 여러 해가 걸렸는데 이 책이 마케팅 게이미피케이션의 이해나 솔루션 구축에 도움이 되기를 바란다. 책이 도움이 되었다면 많은 사람이 더 의미 있고 더 나은 마케팅 게이미피케이션 경험을 할 수 있도록 당신이 알게 된 지식을 다른 사람과 널리 공유했으면 좋겠다.

1장. 게이미피케이션이란 무엇인가?

1 Chou, Y. K. Octalysis Framework. Available: https://yukaichou.com/gamification-examples/octalysis-complete-gamification-framework. 최종 접속일 2019.4.20.

2 Chou, Y. K. (2015) Actionable Gamification: Beyond Points, Badges, and Leaderboards. Octalysis Media. (국내 번역본: 『게이미피케이션 실전전략』, 홍릉과학출판사(2017)).

3 Chou, Y. K.,What is Gamification. Available: https://yukaichou.com/gamification-examples/what-is-gamification. 최종 접속일 2019.4.20.

4 Burke, B. (2014) Gamify: How Gamification Motivates People to Do Extraordinary Things. Routledge.

5 Burke, B. (2014) Gartner Redefines Gamification. Available: https://blogs.gartner.com/brian_burke/2014/04/04/gartner-redefines-gamification. 최종 접속일 2019.4.20.

6 Werbach, K. (2012) For the Win: How Game Thinking Can Revolutionize Your Business. Wharton Digital Press. (국내 번역본: 『게임하듯 승리하라』, 매일경제신문사(2013)).

7 Werbach, K. (2012) For the Win: How Game Thinking Can Revolutionize Your Business. Wharton Digital Press, pp. 26.

8 Suits, B. (2005) The Grasshopper: Games, Life and Utopia. Broadview Press.

9 Rollings, A. and Morris, D. (2003) Game Architecture and Design: A New Edition. (1st ed.) New Riders, pp. 38.

10 Gabrielle, V. (2018) The Dark Side of Gamifying Work. Available: https://www.fastcompany.com/90260703/the-dark-side-of-gamifying-work. 최종 접속일 2019.4.20.

11 Fumagall, S. (2015) 01/12/2015 in Gamification by Shane Fumagall LinkedIn:

Using Gamification to Make People Come Back Every Time. Available: https://gamificationplus.uk/linkedin-using-gamification. 최종 접속일 2019.4.20.

12 Wolfe, D. B2B Gamification: How Autodesk Used Game Mechanics for In-trial Marketing. Available: https://www.marketingsherpa.com/video/b2b-gamification-in-trial. 최종 접속일 2019.4.20.

13 Florentine, S. (2014) How Gamification Makes Customer Service Fun. Available: https://www.cio.com/article/2378252/consumer-technology/how-gamification-makes-customer-service-fun.html. 최종 접속일 2019.4.20.

14 (2011) News Badges: The 'Gamification' of Google. Available: https://www.insegment.com/blog/news-badges-the-gamification-of-google/. 최종 접속일 2019.4.20.

15 Lopez, J. (2011) Marriott Makes Facebook Game for Recruitment. Available: http://www.gamification.co/2011/06/24/marriott-makes-facebook-gamefor-recruitment. 최종 접속일 2019.4.20.

2장. 게임이 일상이 된 오늘날

1 (2015) Gamification Case Sudy: M&M's Eye Spy Pretzel. Available: http://www.digitaltrainingacademy.com/casestudies/2015/06/gamification_case_study_mms_eye_spy_pretzel.php. 최종 접속일 2019.4.20.

2 Huizinga, J. (1950) Homo Ludens: A Study of the Play-Element in Culture. NY, Roy Publishers, pp. 1. (국내 번역본: 『호모 루덴스』(개정판), 연암서가(2018)).

3 (2019) History of Games. Available: https://en.wikipedia.org/wiki/History_of_games. 최종 접속일 2019.4.20.

4 Gee, J. P. (2007) What Video Games Have to Teach Us About Learning and Literacy. Palgrave-Macmillan, pp. 2.

5 (2019) Digital Video Game Trends and Stats for 2019. Available: https://filmora.wondershare.com/infographic/video-game-trends-and-stats.html. 최종 접속일 2019.4.20.

6 (Apr. 13, 2018) Mobile Revenues Account for More Than 50% of the Global Games Market as It Reaches $137.9 Billion in 2018. Available: https://newzoo.com/insights/articles/global-games-market-reaches137-9-billion-in-2018-mobile-games-take-half/. 최종 접속일 2019.4.20.

7 (Feb. 12, 2019) Newzoo Estimates esports Revenue Will Eclipse $1 Billion this

Year. Available: http://www.espn.com/esports/story/_/id/25975947/newzoo-estimates-esports-revenue-eclipse-1-billion-year. 최종 접속일 2019.4.20.

8 (Feb. 12, 2019) Newzoo: Global esports Market Will Exceed $1 Billion in 2019. Available: https://www.gamesindustry.biz/articles/2019-02-12-newzoo-global-esports-market-will-exceed-USD1-billion-in-2019. 최종 접속일 2019.4.20.

9 a. (Jan. 3, 2019) Gamification Market: Global Industry Size, Trends and Forecast 2026 by Credence Research. Available: http://www.abnewswire.com/pressreleases/gamification-market-global-industry-sizetrends-and-forecast-2026-by-credence-research_311509.html. 최종 접속일 2019.4.20.

b. (Aug. 2017) Global Gamification Market 2017 - 2021. Available: https://www.technavio.com/report/global-gamification-market. 최종 접속일 2019.4.20.

c. (2018) Gamification Market - Growth, Trends, and Forecast (2019-2024). Available: https://www.mordorintelligence.com/industryreports/gamification-market. 최종 접속일 2019.4.20.

d. (2016) Gamification Market. Available: https://www.psmarketresearch.com/market-analysis/gamification-market. 최종 접속일 2019.4.20.

10 (2016) Gamification Market. Available: https://www.psmarketresearch.com/market-analysis/gamification-market. 최종 접속일 2019.4.20.

3장. 당신의 비즈니스에 이용할 게임의 숨은 힘

1 McGonigal, J., (2011) Reality is Broken: Why Games Make Us Better and How They Can Change the World. The Penguin Group, pp. 15. (국내 번역본: 『누구나 게임을 한다』, 알에이치코리아(2012)).

2 (2010) How Playboy Seduced Fans on Facebook. Available: http://www.bunchball.com/customers/playboy-miss-social. 최종 접속일 2019.4.20.

4장. '한 번만 더' 하고 싶도록 하는 메커니즘

1 Olds, J. and Milner, P. (1954) 'Positive reinforcement produced by electrical stimulation of septal area and other regions of rat brain'. Journal of Comparative and Physiological Psychology, 47(6), 419-427.

2 Pavlov, I. P. (1928) Lectures on Conditioned Reflexes. (Translated by W.H. Gantt) London: Allen and Unwin.

3 Skinner, B. F. (1938) The Behavior of Organisms: An Experimental Analysis. New York: Appleton-Century-Crofts.

4 Knutson, B. and Samanez-Larkin, G. R. (2012) Brain, Decision, and Debt. In R. Brubaker, R. M. Lawless and C. J. Tabb (Eds) A Debtor World: Interdisciplinary Perspectives on Debt. New York: Oxford University Press, pp. 167–180.

5 Eyal, N. (2014) Hooked: How to Build Habit-Forming Products. USA, Penguin. (국내 번역본: 『훅』, 리더스북(2014)).

6 Kahneman, D. (2011) Thinking, Fast and Slow. Farrar, Straus & Giroux. (국내 번역본: 『생각에 관한 생각』, 김영사(2018)).

7 (Feb. 8, 2016) Blend It: 6 Remarkable Lessons From this Record Setting Campaign. Available: https://digitalsparkmarketing.com/blend-it/. 최종 접속일 2019.4.20.

5장. 진화하는 인간의 욕구

1 Herzberg, F., Mausner, B. and Snyderman, B. (1959) The Motivation to Work. (2nd ed.) New York: John Wiley.

2 Vroom, V. H. and Deci, E. L. (1983) Management and Motivation. (First published 1970) Penguin.

3 Kahneman, D., Knetsch, J. L. and Thaler, R. H. (1990) 'Experimental tests of the Endowment Effect and the Coase Theorem'. Journal of Political Economy, 98(6), 1325–1348.

6장. 마침내 현대인의 욕구를 이용할 때

1 Maslow, A. (1943) 'A Theory of Human Motivation.' Psychological Review, 50(4).

2 Maslow, A. (1964) Motivation and Personality. New York, NY: Harper. (국내 번역본: 『동기와 성격(3판)』, 연암서가(2021)).

3 Pink, D. H. (2010) Drive: The Surprising Truth About What Motivates Us. Canongate Books. (국내 번역본: 『드라이브』, 청림출판(2011)).

4 Deci, E. L. Flaste, R. (1995) Why We Do What We Do. USA, Penguin Books. (국내 번역본: 『마음의 작동법』, 에코의 서재(2011)).

5 Eyal, N. (2014) Hooked: How to Build Habit-Forming Products. USA: Penguin. (국내 번역본: 『훅』, 리더스북(2014)).

7장. 목적의 계단 | 보수가 없어도 위키피디아에 정보를 제공하는 이유

1   Pink, D. H. (2010) Drive: The Surprising Truth About What Motivates Us. Canongate Books, pp. 144. (국내 번역본: 『드라이브』, 청림출판(2011)).

2   Campbell, J. (2012) The Hero with a Thousand Faces (The Collected Works of Joseph Campbell). New World Library. (국내 번역본: 『천의 얼굴을 가진 영웅』, 민음사 (2018)).

8장. 숙련의 관문 | 발전하고 있다는 느낌을 주어야 한다

1   (2018) Duolingo. Available: https://www.duolingo.com/. 최종 접속일 2019.4.20.

2   (Aug. 12, 2015) Gamified Design Review: An In-depth Analysis of Duolingo. Available: http://www.gamification.co/2015/08/12/gamifieddesign-review-a-in-depth-analysis-of-duolingo/. 최종 접속일 2019.4.20.

3   Deci, E. L. and Flaste, R. (1995) Why We Do What We Do. USA: Penguin Books, pp. 66. (국내 번역본: 『마음의 작동법』, 에코의 서재(2011)).

4   Vygotsky, L. (Apr. 18, 2019) Zone of Proximal Development. Available: https://en.wikipedia.org/wiki/Zone_of_proximal_development.

9장. 자율성의 통로 | 선택의 기회를 주어라

1   (Apr. 8, 2019) ROWE. Available https://en.wikipedia.org/wiki/ROWE. 최종 접속일 2019.4.20.

2   (2019) ShipIt. Available: https://www.atlassian.com/company/shipit. 최종 접속일 2019.4.20.

3   (2019) FedEx Day: Lighting Corporate Passion. https://www.scrum.org/resources/fedex-day-lighting-corporate-passion. 최종 접속일 2019.4.20.

4   Chou, Y. K. (2015) Actionable Gamification: Beyond Points, Badges, and Leaderboards. Octalysis Media, pp. 131. (국내 번역본: 『게이미피케이션 실전전략』, 홍 릉과학출판사(2017)).

5   (2019) Superbetter. Available: https://www.superbetter.com/. 최종 접속일 2019.4.20.

11장. 소속감의 방 | 인간은 동질감을 원한다

1 Gee, J. P. (2007) What Video Games Have to Teach Us About Learning and Literacy. New York, Palgrave Macmillan, pp. 54.

12장. 안전 및 생리적 욕구의 난간 | 최소 손실으로 최대 이익을 도모한다

1 Chou, Y. K. (2015) Actionable Gamification: Beyond Points, Badges, and Leaderboards. Octalysis Media, pp. 312. (국내 번역본: 『게이미피케이션 실전전략』, 홍릉과학출판사(2017)).

2 Kahneman, D. (2015) Thinking, Fast and Slow. Penguin Books, pp. 283 - 285. (국내 번역본: 『생각에 관한 생각』, 김영사(2018)).

3 Schwartz, P. (1979) The Emergent Paradigm: Changing Patterns of Thought and Belief. Sri International.

4 (Apr. 18, 2019) Zone of Proximal Development. Vygotsky, L. Available: https://en.wikipedia.org/wiki/Zone_of_proximal_development. 최종 접속일 2019.4.20.

5 Csikszentmihalyi, M. (2002) Flow: The Classic Work On How to Achieve Happiness. Rider.

6 (2019) LootCrate. Available: https://www.lootcrate.com/. 최종 접속일 2019.4.20.

7 (2018) HiddenCity. Available: https://www.inthehiddencity.com/. 최종 접속일 2019.4.20.

8 (Dec. 3, 2014) Loyalty Case Study: jetBlue's True Blue Rewards. Available: https://blog.smile.io/loyalty-case-study-jetblue-airline-rewards. 최종 접속일 2019.4.20.

13장. 먼저 회사의 현황을 파악하라

1 (Apr. 6, 2019) Growth-share Matrix. Available: https://en.wikipedia.org/wiki/Growth-share_matrix. 최종 접속일 2019.4.20.

2 (Apr. 8, 2019) Porter's Five Forces Analysis. Available: https://en.wikipedia.org/wiki/Porter%27s_five_forces_analysis. 최종 접속일 2019.4.20.

3 (Apr. 3, 2019) SWOT Analysis. Available: https://en.wikipedia.org/wiki/SWOT_analysis. 최종 접속일 2019.4.20.

4 (Mar. 6, 2019) PEST Analysis. Available: https://en.wikipedia.org/wiki/PEST_analysis. 최종 접속일 2019.4.20.

5   (Jul. 10, 2017) So, What is a Trailblazer?. Available: https://www.salesforce.com/blog/2017/07/so-what-is-a-trailblazer.html. 최종 접속일 2019.4.20.

6   Fitocracy. Available https://www.fitocracy.com/about-us/. 최종 접속일 2019.6.7.

7   (Mar. 4, 2018) How to Score Leads for Values Alignment. Available: https://www.boundless.ai/blog/how-to-score-leads-for-valuesalignment/. 최종 접속일 2019.4.20.

14장. 고객을 페르소나화하라

1   Marczewski, A. (2015) User Types. In Even Ninja Monkeys Like to Play: Gamification, Game Thinking and Motivational Design. (1st ed.) CreateSpace Independent Publishing Platform, pp. 65 - 80.

2   Radoff, J. (2011) Game On: Energize your Business with Social Media Games. Wiley Publishing, Inc., pp 81.

16장. 이제 당신만의 이상적인 게이미피케이션 탑을 쌓아보라

1   Campbell, J. (2008) The Hero With a Thousand Faces. New World Library. (국내 번역본:『천의 얼굴을 가진 영웅』, 민음사(2018)).

2   (2019) Beaconing Project. Available: http://beaconing.eu/insights/thewhys/. 최종 접속일 2019.4.20.

3   Rogers, E. (2003) Diffusion of Innovations. (5th ed.) Simon and Schuster.

4   (May 2, 2018) Gamification in Education: 4 Ways to Bring Games to Your Classroom. Available: https://tophat.com/blog/gamification-educationclass/. 최종 접속일 2019.4.20.

5   Case Study - BBVA Game. Available: https://subscription.packtpub.com/book/business/9781783000203/1/ch01lvl2sec05/case-study-bbva-game. 최종 접속일 2019.4.20.

6   (May 12, 2010) Shadow-Activated QR Code Actually Useful and Cool. Available: https://www.adweek.com/creativity/shadow-activated-qr-codeactually-useful-and-cool-139975/. 최종 접속일 2019.4.20.

7   Chou, Y. K. (2015) Actionable Gamification: Beyond Points, Badges, and Leaderboards. Octalysis Media. (국내 번역본:『게이미피케이션 실전전략』, 홍릉과학출판사(2017)).

8 Gee, J. P. (2007) What Video Games Have to Teach Us About Learning and Literacy. Palgrave Macmillan, pp. 137.

9 Csikszentmihalyi, M. (2002) Flow: The Classic Work on How to Achieve Happiness. Rider.

10 (2019) Beachbody. Available: https://www.beachbody.com/. 최종 접속일 2019.4.20.

11 Gee, J. P. (2007) What Video Games Have To Teach Us About Learning and Literacy. Palgrave Macmillan, pp. 25.

12 (Apr. 13, 2019) Sun Wukong. Available: https://en.wikipedia.org/wiki/Sun_Wukong. 최종 접속일 2019.4.20.

13 (Aug. 6, 2015)The 8 Best Easter Eggs on Google Maps. Available: http://www.collegehumor.com/post/7028762/10-easter-eggs-you-can-find-ongoogle-maps. 최종 접속일 2019.4.20.

14 (Dec. 27, 2018) 65 Funny Things to Ask Siri for a Good Giggle. Available: https://www.pocket-lint.com/apps/news/apple/134568-funny-thingsto-ask-siri-best-things-to-ask-siri-for-a-giggle. 최종 접속일 2019.4.20.

15 (Oct. 10, 2011) The Personal Tributes to Steve Jobs Around the World. Available: https://www.theatlantic.com/technology/archive/2011/10/personal-tributes-steve-jobs-around-world/337035/. 최종 접속일 2019.4.20.

18장. 당신만의 게이미피케이션 탑을 측정하라

1 (Dec. 3, 2015) How to Choose the Right UX Metrics for Your Product. Available: https://library.gv.com/how-to-choose-the-right-ux-metricsfor-your-product-5f46359ab5be. 최종 접속일 2019.4.20.

2 (2019) Design Sprint Methodology. Available: https://designsprintkit.withgoogle.com/methods/. 최종 접속일 2019.4.20.

자, 게임을 시작합니다

초판 1쇄 인쇄 2022년 9월 5일
초판 1쇄 발행 2022년 9월 14일

지은이 대니얼 그리핀 · 앨버트 판데르 메이르
옮긴이 장용원
펴낸이 유정연

이사 김귀분
책임편집 서옥수 **기획편집** 신성식 조현주 심설아 유리슬아 이가람 **디자인** 안수진 기경란
마케팅 이승헌 반지영 박중혁 김예은 **제작** 임정호 **경영지원** 박소영

펴낸곳 흐름출판(주) **출판등록** 제313-2003-199호(2003년 5월 28일)
주소 서울시 마포구 월드컵북로5길 48-9(서교동)
전화 (02)325-4944 **팩스** (02)325-4945 **이메일** book@hbooks.co.kr
홈페이지 http://www.hbooks.co.kr **블로그** blog.naver.com/nextwave7
출력 · 인쇄 · 제본 (주)상지사 **용지** 월드페이퍼(주) **후가공** (주)이지앤비(특허 제10-1081185호)

ISBN 978-89-6596-525-1 03320